Economics of Persuasion

설득의 경제학

거시경제학적 접근

윤 택

박영사

머리말

본 책의 목표는 거시경제적 설득의 중요성과 실효성을 분석하는 최근의 이론들을 정리하는 것이다. 거시경제적 설득은 가계와 기업의 소비심리 및 투자심리에 영향을 미치는 일련의 행위, 그리고 재정정책 또는 통화정책의 일환으로 실시되는 기대관리 정책의 실효성을 제고하려는 정책적 노력으로 정의할 수 있다.

본 책에서는 소비자와 기업의 정보처리능력이 유한할 때 거시경제적 설득의 중요성이 증가한다는 점을 강조한다. 완전한 정보처리능력을 가진 합리적 기대의 가계와 기업은 정부의 정책내용을 포함한 현재 시점에서의 경제상황에 대한 완전한 지식이 비용없이 축적할 수 있다. 따라서 합리적 기대 가설이 유효한 세상에서는 단순히 준칙과 재량의 구분만 중요하다. 그러나 소비자와 기업의 정보처리능력이 유한하다고 가정하는 경우 자신이 직접 생성한 시그널 또는 다른 사람이 생성한 시그널을 통해서 현재 시점에서의 경제상황을 파악하게 된다. 이러한 과정에서 현재와 미래의 거시경제상황에 대한 대중매체의 경제기사와 전문가의 의견 및 자문이 소비자와 기업의 의사 결정에 중요한 역할을 하게 된다.

현실의 경제에서는 주로 다른 사람이 제공하는 정보를 이해하여 자신의 행동을 선택해야 하는데 다른 사람들이 제공하는 정보를 정확히 이해하는 데에도 한계가 있기 때문이다. 제한적 합리성을 고려한 기존의 거시경제학 이론에서도 경제활동에 참가하고 있는 모든 개인들이 정보를 처리하는 능력이 유한하다는 점을 강조한다.

그러나 자신이 직접 학습과정을 통해 습득한 정보에 의거하여 행동을 선택하기 때문에 다른 사람들이 제공한 정보를 이해하는 데에도 한계가 있다는 점을 강조하지 않는다. 이와 같은 점에서 제한적 합리성을 고려한 기존의 연구와 차별된다.

본 책은 2017년 2월 공동학술대회에서 한국경제학회가 주관한 특별세션인 'DSGE 모형과 시사점'에서 저자가 발표한 내용을 담고 있음을 밝힌다. 당시 한국경제학회 회장이신 조장옥 교수님(서강대학교)과 특별세션을 주관한 정용승 교수님(경희대학교), 그리고 그 외의 발표세션에 참석해주신 분들의 유익한 질문과 커멘트에 감사드린다. 본 연구에서 소개한 실증분석 결과를 위해 한국언론진흥재단에서 제공하고 있는 BIG KINDS-Pro를 활용하였음을 밝힌다. 또한 본 연구는 2014년 정부(교육부)의 재원으로 한국연구재단의 지원을 받아 수행된 연구(NRF-2014S1A3A2044637)임을 밝힌다.

차 례

제 1 장   설득의 거시경제적 중요성

설득의 거시경제적 중요성은 두 개의 경로로 파악할 수 있다. 첫째, 설득이 국민 총생산에서 차지하는 비중이 상당히 크다는 실증적 사실을 제시하는 것이다. 이를 위해 사용되어 온 방식은 다음과 같다. 먼저 각각의 직종에 대하여 설득이 부가가치의 산출에 기여하는 정도를 부과하여 개별 직종에서의 설득 투입의 크기를 계산한다. 개별 직종에 대한 설득의 크기를 알면 이를 바탕으로 거시 총합을 추계하여 설득이 GDP 에서 차지하는 비중을 추계한다. 둘째, 거시정책 당국의 기대관리정책이 상대적으로 중요해지면서 정부의 공공설득이 중요하다. 정부의 공공설득에 대한 정보전달의 중요한 매개체로서 미디어의 역할이 중요하다. 또한 최근부터 추계되어 발표되고 있는 경제정책 불확실성 지수도 미디어의 보도에서 불확실성의 단어의 횟수에 의거하여 작성되고 있다. 미디어를 포함한 설득부문이 과거에 비해 상대적으로 더 빈번하게 거시경제정보를 전달하고 있다는 사실도 설득의 거시경제적 중요성이 증가하고 있음을 보여주는 하나의 증거라고 할 수 있다.

1   설득의 경제적 규모

그림 1.1은 한국의 자료를 사용하여 추계한 설득의 경제적 규모를 보여주고 있다. 설득의 경제적 규모는 다음과 같은 과정을 거쳐서 추계된다. 첫째, 한국의 표준직업분류

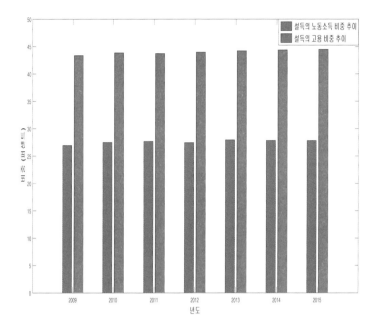

주: McCloskey·Klamer(1995)의 추계방식을 한국자료에 적용하여 추계하였다.

그림 1.1: 설득의 경제적 규모: 한국

에 있는 직종에 대하여 직종별로 설득의 비중을 부여한다. McCloskey·Klamer(1995)
가 제시한 방식과 Antioch(2013)이 제시한 방식을 적용한다. 둘째, 2009년부터 2015
년 기간 동안 한국의 표준직업분류에 의거하여 조사한 직종별 취업자수(출처: 고용
노동부, 고용형태별근로실태조사)의 패널자료에 대하여 앞에서 미리 추계한 직종별
설득의 비중을 곱하여 산출한 직종별 설득 취업자수를 추계한다. 셋째, 전체 취업자
수에서 설득 취업자수를 나눈 비율을 설득의 고용비중으로 정의한다. 또한 년도별
및 직종별로 월평균임금을 설득 취업자의 수를 곱하여 설득 취업자의 노동소득을 계

산한다. 설득 취업자의 총 노동소득을 전체 취업자의 총 노동소득으로 나눈 비율을
설득 취업자의 노동소득 비중으로 정의한다.

McCloskey·Klamer는 직종을 설득이 차지하는 비중에 의거하여 5개의 등급으로
분류하였다. 이들은 직종별로 업무활동 중에서 설득으로 간주할 수 있는 비중에 의
거하여 업무 자체가 설득인 직종, 업무의 3/4이 설득인 업종, 업무의 1/2이 설득인
업종, 업무의 1/4이 설득인 업종, 설득과 관련없는 업종 등이다. 예를 들어 변호사 및
판사, 홍보 전문가, 연기자와 감독, 사회복지/여가선용/종교 관련 종사자 등은 모든
업무가 설득으로 간주하여 1의 가중치를 부여한다. 또한 상담 및 자문, 편집/취재/
보도, 회계 및 사무/건설 및 무역/정밀 생산/보호 및 경호 업무 등의 관리 및 감독,
교원, 현금출납 엄무를 제외한 영업 및 판매 업무 등에서 설득이 차지하는 비중이
3/4으로 간주하여 0.75의 가중치를 부여한다. Antioch는 McCloskey·Klamer의 방식
을 최근의 미국자료에 적용한다. 과거의 직종분류에 없던 부분에 대해서도 설득의
비중을 부과해야 하므로 이를 위해 관리 및 경영자 등에 대하여 0.75의 비중과 회계
및 금융 분석 업무에 대하여 0.5의 비중을 부여한다. 또한 세무관련 업무의 종사자에
대해서는 0.25의 비중을 부과한다.

그림 1.1에 수록되어 있는 추계결과에 따르면 2009년부터 2015년 기간 동안 우
리나라 전체 취업자 중에서 설득에 종사하는 취업자의 비중은 43-44%로 나타난다.
정확히 말하면 2009년 43.3%에서 2015년 44.5%로 증가하고 있다. 노동소득으로 파
악하는 경우 설득이 차지하는 비중은 27-28%로 나타난다. 정확히 말하면 노동소득의
비중은 2009년 27%에서 2015년 28%로 증가한다. 노동소득 대비 설득의 비중은 취
업자수 대비 설득의 비중에 비해 현저히 낮아진다.

그림 1.2는 Antioch가 미국의 자료를 사용하여 추계한 설득의 경제적 규모를 보여
주고 있다. 취업자의 비중으로 파악하면 1993년 26.26%이다. 10년 후인 2003년에는
29.11%가 되고 2009년에는 30.11%이다. 그림 1.2의 추계결과가 함의하는 점은 설

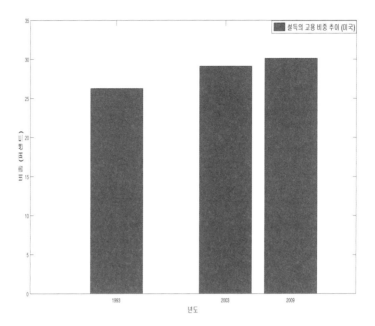

주: McCloskey·Klamer(1995)의 추계방식을 미국자료에 적용한 Antioch(2013)의 추계치이다.

그림 1.2: 설득의 경제적 규모: 미국

득의 비중이 취업자수를 기준으로 할 때 2000년대 들어서 30% 정도로 안정화되는 것으로 보인다. Antioch는 GDP를 기준으로 하더라도 설득이 차지하는 비중은 30% 정도일 가능성이 높다고 주장한다. 0.3의 취업자 비중에 대하여 0.6의 노동소득 분배율을 곱하면 노동소득 중 설득의 비중은 18%가 된다. 또한 자본소득에 대해서는 자본소득의 8%에서 10% 사이가 설득일 것으로 추산한다. 따라서 18% 정도 노동소득의 설득과 8-10% 정도 자본소득의 설득 부분을 합하여 30%에 가깝다고 주장한다.

그림 1.1과 그림 1.2를 비교하면 한국 자료에서 설득이 차지하는 비중이 미국에

비해 더 높은 것으로 나타난다. 그 이유는 무엇인가? 첫째, 직종의 분류에서 한국과 미국의 차이가 있어서 각 직종에 부과된 설득이 차지하는 비중이 다를 수 있다. 고용에서의 개별 직종의 상대적 중요성이 매우 유사하다면 미국의 분류에서 없는 직종에 대한 가중치의 차이가 크게 문제가 되지 않을 수 있다. 그러나 두 나라 간 생산방식 및 산업구조가 어느 정도 차이가 있다면 한국자료에서 연구자가 임의로 부과한 직종에 대한 가중치가 추계의 차이를 발생시킬 수 있다. 둘째, 설득의 비중이 다르다면 직종에 대한 비중이 동일하게 부과되었다고 할지라도 차이가 발생할 수 있다. 어떤 이유로 우리나라 설득의 비중이 미국에 비해 높을 수 있을까? 한국에서 설득의 가중치가 높은 직종에 종사하는 취업자의 비중이 더 높다면 그림 1.1과 그림 1.2의 결과가 가능하다. 왜 한국의 설득 비중이 미국에 비해 높은가? 이는 설득에 투입되는 인력이 상대적으로 한국에서 더 높다면 가능하다. 한국은 설득을 위해 미국에 비해 상대적으로 더 많은 인력을 투입하고 있다고 볼 수 있다. 예를 들어 미국의 경우 설득의 비중이 높은 부문에서 상대적으로 더 많이 자동화 또는 기계화되어 있다면 이러한 결과가 가능하다. 그러면 그림 1.1과 그림 1.2의 결과는 우리나라 설득부문의 비효율성을 의미하는가? 한국과 미국에서 산출하는 설득의 품질에 대한 객관적인 척도가 없다면 한국의 설득부문의 비효율성을 의미한다고 쉽게 단정하기 어렵다.

2 거시경제적 설득의 중요성

거시경제적 설득은 가계와 기업의 소비심리 및 투자심리에 영향을 미치는 일련의 행위, 그리고 재정정책 또는 통화정책의 일환으로 실시되는 기대관리정책의 실효성을 제고하려는 정책적 노력으로 정의할 수 있다. 본 장의 분석에 대한 구체적인 설명에 들어가기 이전에 소비자와 기업의 정보처리능력이 유한성이 커질수록 거시경제적 설득의 중요성이 증가한다는 점을 강조한다. 완전한 정보처리능력을 가진

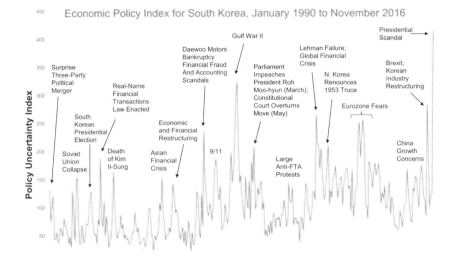

출처: Baker·Bloom·Davis(2016)으로부터 다운로드 받아서 그대로 인용하였다.

그림 1.3: 경제정책 불확실성 지수

합리적 기대의 가계와 기업에게는 정부의 정책내용을 포함한 현재 시점에서의 경제 상황에 대한 완전한 지식이 비용없이 축적된다. 따라서 합리적 기대 가설이 성립하는 세상에서는 단순히 준칙과 재량의 구분만 중요하다. 그러나 소비자와 기업의 정보처리능력이 유한하다고 가정하는 경우 자신이 직접 생성한 시그널 또는 다른 사람이 생성한 시그널을 통해서 현재 시점에서의 경제상황을 파악하게 된다. 이러한 과정에서 현재와 미래의 거시경제상황에 대한 대중매체의 경제기사와 전문가의 의견 및 자문이 소비자와 기업의 의사 결정에 중요한 역할을 하게 된다.

글로벌 금융위기 이후 통화정책 및 재정정책에서 기대관리정책의 중요성이 증가하였다. 기대관리정책의 실제 수행을 위해 정책 당국은 온라인 상에서 정책 결정 및 결정 배경 들을 설명하거나 신문 및 방송의 경제보도에 의존하여 일반 소비자 또는 금융시장 참가자들과 소통해야 한다. 특히 제로금리 하에서 중앙은행의 선제지침 (forward guidance)은 미래의 단기 이자율에 대한 중앙은행의 결정을 미리 공표하고 이를 지킴으로써 실물경제에 영향을 미치는 정책행위를 의미한다. 중앙은행은 선제지침의 효과를 높이기 위해 일반 투자자들과 소비자들이 중앙은행의 미래에 대한 약속들 믿을 수 있도록 설득해야 한다. 따라서 중앙은행의 금융시장과의 소통이 중요해질수록 설득부문의 역할이 중요하다.

거시경제적 설득을 담당하고 있는 중요한 정책기관이라고 할 수 있는 중앙은행과 재정정책 당국의 기대관리정책에 대한 효과는 두 개의 경로를 생각해볼 수 있다. 첫째, 온라인 상에서의 직접적인 정보 및 자료 제공이다. 예를 들어 정책당국의 홈페이지 등에 정책 결정의 내용 및 과정에 대한 자료를 수록하여 일반 소비자 및 금융시장 참가자 등과 소통하는 방식이다. 최근 미국의 경우 선제지침의 일환으로 금리 정상화의 시점에 관한 중앙은행의 약속과 그 배경에 대한 설명이 미국 연방 준비위원회의 홈페이지에서 제공되어 왔다. 둘째, 미디어를 통한 간접 소통이다. 미디어는 기자들의 취재에 의해 수집된 경제기사를 미디어 매체를 통해 일반 소비자와 금융시장 참가자에게 전달하는 역할을 한다. 앞에서 설명한 자료에 따르면 한국의 경우도 거시경제상황과 관련된 미디어의 경제보도가 2008년 말 이후 지속적으로 증가한 것으로 나타난다. 미디어가 자신이 제공하는 서비스의 시장에서 이윤을 극대화하는 기업으로 간주한다면 이러한 현상은 일반 소비자들과 금융시장의 투자자들이 미디어의 경제보도를 접하고 그에 따른 거시경제적 이슈를 담은 경제보도에 대한 시장 수요의 증가를 반영한 것으로 볼 수 있다.

Baker·Bloom·Davis(2016)에서는 '경제', '정부', '불확실성'을 의미하는 세 개의 단어가 동시에 있는 신문기사의 빈도수에 의거하여 경제정책 불확실성 지수(economic policy index)를 작성하였다. 이들은 경제정책 불확실성 지수에서 과거 시점에서 예측되지 않은 변화가 발생한다면 이는 미래 시점에서의 GDP의 감소와 고용의 감소로 이어진다는 실증적 증거를 제시한다. 그러나 이러한 결과가 경제정책의 불확실성이 실물경제에 유의한 영향을 미치는 원인이라는 점을 반영하는지 아니면 단순히 미래 시점에서 발생하는 상황에 대한 예측력이 있다는 점을 반영하는지에 대하여 정확하게 판가름하기 어렵다는 점도 아울러 밝히고 있다.

Baker·Bloom·Davis의 실증분석이 거시경제적 설득에 대하여 제시하는 함의를 생각해 보기로 한다. 먼저 경제정책 불확실성 지수의 원자료를 작성하는 기관들은 신문사이므로 경제정책의 불확실성 지수는 설득을 담당하는 기업이 생산하는 산출의 일부이다. 또한 경제정책 불확실성 지수가 미래 시점에서의 거시경제상황에 대한 유용한 정보를 제공하고 있다는 실증적인 증거는 신문사의 경제보도가 일반 독자들의 미래 시점에서의 거시경제의 상황에 대한 믿음을 형성하는 과정에 유효한 영향을 미치고 있다는 주장에 대한 현실적 타당성에 대한 가능성을 실증적으로 뒷받침하는 것으로도 볼 수 있다. 한편, Mullainathan·Shleifer(2005)가 강조한 경제보도의 편향성(slanting)에 대한 우려가 있을 수 있다. Baker·Bloom·Davis는 금융변수 및 실물변수로 작성된 지수 또는 소비자 신뢰지수들과 비교하여 자신들이 작성한 지수의 정확성에 대한 실증적인 증거를 제시하고 있다. 결론적으로 앞에서 설명한 경제정책지수의 원자료는 단순히 정부의 경제정책당국의 발표만으로 구성된 것이 아니라 신문사 자체의 해석도 반영된 것으로 간주할 수 있다. 따라서 경제정책지수는 거시경제적 설득의 실제의 경제에서 작용하고 있을 가능성에 대한 실증적 증거로 간주할 수 있다.

그림 1.3은 Baker·Bloom·Davis가 작성한 한국경제에서의 경제정책 불확실성 지수를 보여주고 있다. 이들은 동아일보, 경향일보, 매일경제신문, 한겨레신문, 한국일보, 한국경제신문 등과 같은 6개의 신문에 대하여 미국의 신문에 적용한 방식과

동일한 방식을 적용하여 경제정책 불확실성 지수를 작성하여 발표하였다. 2000년 이후 지수의 값이 250을 상회하는 시점들은 걸프전(2002-2003년), 글로벌 금융위기 (2008년), 유로존 위기(2012년), 브렉시트와 조선·해운산업의 구조조정(2016년) 등과 연관이 있음을 알려주고 있다. 본 장에서는 앞에서 경제정책 불확실성 지수가 거시경제적 설득에 함의하는 점이 있느냐가 관심사이다. 이와 관련하여 앞에서 이미 설명하였듯이 다음과 같은 점들을 강조할 수 있다. 첫째, 경제정책 불확실성 지수는 신문의 경제기사를 기반으로 작성되었다는 점이다. 둘째, 거시경제정책의 불확실성을 반영하는 지수이므로 이 지수가 소비자와 기업가의 믿음에 유의적인 영향을 미친다는 실증적인 증거가 있다면 거시경제적 설득의 중요성에 대하여 함의하는 점이 있다고 할 수 있다. 확정적인 증거는 아니지만 앞에서 언급한 실증적 증거는 적어도 신문사의 경제보도가 일반 소비자들의 미래 시점에서의 거시경제상황에 대한 믿음에 유효한 영향을 미치고 있다는 주장이 현실적으로 타당성이 있을 수 있음을 실증적으로 뒷받침하는 것으로 해석할 수 있다.

우리나라의 신문 및 방송의 경제보도를 조사하면 거시경제와 관련된 보도가 예전에 비해 크게 증가하고 있음을 알 수 있다. 이와 관련한 첫번째 예는 한국은행이 주요 미디어에 등장하는 횟수의 추이이다. 2000년대 초반부터 검색하면 한국은행이라는 단어가 등장하는 횟수는 2008년 말 글로벌 금융위기 이후 급격하게 증가함을 알 수 있다. 두번째 예는 가계부채, 경제성장, 금리상승 등의 단어를 검색하면 최근 들어 미디어에 등장하는 횟수가 급격하게 증가한다. 이와 같이 미디어를 포함한 설득부문이 과거에 비해 상대적으로 더 빈번하게 거시경제정보를 전달하고 있다는 사실도 설득의 거시경제적 중요성이 증가하고 있음을 보여주는 하나의 증거라고 할 수 있다.

그림 1.4는 한국언론재단의 홈페이지에서 다운로드한 키워드 트렌드 검색 자료를 사용하여 미디어 불확실성 지수를 추계하였다. 경제기사 중에서 경제정책 불확실성과 불확실성 등의 용어가 나타난 횟수를 추계하기 위해 42개의 방송사 및 신문사

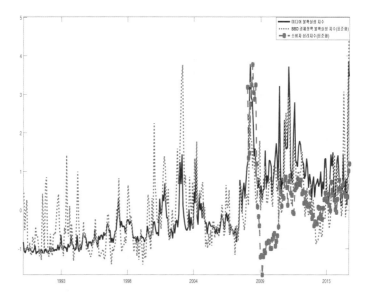

출처: BBD지수는 Baker·Bloom·Davis(2016)으로부터 다운로드 받아서 그대로 인용하였다. 미디어 불확실성 지수는 한국언론재단의 홈페이지에서 다운로드한 키워드 트렌드 검색 자료를 사용하여 추계하였다.

그림 1.4: 미디어 불확실성 지수

경제기사를 저장한 한국언론진흥재단의 데이터 베이스를 사용하였다. 저장한 단어를 BBD 1990년 1월부터 2017년 1월까지 키워드 트렌드의 검색을 사용하여 자료를 추출하였다. 미디어 불확실성 지수의 작성방법은 다음과 같이 요약된다. 첫째 단계에서는 '경제정책 불확실성'과 '불확실성'의 단어가 등장하는 횟수의 합을 추계한다. 둘째 단계에서는 매달 경제기사 중에서 주요 경제기사의 단어가 등장하는 횟수의 합을 추계하는 것이다. 셋째 단계에서는 불확실성과 관련된 단어의 횟수를 경제기사 중에서 주요 키워드가 등장하는 횟수로 나눈 비율을 계산한다. 이 비율의 평균과 표준편차를 사용하여 비율에 대하여 표준화된 값을 추계하여 미디어 불확실성 지수로 정의한다.

미디어 불확실성 지수는 BBD의 경제정책 불확실성 지수와 동일한 내용을 담고 있으나 미디어의 샘플이 더 크다. BBD 경제정책 불확실성 지수의 경우 6개의 신문사와 방송사를 대상으로 추출하였으나 미디어 불확실성 지수의 경우 한국언론재단이 제공하는 42개의 신문사 및 방송사의 데이터 베이스를 이용하였으므로 상대적으로 더 큰 데이터 베이스를 이용하여 작성되었다. 다수의 주요한 경제용어가 경제기사에 나온 횟수의 합으로 나눈 수치를 사용하였다는 측면에서 BBD의 경제정책의 불확실성 지수의 작성방법과 다르다. 작성방식에서 차이가 있으나 본 장에서는 어느 지수가 더 바람직하느냐의 문제를 분석하기보다는 미디어의 경제기사에 의거하여 불확실성 지수를 작성하는 것이 어느 정도 타당하느냐에 더 초점을 맞추고자 한다. 미디어 불확실성 지수는 BBD 불확실성 지수 간의 상관계수는 0.75이므로 서로 높은 상관관계를 보이면서 공행한다. 특히 2008년 말과 2009년의 글로벌 금융위기 근처에서는 서로 유사한 크기로 높아지고 있음을 알 수 알 수 있다. 2009년 이후 미디어 불확실성 지수와 BBD 경제정책 불확실성 지수는 그 이전의 기간에 비해 더 높은 상관관계를 보이지만 다음과 같은 차이가 있다. 미디어 불확실성 지수가 보다 중간 수준의 불확실성에 대해서는 BBD 경제정책 불확실성 지수에 비해 더 높은 수치를 보인다. 그러나 최근 2015년과 2016년 말의 상황에 대해서는 BBD 불확실성 지수가 미디어 불확실성 지수에 비해 더 크게 상승한다.

그림 1.5에서는 미디어 불확실성 지수와 전산업 생산지수의 추세제거 부분을 비교하고 있다. 전산업 생산지수의 추세제거 부분은 HP필터를 사용하여 추세를 제거하여 추계되었으며 미디어 불확실성 지수가 월별 자료이므로 국민소득계정의 자료를 사용하지 않고 전산업 생산지수를 사용하였다. 그림에서 실선은 미디어 불확실성 지수이고 점선은 전산업 생산지수의 추세제거 부분이다. 2008년과 2009년 글로벌

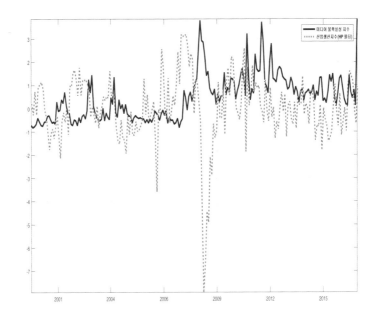

출처: 미디어 불확실성 지수는 한국언론재단의 홈페이지에서 다운로드한 키워드 트렌
드 검색 자료를 사용하여 추계하였다. 전산업 생산지수는 통계청 홈페이지에서 다운
로드 받은 시리즈의 추세부분을 제거하여 추계하였다.

그림 1.5: 미디어 불확실성 지수와 경기순환

금융위기 기간 중 두 개의 시리즈는 서로 반대방향으로 움직이고 있음을 쉽게 확
인할 수 있다. 이처럼 두 개의 자료는 경기가 크게 악화되는 상황에서 불확실성이
높아진다는 점을 보여주고 있으나 경기가 완만하게 움직이는 기간 동안에도 두 자
료가 반대방향으로 움직이느냐에 대해서는 얼른 분명하게 답하기 어렵지만 두 개의
시계열 자료의 상관계수가 -0.17로서 서로 반대방향으로 움직이고 있다. 모든 경기
순환국면이 경제정책의 불확실성과 관련이 있을 이유는 없으므로 불확실성 지수가

전산업 생산지수와 마이너스 상관계수를 크게 가져야할 이유는 없다. 그러나 불확실성 지수가 높아지면서 전산업 생산지수의 경기순환부분이 분명하게 낮아진 몇 개의 예를 발견할 수 있다. 그림에서는 단순히 상관관계만을 확인할 수 있으므로 인과관계에 대한 분석은 할 수 없으나 적어도 가능성을 함의하고 있다고 볼 수 있다.

3　거시경제적 설득의 메커니즘

신문 또는 방송 등 미디어의 역할을 고려한 거시경제적 설득이 유효하다면 어떠한 메커니즘이 작용하는가를 생각해보기로 한다. 먼저 합리적 기대 하에서 완전한 정보를 보유한 소비자와 기업을 가정한다면 이들은 경제상황에 대한 완전한 정보를 보유하고 있으므로 미디어의 경제보도에 의존할 필요가 없다. 따라서 앞에서 설명한 거시경제적 설득의 실증적 증거들을 보다 무리없이 설명하기 위해 불완전한 정보를 보유한 소비자들과 기업이 자신의 정보를 업데이트하기 위해 스스로 정보를 수집하거나 및 정리하는 작업 이외에 신문 및 방송의 경제뉴스에 의존하는 상황을 상정하는 것이 보다 자연스럽다. 본 장의 첫째 포인트는 '인지능력의 유한성과 정보전달의 매개체의 필요성'이다. 경제주체의 정보처리능력에서의 제약으로 경제상황을 직접 관측할 수 없다. 경제주체는 현재의 상황을 인지하고 이를 기초로 형성한 미래의 전망 하에서 자신의 행동을 선택해야 한다. 따라서 다른 사람들이 처리한 정보를 찾게 된다. 이 과정에서 정보전달의 매개체인 신문 및 방송의 경제뉴스에 의존하게 된다. 둘째 포인트는 '양방향 소통과 미디어의 역할'이다. 전통적인 거시경제정책이 실시되더라도 정책을 실시한 배경 및 효과분석을 포함한 경제기사를 통해서 소비자와 기업에게 알려진다. 거시경제상황 및 미래의 전망에 대해서도 정부 및 관련기관의 발표는 설득부문의 경제기사를 통해 알려진다. 경제정책담당기관도 설득부문의 경제기사를 참고한다. 설득의 효과가 발생하기 위한 조건으로서 세번째 포인트는 '경제주체의 합리성'이다. 경제주체는 자신이 직접 생성한 시그널 뿐만 아니라 미디어 또는 다른 사람들이 생성한 시그널을 관측하여 정보를 업데이트한다.

어떠한 모형이 거시경제적 설득의 메커니즘을 잘 설명하는 모형인가에 대한 궁금증이 있을 수 있다. Della Vigna·Gentzkow(2010)은 설득의 효과에 대한 실증적 증거를 다른 기존의 연구들에 대한 서베이 논문을 작성하여 발표하였다. 이들은 설득의 효과를 설명하는 기존의 모형을 믿음에 의거한 모형(belief-based model)과 선호에 의거한 모형(preference-based model)의 두 종류의 모형으로 구분하였다. 믿음에 의거한 모형에서는 사람들이 설득에 의해서 자신이 보유하고 있는 믿음을 변화하는 채널을 도입하여 설득이 사람들의 믿음에 영향을 미치는 과정을 분석한다. 선호에 의거한 모형의 경우 광고 등과 같은 설득적인 요소가 포함되어 있는 메시지가 사람들의 효용함수의 한 요인임을 가정하여 설득의 효과를 분석한다. 이러한 모형에서는 새로운 정보를 전달하지 않는 설득적인 소통이라고 할지라도 효과가 발생할 수 있다. 또한 일반 소비자들은 자신의 주의를 제한적으로 할당해야므로 미디어가 경제보도를 제공하거나 정책당국이 온라인으로 정보를 제공하더라도 이에 대하여 주의를 기울이지 않는 상황이 발생할 수 있어서 거시 경제적 설득의 효과가 약화될 수 있다. 따라서 이러한 상황을 반영한 모형이 현실의 상황을 보다 많이 반영한 것으로 볼 수 있다. 합리적 기대를 가정하면 중앙은행 또는 재정정책당국이 미래 시점에서의 정책 결정에 대하여 커밋하는 경우 소비자들은 이들의 발표를 정확히 이해하여 자신의 기대에 그대로 반영하는 것으로 가정한다. 그러나 소비자들의 정보처리능력에 제약이 있다면 일반 소비자들은 정부의 발표에 대한 내용을 정확하게 이해하지 못할 수 있다. 따라서 합리적 기대 하에서의 기대관리정책의 효과를 분석하는 대신에 일반 소비자들의 정보처리능력이 제한적인 상황을 가정하는 모형이 현실적인 모형이다. 일반 소비자들이 자신의 시간과 노력을 충분히 투입하지 못한다면 거시경제정책당국이 미래 시점에서의 정책결정에 대하여 미리 약속을 하더라도 약속의 내용을 정확하게 이해하지 못할 수 있다. 위의 설명을 바탕으로 거시경제적 설득을 분석하는 모형이 보유해야 하는 두 개의 주요 특징을 다음과 같이 요약한다.

1. 소비자 및 기업의 베이지안 합리성: 일반 소비자들이 메시지가 담긴 중앙은 행 또는 재정정책당국의 직접 소통 또는 간접 소통에 대하여 베이지안 규칙을 사용하여 자신의 믿음을 업데이트한다. 다른 사람들이 제공하는 시그널 또는 자신이 생성하는 시그널을 바탕으로 자신의 정보를 업데이트하는 능력이 있어야 한다.

2. 정보처리능력의 제약: 모든 사람들은 정보를 획득하기 위해 비용을 지불해야 하지만 이들이 보유하고 있는 자원은 유한하기 때문에 모든 정보를 완전하게 처리할 수 없다. 따라서 일반 소비자들의 경제보도 및 정부의 경제정책 발표에 대하여 제한적인 주의를 기울이게 된다.

앞에서 설명한 불확실성의 지수가 소비자 심리 또는 더 나아가서는 실물 경제에 영향을 미치는 과정에 대한 심리학적인 설명이 가능하다. 통계와 수리 모형에 의거한 심리학적 분석보다는 보다 직관적인 설명을 위해 로버트 차일디니가 저술한 설득의 심리학(2016, 황혜숙 역, 21세기북스)에서 제시한 몇 가지 원칙들에 의거하여 설명한다. 첫번째로 소개하는 원칙이 '지름길 원칙을 사수하라.'이다. 많은 사람들이 자신의 선택을 위해 정보를 수집하면 입수가능한 모든 정보를 사용하지 않고 일부분만 사용한다는 것이다. 일부분만 사용하기 때문에 어처구니 없는 실수를 할 수 있음에도 불구하고 빠르고 복잡한 현대사회의 특성상 사람들은 단편적인 정보에만 의존하여 판단을 내리게 된다는 점을 강조한다. 또한 현대 사회는 정보의 시대라고 할 수 있지만 지식의 시대라고 불리지 않는다는 점을 지적한다. 특히 정보는 바로 지식으로 바뀌는 것이 아니라 '정보를 처리하고 평가하고 흡수하고 이해하고 통합하고 보유해야 지식이 된다'는 점을 강조한다. 이러한 강조점이 다수의 보통사람들이 실제로 경험하는 현실을 반영하는 포인트라면 앞에서 추계한 미디어 지수들이 소비자들의 경제적 결정에 실효적인 영향을 미칠 수 있다는 점이다.

경제용어는 대부분 특정한 경제적 개념을 담고 있는 단어이다. '경제정책의 불확실성'은 그 자체로 함의하는 뜻이 있다. 또한 '불황'이나 '호황'의 경제용어도 그 자체로 특정한 개념을 함의하는 용어이다. 키워드 자체에는 원인이 무엇인가에 대한 설명은 없지만 현재 시점 또는 미래 시점의 경제상황에 대한 정보가 있다. 따라서 키워드를 검색하여 작성한 지수가 어떠한 정보를 의미하느냐에 대한 회의가 있다면 이에 대한 반론은 두 가지로 생각해볼 수 있다. 첫째, 앞에서 설명한 경제용어의 특징이다. 경제용어에는 현재의 상황을 설명하는 용어들이 있다. 이들만 보더라도 상황을 알 수 있다. 둘째, 앞에서 설명한 지름길의 원칙이다. 많은 경우 일반 소비자들은 꼼꼼하게 기사의 자세한 설명을 모두 해석하지 않고 주요한 용어를 보고 판단할 수 있다. 이와 같은 상황에서는 비록 전체의 상황을 자세히 설명하지 않더라도 상황의 윤곽을 정확히 파악할 수 있는 용어가 중요한 역할을 할 수 있음을 함의한다. 따라서 불확실성 지수는 일반 소비자들이 현재 시점에서의 미디어에서 제공하고 있는 불확실성에 대한 정보의 수준을 의미하는 것으로 볼 수 있다. 그러나 여기에 더해져야 하는 포인트는 일반 독자들이 경제기사의 내용을 정확하게 소화하여 모두 기억하고 있느냐와 비록 간단한 용어지만 한 달 동안 자신이 접한 경제기사에서 나온 특정한 경제용어의 횟수를 모두 정확하게 기억하고 있느냐이다. 앞에서의 이슈는 내용을 정확하게 이해하고 있느냐의 이슈이고 후자는 통계적 숫자를 정확하게 기억하느냐의 여부에 대한 이슈이다. 일반 독자들에 대한 제한적 기억 또는 제한적 주의를 가정한다면 미디어 지수 그 자체가 일반 독자들이 파악하고 있는 경제상황이 아닐 수 있다는 점이 다음 장에서 집중적으로 분석된다.

참고문헌

Antioch, Garry. 2013. "Persuasion Is Now 30 Percent of US GDP" Economic Roundup Issue. Austrailian Treasury.

Baker, Scott, Nicholas Bloom, and Steven Davis. 2016. "Measuring Economic Policy Uncertainty." Quarterly Journal of Economics. Vol. 131. No. 4. pp. 1593-1636.

DellaVigna, Stefano and Matthew Gentzkow. 2010. "Persuasion: Empirical Evidence." Annual Reviews of Economics. Vol. 2. pp. 643-669.

McCloskey, Deidre and Arjo Klamer. 1995. "One Quarter of GDP Is Persuasion." American Economic Review. Vol. 85. No. 3. pp. 191-195.

Mullainathan, Sendhil and Andrei Shleifer. 2005. "The Market for News." American Economic Review. Vol. 95. No. 4. pp. 1031-1053.

제 2 장   정보처리능력의 유한성과 미디어의 역할

모든 사람들이 완전한 정보처리능력을 가지고 있다면 원자료가 어디에 어떤 형태로 저장되어 있든 비용없이 처리하여 자신이 원하는 정보를 가공해낼 수 있다. 따라서 신문과 방송의 뉴스를 공급하는 기능이 필요없다. 그러나 정보처리능력이 유한하다면 두 그룹을 생각해볼 수 있다. 첫째 그룹은 미디어에 의존하지만 자신이 직접 필요한 정보를 만들어 낼 수 있는 사람들이다. 둘째 그룹은 이해하기 쉬운 형태로 해석된 정보를 다른 사람으로부터 공급 받아야 하는 사람들이다. 이러한 이유로 뉴스의 시장이 형성된다. 다양한 형태의 뉴스 시장이 존재할 수 있으나 본 장에서는 정보처리능력이 유한한 사람들이 대중 매체가 전달하는 경제정보를 어떻게 해석하느냐를 설명한다. 미디어에 의존하여 정보를 업데이트하더라도 경제기사를 꼼꼼하게 읽고 경제기사가 의미하는 바를 정확히 이해하는 사람들과 경제기사를 대충 읽기 때문에 경제기사의 헤드라인이나 주요 단어만을 보고 파악하는 사람이 있을 수 있다. 본 장에서는 개인이 경제기사를 읽고 이해하는 데 부과하는 주의력의 크기가 유한한 상황을 분석한다.

본 장의 강조점은 세 가지로 요약된다. 첫째, 미디어 경기 지수를 작성하여 이를 분석한다. 앞에서 설명한 미디어 불확실성 지수와 동일한 방식을 적용하여 작성한다. 본 장에서 작성하는 미디어 경기 지수는 매달 불황과 관련된 단어가 등장하는 횟수의 합에서 불황과 관련된 단어가 등장하는 횟수의 합을 감한 값을 경제기사 중에서 주요 키워드가 등장하는 횟수의 합으로 나눈 비율의 표준화된 값으로 정의된다. 둘째, 미디어 경기 지수가 일반 소비자들이 접할 수 있는 거시경제상황의 원자료로 간주한다. 이에 대하여 일반 소비자들에게 정보처리능력의 유한성을 부과하면 일반 소비자가 인지하는 경기상황은 어떻게 달라지느냐를 분석한다. 이러한 가정을 부과하면 왜 미디어 경기 지수가 일반 소비자들이 접할 수 있는 거시경제상황의 원자료로 간주해야 하느냐에 대한 반문이 있을 수 있다. 첫째, 원자료는 통계청이나 한국은행의 홈페이지 등에서 쉽게 접할 수 있으나 원자료로부터 경기순환부분을 추출하는 작업은 일련의 기술과 지식이 필요하기 때문에 일반 소비자들이 모두 이러한 기술과 지식을 가지고 있다고 하기 어렵다. 둘째, 기술과 지식이 있어서 경기순환부분을 추출할 수 있는 능력이 있다고 할 지라도 경기순환부분을 추출하기 위해 시간과 노력이 들어간다. 모든 소비자가 이러한 작업을 위해 자신의 귀중한 시간을 할애할 것으로 보기는 어렵다. 따라서 자신이 직접 정보를 생산하지 않고 가공된 정보를 습득하는 것으로 가정한다는 것이 비현실적이지 않다고 볼 수 있다. 셋째, 비록 간단한 용어이지만 한 달 동안의 자신이 접한 경제기사에서 나온 특정한 경제용어의 횟수를 모두 정확하게 기억하지 못하는 상황을 고려한다. 정보처리능력의 유한성이 부과되면 미디어 경지지수 그 자체가 일반 독자들이 파악하고 있는 경제상황이 아니고 이보다는 보다 단순한 형태의 경제정보로 단순화됨을 보인다.

1   미디어 지수

본 장에서는 신문과 방송의 경제기사 중 '호황' 또는 '불황' 등과 같은 경기국면과 연관된 단어가 출현한 횟수에 의거하여 경기상황을 알려주는 지수를 작성하여 분석한다. 미디어 경기 지수를 작성하는 이유는 경기상황을 나타내는 원자료를 직접 사용하여 분석할 수 있는 전문적인 기술과 지식이 없거나 또는 다른 작업들이 보다 더 중요하기 때문에 자신의 시간과 노력을 집중적으로 투입하지 않고 요약된 간접정보에 의존해야 하는 사람들이 자신의 정보처리능력의 유한성을 받아들여서 신문과 방송의 경제기사로부터 얻는 정보에 일반 소비자들의 현재의 경기상황에 대한 이해를 분석하기 위한 도구로서 사용하기 위함이다.

신문과 방송이 제공하는 경제기사의 역할 중에서 단순한 상황을 보도하는 것 이외에도 경제상황에 대한 다양한 해석이 있다. 예를 들어 불황의 원인, 바람직한 정책대응, 미래의 상황에 대한 예측 등이 자세하지는 않지만 같이 포함될 수 있다. 경제 해석 부분은 정성적인 부분이라고 할 수 있는데 일반 소비자들이 정성적인 부분을 어떻게 이해하느냐에 따라 불황의 정도 또는 지속기간 등에 대한 이해가 달라질 수 있다. 본 장에서 채택하고 있는 방법은 문장의 컨텍스트를 사용하지 않는다는 점에서 단점이 있을 수 있다. 그럼에도 불구하고 본 장에서 채택하고 있는 관련 단어의 횟수를 측정하는 방법은 통상 신문과 방송에서 불황의 정도가 더 깊다라는 점을 보도하고 싶다면 불황과 관련된 용어들을 사용하는 횟수가 더 많다는 점을 반영하면 어느 정도 정성적인 측면을 반영하고 있다고 주장한다. 또한 여러 매체가 동시에 동일한 단어를 반복하여 보도하고 있다면 이는 상황의 정도가 보다 깊다는 의미가 된다. 예를 들어 불황의 깊이가 더 깊다면 '불황'이라는 용어를 여러 매체에서 동시에 사용하는 횟수가 많을 것이다. 본 장에서 채택하고 있는 방식은 이러한 측면을 반영하고 있기 때문에 정성적인 부분을 완전히 무시하고 있다고 보기 어렵고 상당부분 반영하고 있다고 해야할 것이다. 또한 Baker·Bloom·Steven이 작성하여 발표하고 있는 '경제정책 불확실성 지수'도 키워드의 횟수에 의존하는 방식이므로 본 장의 방법론은 적어도 널리 사용되고 있는 기존의 연구방법을 무시한 방법론은 아니라고 주장할 수 있다.

그림 2.1은 미디어 경기 지수를 보여주고 있다. 미디어 경기 지수는 한국언론재단의 홈페이지에서 다운로드한 키워드 트렌드 검색 자료를 사용하여 추계하였다. 구체적으로 설명하면 경기불황, 경기회복, 경기호황, 경기침체 등의 단어를 42개의 방송사 및 신문사 경제기사를 저장한 한국언론진흥재단의 데이터 베이스로부터 1990

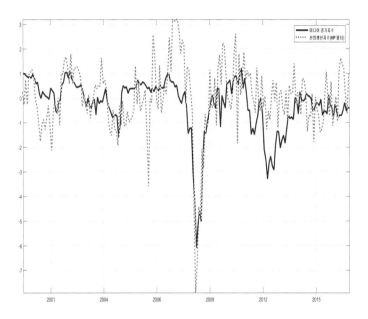

출처: 미디어 경기 지수는 한국언론재단의 홈페이지에서 다운로드한 키워드 트렌드 검색 자료를 사용하여 추계하였다.

그림 2.1: 미디어 경기 지수와 전산업 생산지수

년 1월부터 2017년 1월까지 '키워드 트렌드' 검색을 사용하여 자료를 추출하였다. 미디어 경기 지수의 작성방법은 다음과 같이 요약된다. 첫째 단계는 매달 호황과 관련된 단어가 등장하는 횟수의 합과 불황과 관련된 단어가 등장하는 횟수의 합을 추계하는 것이다. 둘째 단계는 매달 경제기사 중에서 주요 키워드가 등장하는 횟수의 합을 추계하는 것이다. 셋째 단계는 매달 호황과 관련된 단어가 등장하는 횟수의 합에서 불황과 관련된 단어가 등장하는 횟수의 합을 감한 값을 경제기사 중에서 주요 키워드가 등장하는 횟수의 합으로 나눈 비율을 계산한다. 이 비율의 평균과 표준편차를

사용하여 비율에 대하여 표준화된 값을 추계하여 미디어 경기 지수로 정의한다.[1]

그림 2.1에서는 미디어 경기 지수가 실제의 상황을 어느 정도 정확하게 반영하고 있느냐를 분석하기 위해 미디어 경기 지수와 전산업 생산지수의 추세제거 부분과 비교하고 있다. 전산업 생산지수의 추세제거 부분은 HP필터를 사용하여 추세를 제거하여 추계되었다. 미디어 경기 지수가 월별 자료이므로 국민소득계정의 자료를 사용하지 않고 전산업 생산지수를 사용하였다. 그림에서 실선은 미디어 경기 지수이고 점선은 전산업 생산지수의 추세제거 부분이다. 2008년 말과 2009년 두 개의 자료는 큰 폭으로 떨어짐을 보여주고 있다. 또한 2014년 이후 미디어 경기 지수는 0 보다 낮은 수치를 보여주고 있어서 상대적으로 경기가 불황국면에 있음을 보여주고 있다. 전산업 생산지수의 경우 동 기간 짧은 기간 반등을 보여주고 있으나 전체적으로 0이하의 수치를 보여주고 있어서 미디어 경기 지수와 유사한 모습이다. 결론적으로 두 시계열 자료의 상관계수가 0.57이므로 서로 공행하고 있음을 알 수 있으나 미디어 경기 지수가 전산업 생산지수의 비추세부분에 비해 경기에 대하여 상대적으로 비관적인 모습을 보여주고 있다.

본 장에서 사용하고 있는 방식의 유용성 또는 단점에 대하여 좀 더 깊게 이해하기 위해 다른 변수들에 대해서도 미디어 지수를 작성하였다. 그림 2.2는 미디어 인플레이션지수와 소비자 물가 상승률의 표준화 시리즈를 비교하고 있다. 실선은 미디어 인플레이션지수이고 점선은 소비자 물가 상승률의 표준화된 시리즈이다. 두 개의 시리즈의 상관계수는 0.55로서 서로 공행하고 있음을 보여주고 있다. 미디어 인플레이션지수와 실제의 인플레이션 간의 차이가 가장 크게 나타나는 부분은 1997

---

[1] '경제위기'의 단어는 장기적인 의미로 사용될 수 있으므로 경제위기는 수집대상에서 제외하였다. 그럼에도 불구하고 미디어 경기 지수는 1997년 말에 발생한 외환위기와 2008년 말에 발생한 금융위기 시점에서 불황을 의미하는 단어가 경제기사에 포함된 횟수가 급격하게 상승함을 확인할 수 있다.

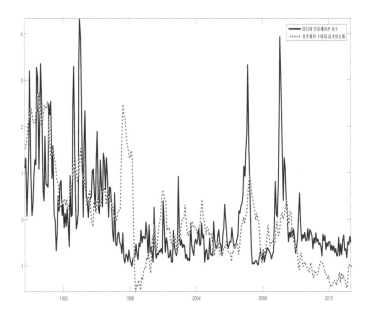

출처: 미디어 인플레이션지수는 한국언론재단의 홈페이지에서 다운로드한 키워드 트렌드 검색 자료를 사용하여 추계하였다.

그림 2.2: 미디어 인플레이션지수와 전산업 생산지수

년과 1998년 부분이다. 실제의 인플레이션의 표준화된 시리즈는 1997년부터 1998년 기간 큰 폭의 하락을 보여주고 있다. 이에 반하여 미디어 인플레이션지수는 서서히 떨어지는 모습을 보여주고 있다. 그러나 2012년 이후 두 개의 시리즈는 평균에 비해 낮은 수치를 보여주고 있다. 따라서 최근 강조되어온 저물가 현상을 반영하고 있는 것으로 보인다. 또한 미디어 지수의 값이 실제의 인플레이션보다 더 높은 기간이 발생하는 이유는 인플레이션이 우려되는 시점에서 민감하게 반응하기 때문이다.

2   정보처리능력의 유한성과 개인의 정보

개인의 정보처리능력에 대하여 다음과 같이 가정한다. 첫째, 미디어의 경제기사를 접한 후에 현재의 거시경제상황을 숫자로 파악하지 않고 경기순환의 국면으로만 이해하는 것으로 가정한다. 예를 들어 2017년 한국은행이 예측하는 경제성장률이 2.5% 라는 발표가 있더라도 숫자 자체를 기억하여 비교하는 것이 아니라 기사안에 있는 경기불황, 경기회복, 경기호황, 경기침체 등의 단어를 보거나 듣고 '경기가 좋다' 또는 '경기가 나쁘다'는 두 개의 상황 중 하나로 이해한다. 둘째, 한달 동안 접한 다양한 경제기사 중에서 경제상황을 나타내는 개별단어의 횟수를 기억하는 것으로 가정한다. 완전한 기억력이 있다고 가정한다면 이는 모든 사람들은 자신이 접한 전체 경제기사의 횟수, '경기가 좋다'고 판단한 횟수, '경기가 나쁘다'로 판단한 횟수를 정확하기 기억한다는 의미이다. 기억력이 완전하지 않다면 다음과 같은 세 경우로 구분한다.

1. 빈도수의 단순한 비교에 의거한 판별: 한달 동안 '호황'의 신호가 발생한 횟수가 '불황'의 신호가 발생한 횟수보다 많으면 '경기가 좋다'로 판단한다.

2. 빈도수의 절대 임계치에 의거한 판별: 한달 동안 '호황'의 신호가 발생한 횟수에 대한 임계치가 있어서 호황신호의 발생 빈도수가 임계치보다 더 많으면 '경기가 좋다'로 판별한다. 한달 동안 '불황'의 신호가 발생한 횟수에 대한 임계치가 있어서 임계치보다 더 많으면 '경기가 나쁘다'로 판별한다.

3. 빈도수의 차이에 의거한 판별: 한달 동안 '호황'의 신호가 발생한 횟수에서 '불황'의 신호가 발생한 횟수를 뺀 차이를 계산하여 상대적으로 '불황'의 신호가 발생한 횟수가 일정한 임계치보다 많으면 '경기가 나쁘다'로 판단한다.

그림 2.3은 커널밀도추정(kernel density estimation)에 의거하여 추정한 미디어 경기 지수의 분포밀도함수와 전산업 생산지수의 비추세부분의 분포밀도함수를 보

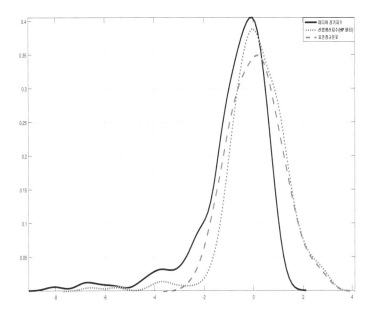

출처: 표준정규분포의 그림은 표준정규분포로부터 작성된 난수들의 자료를 사용하여 작성하였다.

그림 2.3: 미디어 경기 지수의 분포 추정

여주고 있다. 미디어 경기 지수의 밀도함수는 검정색의 실선으로 표시되어 있다. 전산업 생산지수의 밀도함수는 파란색의 점선으로 표시되어 있다. 비교를 위해 표준정규분포의 그림도 수록되어 있다. 표준정규분포의 그림은 표준정규분포로부터 작성된 난수들의 자료를 사용하여 작성되었으며 파란색 긴 점선으로 표시되어 있다. 미디어 경기 지수와 전산업 생산지수는 모두 표준화된 이후에 추정되었으므로 두 개의 지수가 모두 정규분포를 따른다면 그래프의 형태가 표준정규분포와 유사해야 한다. 미디어 경기 지수가 0을 중심으로 대칭이지는 않다. 음수영역에 더 넓게

퍼져있어서 비대칭적이지만 비대칭성의 정도가 매우 크지 않아서 본 장의 분석에서는 정규분포를 따르는 것으로 가정한다. 전산업 생산지수에 대해서도 정규분포를 따르는 확률변수로 가정한다.[2]

최근의 관련연구에서 상정하고 있는 정보처리능력의 유한성을 이해하기 위해 미디어 경기 지수의 내용을 통신채널을 통해 전송하는 상황을 설명한다. 경기지수의 내용을 통신채널을 한번 사용할 때 1비트를 전송한다는 의미는 다음과 같다. 임의의 확률변수를 1비트로 표현한다는 의미는 그 확률변수가 값을 취하는 전체 구간 안의 각각의 점을 0 또는 1의 숫자로 나타낸다는 뜻이다. b에 대한 하나의 표현(representation)으로 $\hat{b}$로 표기한다면 $\hat{b} = 0$ 또는 $\hat{b} = 1$이 된다. 따라서 2비트로 표현할 때는 그 확률변수가 정의되는 전체 구간 안의 각각의 점을 0, 1, 01, 10의 4개의 값으로 나타내는 것을 의미한다. 다음에서는 미디어 경기 지수를 1비트로 표현하는 경우를 분석한다. 미디어 경기 지수의 분포를 그림 2.3의 분포와 같이 나타낼 수 있다면 이를 1비트로 표현한다는 의미는 그림 2.3이 보여주고 있는 미디어 경기 지수의 분포밀도함수에 대한 구간 안의 각각의 점을 0 또는 1의 숫자로 나타낸다는 뜻이다.

Cover·Thomas는 양자화(quantization)의 단순한 예로서 설명하고 있는 문제를 미디어 경기 지수에 대한 단순화된 표현을 도출하는 데 적용한다. 이와 같은 예의 유용성은 최소화의 문제에 대한 해가 컴퓨터의 도움없이 손으로 계산할 수 있는 형태로 도출되기 때문이다.[3] 미디어 경기 지수에 대한 양자화를 설명하기 위해 먼저 미디

---

[2]안정적인 확률과정인가에 대한 테스트를 해야 하지만 전산업 생산지수의 비추세부분은 이미 HP필터로 추세부분을 제거하였으며 미디어 경기 지수의 경우도 추세가 없음을 쉽게 확인할 수 있다. 안정적인 확률과정이라면 안정적인 ARMA모형이라는 가정 하에서 파라미터를 추정하고 추정된 결과를 사용하여 미디어 경기 지수의 분포를 추정할 수도 있다.

[3]Cover·Thomas(2006)의 10장에서는 부호율 변형 이론(rate distortion theory)을 다루고 있다. 양자화(quantization)는 10장의 첫 장에 수록되어 있다. 또한 왜곡의 정도 또는 변형의 정도는 원래의 확률변수와 채널을 통해 전달되는 확률변수 간의 거리를 나타내는 척도에 의

어 경기 지수의 확률밀도함수를 $f(b)$로 표시한다. 양자화는 다음의 최소화 문제의 해로서 결정된다.

$$D = \min_{\mathcal{D}(b,R)} \int_{-\infty}^{\infty} \sum_{i=1}^{2^R} (b - \hat{b}_i)^2 f(b) db \qquad (2.1)$$

이 식에서 $\mathcal{D}(b, R)$는 미디어 경기 지수의 양자화된 표현(representation)들의 집합을 의미하고 다음과 같이 정의된다.

$$\mathcal{D}(b, R) = \{\hat{b}_i | i = 1, \cdots, 2^R\} \qquad (2.2)$$

위의 최소화 문제의 해를 설명한다. 연속인 구간을 유한 개의 구간으로 나누고 각각의 구간에 대하여 서로 다른 값이 대응되도록 설정한다. 예를 들어 $R = 1$인 경우 $[-\infty, \infty]$의 구간을 두 개의 구간으로 나누어야 한다. 이 경우 음수의 구간 $[-\infty, 0]$과 양수의 구간 $[-\infty, 0]$으로 나누면 된다. 그리고 음수의 구간에 대응하는 음수를 선택하여 $\hat{b}_1$의 값으로 설정한다. 양수의 구간에 대응하는 양수를 선택하여 $\hat{b}_2$의 값으로 설정한다. $R = 2$인 경우 $[-\infty, \infty]$의 구간을 네 개의 구간으로 나누어야 한다. 이 경우 음수의 구간을 둘로 나눈다. 예를 들어 $[-\infty, x_1]$과 $[x_1, 0]$로 나눈다. 또한 양수의 구간도 둘로 나눈다. 예를 들어 $[-\infty, x_2]$과 $[x_2, 0]$로 나눈다. 그리고 음수의 첫번째 구간에 대응하는 음수를 선택하여 $\hat{b}_1$의 값으로 설정하고 두번째 음수의 구간에 대응하는 음수를 선택하여 $\hat{b}_2$의 값으로 설정한다. 양수구간에 대해서도 양수의 첫번째 구간에 대응하는 양수를 선택하여 $\hat{b}_3$의 값으로 설정하고 두번째 양수의 구간에 대응하는 양수를 선택하여 $\hat{b}_4$의 값으로 설정한다. 미디어 경기 지수의 분포가

해서 측정된다. 주어진 왜곡함수와 왜곡수준하에서 원래의 확률변수와 채널을 통해 전달되는 확률변수 간의 상호정보가 최소값으로 정의된다. 원래의 변수가 정규분포를 따르고 왜곡을 측정하는 함수가 오차자승의 기대값으로 정의되면 왜곡수준이 원래 확률변수의 분산 이하라는 조건이 만족되면 상호정보의 최소값은 원래 확률변수의 분산을 주어진 왜곡수준으로 나눈 비율의 로그함수에 0.5를 곱하여 정의되는 함수와 같아진다.

$\mathcal{N}(\mu_b, \sigma_b^2)$이라면 $R = 1$인 경우 양자화의 해는 다음과 같이 주어진다.

$$\hat{b} = \begin{cases} \mu_b + \sqrt{\frac{2}{\pi}}\sigma_b & \text{if} \quad b \geq 0 \\ \mu_b - \sqrt{\frac{2}{\pi}}\sigma_b & \text{if} \quad b < 0 \end{cases} \tag{2.3}$$

일반 소비자가 위에서 설명한 양자화 과정을 담당한다면 일반 소비자가 보유하고 있는 사전적인 정보에 대하여 일정한 수준의 합리성을 가정해야 한다. 앞에서 설명한 양자화를 일반 소비자가 할 수 있다면 일반 소비자들은 미디어 경기 지수의 분포를 정확하게 알고 있어야 한다는 가정이 필요하다. 따라서 일반 소비자는 미디어 경기 지수의 확률모형은 정확히 알고 있지만 확률분포로부터 매 시점마다 실현되는 값을 정확하게 관측하지 못한다는 가정이 필요하다.

Sims(2003)가 제시한 합리적 부주의 모형의 함의를 살펴 본다. 상호정보의 상한에 대한 제약이 부과되는 경우를 분석한다. 시그널인 s_b와 실제값인 b 간의 상호정보는 다음과 같이 정의된다.

$$I(s_b, b) = \int \int f(s_b|b) f(b) \log \frac{f(b|s_b)}{f(b)} db ds_b \tag{2.4}$$

앞에서 설명한 결과와 비교하기 위해 앞에서와 동일하게 표준화된 변수로 분석한다. 그러나 앞에서 설명한 경우와 차이가 나는 점은 다음과 같이 정리할 수 있다. 먼저 앞에서 설명한 경우는 관측되는 시그널이 유한 개 존재하는 경우이다. 그러나 식 (2.4)에서 정의된 상호정보의 크기에 대하여 제약이 부과된다면 시그널은 다음과 같은 형태로 연속분포를 따르는 확률변수로 주어진다.

$$s_b = b + \epsilon \tag{2.5}$$

이 식에서 b에 대하여 독립인 확률변수 ϵ의 분포는 $\mathcal{N}(0, \omega^2)$이다. 혹자는 s_b와 $\hat{z}$ 간의 관계가 궁금할 수 있다. 이들의 관계는 다음과 같이 정리할 수 있다.

$$s_b = b + e \quad \rightarrow \quad \frac{s_b}{\sigma} = z + \frac{e}{\sigma} \quad \rightarrow \quad \hat{z} = z + \epsilon$$

따라서 b에 대한 주어진 선험정보 하에서 $\hat{z}$을 안다면 $s_b = \sigma\hat{z}$의 관계를 이용하여 s_b를 쉽게 복원한다. 목표하는 함수인 $F(z)$를 아래와 같이 정의한다.

$$F(z) = \int E[z|\hat{z}]f(\hat{z}|z)d\hat{z} \tag{2.6}$$

이 식은 앞에서 설명한 $F(z)$는 평균 주관적 평가(mean subjective valuation)를 의미하고 이는 최소 평균 자승오차(minimum mean-squared-error) 추정량의 조건부 기대값이다.

다음에서는 $E[z|\hat{z}]$를 어떻게 계산하느냐를 설명한다. $E[z|\hat{z}]$는 최소 평균자승오차 추정량을 의미하는데 최소 평균자승오차 추정량은 이차 손실 함수를 최소화하는 추정치를 의미한다. 또한 평균자승오차를 최소화하는 추정치는 관측되지 않은 실제의 값을 관측된 시그널의 값에 직교투영하여 얻은 값으로 정의된다. 따라서 $E[z|\hat{z}]$는 다음과 같다.

$$E[z|\hat{z}] = \kappa\hat{z}, \qquad \kappa = (1+\omega^2)^{-1} \tag{2.7}$$

또한 베이즈 규칙을 밀도함수에 적용하여 계산하면 $f(\hat{z}|z)$는 다음과 같이 주어진다.

$$f(\hat{z}|z) = \frac{1}{\sqrt{2\pi\omega}}\exp(-\frac{(z-\hat{z})^2}{2\omega^2}) = \frac{1}{\sqrt{2\pi\omega}}\exp(-\frac{\epsilon^2}{2\omega^2}) \tag{2.8}$$

식 (2.8)은 주어진 실제값 하에서 시그널의 값에 대한 조건부 예측함수는 노이즈의 밀도함수와 동일함을 의미한다. 식 (2.7)와 식 (2.8)을 식 (2.6)에 대입하여 계산하면 다음과 같이 주어진다.

$$F(z) = \kappa z \tag{2.9}$$

이 식에서 κ의 값은 1보다 작은 양수이므로 $F(z)$는 기울기 1보다 작은 원점을 지나는 직선이다. 상호정보의 크기에 대한 제약이 부과된 독자가 이해하고 있는 미디어 지수와 실제의 지수간에는 다음과 같은 선형식이 성립한다. 식 (2.9)는 정규화된 변수에

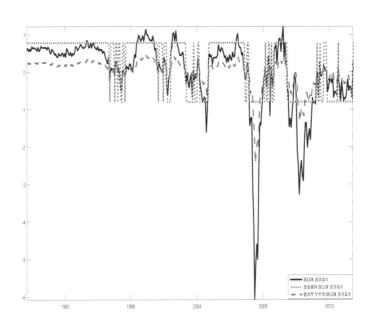

출처: 미디어 경기 지수는 한국언론재단의 홈페이지에서 다운로드한 키워드 트렌드 검색 자료를 사용하여 추계하였다.

그림 2.4: 소비자의 정보처리능력과 미디어 경기 지수

대하여 성립하는 식이므로 이를 원래의 변수에 적용하면 다음과 같이 쓸 수 있다.

$$\frac{\hat{b} - \mu_b}{\sigma_b} = \kappa \frac{b - \mu_b}{\sigma_b} \quad \rightarrow \quad \hat{b} = \mu_b(1 - \kappa) + \kappa b \tag{2.10}$$

앞에서도 미디어 경기 지수를 계산하기 위해 사용되는 최적화 문제를 정의하였다. 이미 도출과정은 설명하였으나 다른 지수와의 비교를 위해서 식 (2.10)에서 정의한 지수에 대한 최적화 문제를 간단히 정리한다. 식 (2.10)에서 정의된 $\hat{b}$는 다음의 최적화

문제를 풀어서 도출된 결합 분포를 사용하여 계산한 기대값이다.

$$\min_{f(b,s_b)} \int \int (b-\hat{b})^2 f(s_b, b) db ds_b, \qquad \hat{b} = E[b|s_b] \tag{2.11}$$

결합밀도함수 $f(b, s_b)$가 위의 최적화 문제의 선택변수이고 최적화 문제에 대한 두 개의 제약식이 있다. 첫째 상호정보의 크기에 대한 제약식이다. 아래의 식에서 볼 수 있듯이 임의의 양수 v는 상호정보의 상한으로 주어진다.

$$I(s_b, b) \le v \quad I(s_b, b) = \int \int f(s_b, b) \log(f(b|s_b)/f(b)) db ds_b \tag{2.12}$$

또한 다음의 합리성에 대한 제약도 만족 시켜야 한다.

$$f(b) = \int_{-\infty}^{\infty} f(s_b, b) ds_b \tag{2.13}$$

그림 2.4는 앞에서 설명한 소비자의 정보처리능력의 제한으로 미디어 경기 지수의 의미를 정확히 이해하지 못하는 상황을 부과하여 작성한 지수들과 원래의 미디어 경기 지수를 비교하고 있다. 청색 점선은 식 (2.3)의 양자화된 미디어 경기 지수를 나타낸다. 불황이라는 의미의 단어를 더 많이 들었으면 불황이라고 판단하고 호황이라는 단어를 더 들었으면 호황이라고 판단한다는 가정이 부과된 것이다. 파란색 긴 점선은 식 (2.10)를 사용하여 작성한 지수를 나타낸다. 합리적 부주의의 가정이 부과되면 정보처리능력의 유한성으로 인해 소비자는 미디어 경기 지수에 담겨있는 모든 변화를 세세하게 다 이해하지 못하고 실제의 내용에 비해 단순화된 형태로 이해한다. 따라서 파란색 긴 점선은 실선을 비교하여 확인할 수 있듯이 합리적 부주의의 가정이 부과되면 소비자는 실제의 미디어 경기 지수의 내용보다 더 완만하게 경기국면의 내용을 이해한다. 또한 소비자의 정보처리능력이 낮아질수록 파란색 긴 점선은 더욱더 완만해진다.

3   인지된 미디어 지수와 실제의 미디어 지수

일반 사람들의 자극(stimulus)을 감지(detect)하고 판별(discriminate)하는 능력도 유한하다. 앞에서는 정보이론에 의거하여 일반 사람들이 받아들이는 경기상황에 대한 정보는 미디어 경기 지수와 다를 수 있음을 설명하였다. 본 장에서는 자극을 감지(detect)하고 판별(discriminate)하는 능력을 설명하는 정신물리학(psychophysics)에서 제시한 방법론에 의거하여 인지하는 미디어 지수와 실제의 미디어 지수 간의 차이가 있을 수 있다는 점을 보인다.

미디어 경기 지수를 작성하고 불황 또는 호황을 인지하는 방식은 정신물리학에서 사용되어온 최소 차이임계치 또는 차이식역(difference threshold)의 개념과 연결성이 높다. 따라서 본 장에서는 외부의 자극과 이를 지각하는 것 간에 임계치가 존재한다는 개념을 간단히 요약한다.[4] 절대식역에 대한 가설에 대하여 시각의 예를 들어 설명한다. 휘도가 낮으면 사람들은 빛이 번쩍이는 현상을 인지하지 못한다. 그러나 휘도가 높아지면서 사람들은 빛이 번쩍이는 현상을 인지한다. 빛의 번쩍임을 인지하게 되는 휘도의 임계치가 있고 이는 시각이 빛의 순간적인 번쩍임을 인지하는 절대식역 또는 절대 임계치로 간주할 수 있다는 것이다. 여기서 휘도(luminance)는 어떠한 물체에서 나오는 빛의 밝기를 측정하는 척도로서 광원의 단위 면적당 광도를 의미하는 것으로 정의된다.[5]

---

[4]본 장에서 미디어 지수에 적용하고 있는 방법론은 Frisby·Stone(2010)이 저술한 교과서의 '시각과 정신물리학(seeing and psychophysics)'에서 자세히 설명되어 있다.

[5]관련 연구들에서는 조도가 단위면적당 얼마만큼의 빛이 도달하는가를 표시하는 개념이고 동시에 휘도는 그 결과로 어느 방향으로부터 보았을 때 얼마만큼 밝게 보이는가를 측정하는 개념으로 설명되기도 한다. 또한 휘도는 공간의 전체적인 인상으로 밝고 어둡기를 평가하는데 더욱 효과적인 측광량으로 알려져 있다.

　　상식적으로 설명하면 하나의 순간적인 자극에 반응하느냐의 확률은 자극의 크기에 따라 달라질 수 있다. 일반적으로 매우 작은 자극을 감지할 수 없을지라도 자극의 크기가 일정 수준보다 커지면 감지할 것이다. 그러면 어느 정도의 자극이 오면 자극이 감지되느냐? 이를 확률적으로 표현하면 자극의 크기와 자극을 감지하는 확률은 어떠한 관계가 있느냐? 이를 하나의 함수로 정리하여 표현할 수 있느냐의 의문을 가질 수 있다. Frisby·Stone의 교과서에서 제시하고 있는 이론 중의 하나는 s자 형태의 심리측정함수(psychometric function)이다. 이는 자극의 크기와 자극을 감지하는 확률 간의 관계를 나타내는 함수의 형태가 s자 형태의 연속인 곡선임을 의미한다. 그리고 이 함수의 치역의 중간점을 임계치로 설정한다. 따라서 탐지되는 자극의 영역과 탐지되지 않는 자극의 영역 간 불연속적인 계단식 함수라고 주장한 초기의 이론과 달리 연속적인 함수로 가정하여 탐지확률이 50%인 자극강도를 절대 임계치로 정의한다. 예를 들어 어둡고 맑은 밤에 약 48km 앞에서 비친 촛불은 시각의 절대식역이고 청각의 경우 조용한 방에서 60m 앞에서 째깍거리는 시계소리이다. 미각의 경우 9리터의 물에 녹인 설탕 한 스푼이다. 후각의 경우 방이 6개인 집에 뿌려진 한 방울의 향수이다. 촉각의 경우 1cm 거리에서 뺨에 떨어지는 벌의 날개이다. 그러나 주의할 점은 이 수치들은 예시적인 것으로, 사람과 그 신체적 상태에 따라 측정되는 식역이 달라진다는 점이다.

　　또한 신호탐지이론에서는 지각능력에서 노이즈가 발생할 가능성을 있으므로 노이즈가 자극의 크기와 자극에 반응하는 확률 간의 관계에 미치는 영향을 고려하여 분석한다. 노이즈의 확률밀도함수와 자극의 밀도함수가 겹치는 경우 절대 임계치의 위치에 따라 4개의 영역으로 나눌 수 있다. 예를 들어 노이즈와 자극이 모두 정규분포를 따르고 노이즈의 평균이 자극의 평균보다 작은 경우를 고려한다. 또한 노이즈와 자극의 표준편차가 같고 절대 임계치가 두 평균 사이에 위치한다고 가정한다. 이 경우 임계치 위의 영역 중에서 노이즈 밀도함수와 겹치지 않은 자극의 밀도함수 아래에 위치한 영역은 자극이 발생하면 이를 올바르게 감지하는 영역이다. 임계치보다 작은 값이고 동시에 자극의 밀도함수 아래의 영역과 겹치는 부분은 자극이 있더라도 자극으로 간주하지 않는 부분이므로 자극을 놓치는 부분이다. 임계치보다 큰 값이면서 노이즈 분포의 밀도함수 아래 위치한 영역은 자극이 없어도 자극을 감지하는 부분이다. 임계치보다 낮은 값이면서 자극의 밀도함수 그래프의 아래에 위치하지 않고 노이즈의 밀도함수의 그래프 아래에 위치하는 영역은 자극이 없을 때 자극을 감지하지 않는 영역이다.

양자택일(two-alternative forced choice)방식은 피실험자에게 두 개의 대안을 제시하고 하나를 선택하도록 요구하는 방식이다. 피실험자의 자극에 대한 반응을 실험하는 경우 자극의 임계치를 설정하여 이에 따라 감지여부를 답하는 상황을 회피하기 위해 양자택일의 방식을 채택할 수 있다. 예를 들어 시각능력과 관련된 실험에서도 피실험자에게 두 개의 자극을 주고 어느 자극이 상대적으로 더 휘도가 높으냐를 선택하도록 요청할 수 있다. Frisby·Stone의 예에서는 준거 휘도(reference luminance)와 비교 휘도(comparison luminance) 간의 비교를 설명한다. 비교 휘도를 더 밝은 자극으로 선택하는 확률을 50%에서 76%로 제고하기 위해 필요한 휘도의 증가분을 분석한다. 비교 휘도의 크기가 충분히 커져서 비교 휘도의 자극을 선택하는 확률이 50%에서 76%로 증가한다면 이는 첫번째 자극의 평균과 두번째 자극의 평균이 같은 상황에서 비교 휘도를 가진 두번째 자극의 평균이 표준편차 만큼 증가하는 경우와 같다는 것이다. 두 개의 자극 중에서 더 밝은 자극을 선택하는 실험에서 비교 휘도의 자극을 선택하는 확률을 50%에서 76%로 증가시키기 위해 필요한 휘도의 증가분을 최소 감지 차이(just noticeable difference)로 정의한다.

앞에서 설명한 개념을 인지하는 능력에 제약이 있는 소비자가 호황 또는 불황을 인지하는 정도를 나타내는 지수를 추계하는 데 적용한다. 이를 위해 다음과 같은 점들을 가정한다. 첫째, 개인들은 매달 호황의 횟수와 불황의 횟수 중 어느 쪽이 더 많이 나왔느냐에 대하여 정확하게 인지하지 못하는 것으로 가정한다. 둘째, 두 횟수의 차이가 임계치보다 더 크거나 같으면 높은 횟수를 기록한 국면을 현재의 경기국면으로 간주한다. 두번째 가정을 적용하기 위해 먼저 호황의 횟수와 불황의 횟수 중 작은 쪽이 준거 돗수(reference frequency)로 정의된다. 큰 쪽은 비교 돗수(comparison frequency)가 된다. 두 개 확률변수를 각각의 평균을 뺀 수치를 각각의 표준편차로 나누어 표준화한 확률변수를 정의한다. 새로 정의된 두 개의 확률변수의 평균의 차이가 1보다 크면 상대적으로 큰 국면을 현재의 경기순환국면으로 선택한다. 그러나 이 조건을 만족하지 않는다면 경기안정인 상황으로 정의한다.

위의 방식을 수식으로 정의하기 위해 다음과 같은 방식을 적용한다. 표준정규분포를 따르는 서로 독립인 두 개의 확률변수를 각각 z_1과 z_2로 나타낸다. 소비자는 두 확률변수의 실현치를 보고 어느 것이 더 크다는 것을 답해야 하는 상황이다. 인지능력의 한계로 실현치를 정확하게 알지 못한다. 각각의 용어를 실제로 읽은 수를 정확하게 모르고 단지 어림짐작으로 아는 수가 있다. 짐작하는 횟수 = 실제로 읽은 횟수 + 노이즈 횟수로 구성이 되어 있어서 두 개의 짐작하는 수를 비교하여 답변을 해야 한다. 사실은 표준화된 비율이므로 정확하게 표현하면 어림직하는 횟수의 표준화된 비율이다. 인지능력의 한계를 소비자 자신도 알고 있기 때문에 하나의 수치가 다른 수치에 비해 약간 크다고 해서 어느 쪽이 확실히 맞다고 단정하기 어렵다는 것은 알고 있다. 따라서 소비자는 두 개의 어림수의 차이가 1보다 크면 '불황'과 '호황' 중 하나를 선택한다. 차이가 1보다 작으면 경기안정이라고 판단한다. 이처럼 판단하는 근거는 위에서 설명한 최소 감지 차이이다. 앞에서 설명한 방식을 수식으로 표시하면 다음과 같다.

$$\hat{b} = \begin{cases} \text{호황} & \text{if} \quad z_b - z_r > 1 \\ \text{불황} & \text{if} \quad z_r - z_b > 1 \\ \text{경기안정} & \text{if} \quad |z_r - z_b| \leq 1 \end{cases} \qquad (2.14)$$

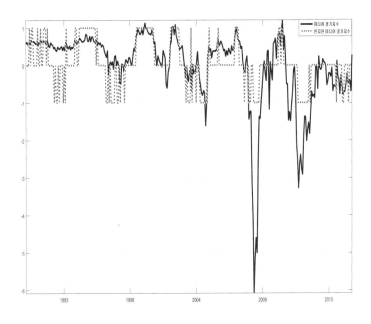

출처: 미디어 경기 지수는 한국언론재단의 홈페이지에서 다운로드한 키워드 트렌드 검색 자료를 사용하여 추계하였다.

그림 2.5: 소비자의 인지능력과 미디어 경기 지수

그림 2.5는 앞에서 설명한 소비자의 인지능력에 제약이 부과되면 불황과 호황을 의미하는 용어의 빈도수를 정확히 알지 못하고 어림짐작으로 기억하고 있는 돗수가 있다. 어림짐작에 의거하여 판단하는 상황을 고려하여 작성한 지수의 그래프가 청색 점선이다. 청색 점선과 실선을 비교하면 인지능력의 제약이 부과되면 경제상황을 띄엄띄엄 불황과 호황으로 인지하게 된다. 소비자가 자신이 인지하는 능력에서 한계가 있음을 인정하고 정확한 판단을 하기 위해 자신이 어림짐작으로 알고 있는 도수에 의거하여 실제의 상황이 불황 또는 호황인가의 여부에 대하여 확률적으로 예측을

시도하는 경우를 생각해볼 수 있다. 자신이 어림잠작으로 알고 있는 도수에 의거하여 실제의 상황이 불황일 확률을 추계한다면 베이즈 규칙에 의거하여 실제의 미디어 경기 지수의 값 하에서 자신이 어림짐작으로 알고 있는 돗수가 나올 확률을 유추할 수 있다. 예를 들어 불황을 수치화하여 불황을 대표하는 도수의 값을 하나 선정하여 n_r로 표시한다. 호황에 대해서도 동일한 방식으로 호황을 대표하는 도수의 값을 하나 선정하여 n_b로 표시한다. 경기안정에 대해서는 n_s로 정의한다.

개별 소비자는 $\{n_r, n_b, n_s\}$ 중의 하나를 인지한다고 가정한다. 개별 소비자는 자신이 인지하는 상황 하에서 실제의 미디어 경기 지수의 값에 대한 조건부 확률인 $p(b|n_r)$, $p(b|n_b)$, $p(b|n_s)$를 추정할 수 있다고 가정한다. 아울러 개별 소비자들은 다음과 같은 베이즈 규칙을 사용하는 것으로 가정한다.

$$p(b|n_r)p(n_r) = p(n_r|b)p(b)$$

이 식에서 미디어 경기 지수의 값이 b인 상황에서 불황으로 판별하는 조건부 확률이 $p(n_r|b)$로 표기된다. 호황의 경우 $p(n_r|b)$이고 경기안정의 경우 $p(n_s|b)$이다. 이 경우 소비자들이 인지하는 미디어 경기 지수는 아래와 같이 실제의 미디어 경기 지수의 함수가 된다.

$$\hat{b}(b) = p(n_r|b)n_r + p(n_b|b)n_b + p(n_s|b)n_s \tag{2.15}$$

이 식의 의미에 대하여 다음과 같이 부연 설명을 붙일 수 있다. 사람들의 인지제약이 없다면 사람들은 b를 정확하게 관측한다. 인지능력이 무한하다면 연속적으로 변화하는 b의 값을 그대로 따라서 이해하였으나 인지제약으로 이는 불가능하고 단지 세 개의 숫자만 알고 있는 상황이다. 각각의 수치는 사람들에게 의미가 있다. 호황을 대표하는 숫자, 불황을 대표하는 숫자, 경기안정을 대표하는 숫자이다. 동일한 값을 가지고 있는 숫자이지만 실제의 상황에 따라 나오는 확률이 달라진다. 실제의 상황이 연속적으로 변화하지만 사람들은 실제의 연속적인 변화를 그대로 따라가지 못하고

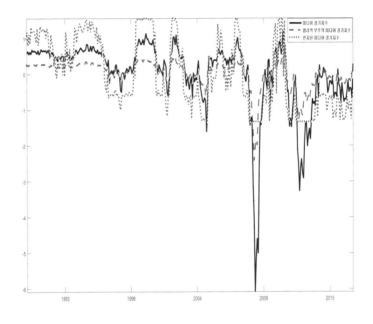

출처: 미디어 경기 지수는 한국언론재단의 홈페이지에서 다운로드한 키워드 트렌드 검색 자료를 사용하여 추계하였다.

그림 2.6: 인지된 미디어 경기 지수

이산적으로 띄엄띄엄 알고 있다. 그러나 자신이 인지하고 있는 몇 개 되지 않는 상황이 발생하는 확률이 달라진다는 것을 알고 있어서 이를 이용하여 현재의 실제 상황에 대하여 예측을 형성한다. 예측을 어떻게 형성하느냐를 기술하는 식이 식 (2.15)이다.

상황에 대한 구분은 단순하게 세 가지의 경우로만 파악하지만 실제의 상황이 주어진 상태에서 세 가지의 경우 중 어느 것이 보다 정확하게 맞느냐를 알려주는 조건부 확률은 연속적으로 변화시켜서 파악하고 있다. 이러한 조건부 확률은 $\{p(n_r|b),$ $p(n_b|b), p(n_s|b)\}$로 표기되고 이들의 연속적 변화에 의거하여 보다 실제 상황에 대한

보다 더 정확한 인지가 가능하다. Woodford(2012)는 조건부 확률을 계산하는 최적화 문제를 분석하고 있으며 본 장에서 작성한 인지된 미디어 경기 지수도 Woodford의 해를 사용하여 계산하였으며 Woodford가 제시한 최적화 문제에 대하여 뒤에서 자세하게 설명하기로 한다.

그림 2.6는 식 (2.15)에 의해서 정의되는 인지된 미디어 경기 지수를 합리적 부주의 모형에서 함의하는 미디어 경기 지수와 비교하고 있다. 청색 점선이 식 (2.15)에 의해서 정의되는 인지된 미디어 경기 지수의 그래프이다. 청색 긴 점선은 합리적 부주의 모형에서 함의하는 미디어 경기 지수의 그래프이다. 청색 점선은 원래의 미디어 경기 지수에 비해 보다 완만하다. 완만한 정도가 미디어 경기 지수의 점에 의존한다. 어느 영역에서는 실제의 미디어 경기 지수는 변동이 크게 보이지만 청색 점선은 매우 완만하다. 그러나 다른 영역에서는 청색 점선이 변동하는 정도가 실제의 미디어 경기 지수가 변동하는 정도와 유사하다. 뒷부분에서 자세히 설명이 되겠지만 청색 점선의 그래프는 나타날 확률이 높은 미디어 경기 지수의 영역에 대해서는 인지능력을 더 높게 배분하고 나타날 확률이 낮은 미디어 경기 지수의 영역에 대해서는 인지능력을 더 낮게 배분한다. 그 결과 청색 점선의 그래프의 완만한 정도는 미디어 경기 지수의 점에 의존한다.

4   미디어 경제 뉴스와 소비자 심리

미디어 맬러디(media malady)는 신문과 방송의 경제 뉴스가 과도하게 부정적인 뉴스를 보도함으로써 경제상황을 악화시키는 현상을 의미한다. '미디어 맬러디'라는 단어가 최초로 등장하는 것으로 알려진 Kurtz(1990)의 기사에서는 워싱턴 포스트가 주택시장 상황이 악화되고 있음을 과도하게 강조하는 기사가 계속되면서 연착륙이 가능한 상황이 심각한 불황으로 악화되었다고 믿는 사람들의 불평을 인용하고 있다.

또한 미디어가 실제로 부정적인 시장 상황을 과도하게 보도해서 상황을 악화시키느냐의 여부는 쉽게 판별하기 어렵다는 점도 지적한다. 미디어 맬러디가 실제로 작용하고 있다면 어떠한 과정을 거쳐서 경제 뉴스가 실제의 경제에 영향을 미치는가? 관련 연구에서는 경제 뉴스가 소비자 심리를 매개로 하여 실물 경제에 영향을 미칠 수 있다는 점이 강조되어 왔다. 소비자 심리(consumer sentiment)를 경제상황에 대한 소비자의 인지로 정의한다. 미디어의 경제 뉴스와 소비자 심리 간의 관계에 대하여 대립되는 두 가지 주장이 가능하다. 첫번째 주장은 비관적인 경제 뉴스는 소비자 신뢰를 낮추는 원인이 될 수 있다는 것이다. 대중 매체는 독자들의 견해와 실제의 선택에 상당한 영향을 미치고 있어서 신문사와 방송사가 비관적인 경제상황을 담은 뉴스를 지속적으로 보도하면 소비자 신뢰를 낮추는 효과를 발생시킨다. 두번째 주장은 첫번째의 주장에 반대되는 주장이다. 신문사와 방송사는 독자들이 관심이 있는 내용의 뉴스를 보내려고 하기 때문에 신문과 방송에서 비관적인 경제상황을 담은 뉴스가 자주 나가는 것은 소비자의 요청을 반영하는 것이다.

소비자 심리와 경제상황 간의 관계는 어떠한가? 여기에도 대립되는 두 개의 주장이 가능하다. 첫번째 주장은 소비가 총지출에서 차지하는 비중이 높기 때문에 소비가 거시경제의 경기변동에 미치는 효과는 크다는 점과 소비자 심리 지수가 미래의 경제상황에 대한 정보를 제공하는 선행지표의 역할을 한다는 점을 들어 소비자 심리의 변동이 거시 경제에 영향을 미치는 하나의 요인이라고 주장할 수 있다. 두번째 주장은 대부분의 소비자들은 매일 자신이 직접 겪는 실제의 생활로부터 경제상황에 대하여 인지하기 때문에 경제상황에 대하여 파악할 때 미디어의 경제 뉴스를 따르지 않는다는 것이다. 그러나 이에 반하여 소비자들은 경제 뉴스에 의존하여 자신의 기대를 형성하는 경향이 있다는 주장이 있다.

Blood·Phillips(1995)는 1989년부터 1993년까지의 기간동안 월별로 뉴욕 타임즈 신문에서 '불황(recession)'이라는 단어를 포함한 미국 경제와 관련된 헤드라인의 수

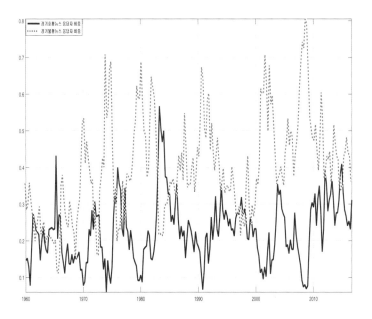

출처: 위의 그래프를 그리기 위해 사용한 시계열 자료는 미국 미시간 대학교의 surveys of consumers의 홈페이지로부터 다운로드 받은 자료를 사용하여 재구성하여 작성한 자료이다.

그림 2.7: 경기 호황 및 불황 뉴스의 응답자 비중의 추이

를 기록하여 시계열 자료를 수집하였다. 이들은 기사의 헤드라인만 고려하는 이유는 심리학적 연구결과에 근거하여 후속되는 내용을 이해하고 숙지하는 정도와 주제에 대한 독자의 태도를 결정하는 데 중요한 역할을 하기 때문에 헤드라인의 수를 세는 것으로도 충분한 정보가 된다는 지적한다. 이들의 실증분석 결과에 따르면 불황 헤드라인은 표본기간 중 실제의 경제상황과 연관성이 높지 않은 것으로 나타난다. 이러한 실증분석의 결과를 놓고 보면 표본기간 중 자료에서 나타난 뉴욕 타임즈의

불황을 헤드라인으로 하는 기사를 지속적으로 다루고 있는 트렌드는 경제의 실제
상황을 정확하게 반영하지 못하고 소비자에게 과도하게 비관적인 소비심리를 조장
할 수 있음을 알 수 있다. 그럼에도 불구하고 이들은 불황을 다루는 신문기사들이
지속적으로 게재된 사실이 경제의 실제 상황에 부정적인 효과를 발생시켰다는 증
거를 찾을 수 없었다고 밝히고 있다. 따라서 미디어 맬러디 효과의 증거를 찾을 수
없었다고 지적한다.[6]

　　Dorms·Morin(2004)는 1978년부터 2003년까지의 기간 중 30개의 대규모 신문
사의 신문기사에서 다룬 불황(recession), 대량해고(lay-off), 경기회복(economic re-
covery)에 관한 기사의 수를 매월 기록한 시계열 자료를 축적하여 미디어 경기 불황
지수를 작성하였다. Dorms·Morin(2004)와 Starr(2012)은 미시간 대학교에서 실시
하는 소비자 조사(surveys of consumers)자료에 의거하여 뉴스 지수(news index)
를 작성하였다. 이들은 뉴스 지수를 경기가 좋다는 뉴스를 접했다고 응답한 사람의
비중에서 경기가 좋지 않다는 뉴스를 들었다고 응답한 사람의 비중을 뺀 차이로 정
의하였다. 그림 2.7은 경기가 좋다는 뉴스를 접했다고 응답한 사람의 비중과 경기가
좋지 않다는 뉴스를 접한 사람의 비중의 추이를 보여주고 있다. 경기가 좋은 시기에도
경기가 좋지 않은 뉴스를 접했다고 응답한 사람들이 있으며 경기가 불황인 시기에도
경기가 좋다는 뉴스를 접했다는 사람이 있음을 알 수 있다. 따라서 그림 2.7은 경기가
분명하게 불황이거나 호황인 시점에서도 경기 국면에 대하여 정확하게 인지하지 못
하는 사람이 있을 가능성을 시사한다. 경기가 좋지 않다는 뉴스를 접했다고 응답한
사람의 비중은 경기불황기에 급속하게 증가한다. 경기가 좋다는 소식을 접한 사람의

---

[6]Blood·Phillips(1995)의 주요한 모티베이션 중의 하나는 경제상황과 대통령 선거 결과
간의 관계이다. 예를 들어서 표본기간 중 부정적인 경제 뉴스가 당시 부시 대통령이 재선에
실패한 이유가 되었는가? 실제의 상황에 비해 과장되게 부정적인 경제 뉴스가 대통령에 대한
지지(presidential approval)를 가늠할 수 있는 강한 예측 지표인가? 등이다.

비중도 경기 불황에 급격히 감소한다.[7]

다음에서는 Dorms·Morin과 Starr의 연구에서 분석한 뉴스 지수와 유사한 방식으로 뉴스 지수를 작성하여 소비자 심리 지수와 비교한다. 그림 2.8에서 보여주고 있는 뉴스 지수는 경기가 좋다는 뉴스를 접했다고 응답한 사람의 비중에서 경기가 좋지 않다는 뉴스를 들었다고 응답한 사람의 비중을 뺀 차이에 2.5를 곱하여 작성하였다. 수식으로 표현하면 다음과 같다.

$$\text{뉴스 지수} = 2.5(\text{호황 응답자 비중} - \text{불황 응답자 비중})/\text{전체 응답수}$$

이 식에서 표준화된 소비자 심리 지수와 눈으로 쉽게 크기를 비교할 수 있도록 조정하기 위해 임의로 선정한 수치이다. 위에서 전체 응답수로 다시 나눈 이유는 다음과 같다. 중복 응답이 있어서 '호황, 불황, 무응답'의 세 경우의 합이 100을 넘는 경우가 있어서 이를 조정하기 위해서 전체 응답수로 나누었다. 소비자 심리지수와 뉴스 지수를 비교하면 눈에 띄는 점이 규모가 큰 불황 시점에서 두 개의 지수가 거의 일치한다는 점이다. 구체적으로 예를 들면 1975년 전후 오일 충격 기간, 1979년-1980년 기간의 불황 기간, 1990년대 초의 불황, 2008년부터 2009년까지의 최근 글로벌 금융 위기 기간 등에서는 두 개의 그래프 형태가 매우 유사함을 쉽게 확인할 수 있다. 이는 커다란 불황에서는 대부분의 사람들이 현재 시점의 경기 상황에 대하여 보다 정확하게 인지하고 있음을 의미한다. 그러나 그 외의 기간 중에서는 상당 수의 소비자들은 경기 국면을 정확하게 인지하지 않는 것으로 나타난다.

Dorms·Morin은 미디어가 소비자 심리에 영향을 미치는 과정에 대하여 세 가지의 서로 다른 경로가 가능하다고 지적하고 있다. 첫째 경로는 전문가의 경제 분석

---

[7] 참고로 미시간 대학에서 실시하는 소비자 서베이에서 소비자들에게 던지는 질문의 내용을 다음과 같이 밝히고 있다. "During the last few months, have you heard of any favorable or unfavorable changes in business conditions?" "What did you hear?"

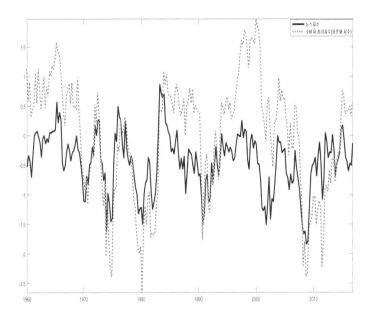

출처: 위의 그래프를 그리기 위해 사용한 시계열 자료는 미국 미시간 대학교의 surveys of consumers의 홈페이지로부터 다운로드 받은 자료를 사용하여 재구성하여 작성한 자료이다.

그림 2.8: 소비자 심리 지수와 뉴스 지수의 비교

결과 및 해석의 전달이다. 따라서 뉴스 미디어는 가장 최근의 경제 자료와 전문가의 견해를 소비자에게 전달한다. 둘째 경로는 실제 상황에 대한 시그널로서 경제 뉴스가 소비자에게 전달된다. 소비자는 경제기사의 양과 논조를 통해서 실제의 경제상황에 대한 감을 잡게 된다. 셋째 경로는 경제상황을 집중적으로 다루게 되면 현재 시점의 경제상황에 대한 소비자들의 주의가 보다 더 높아진다. 따라서 신문사와 방송사들의 경제상황을 보도하는 경제 뉴스의 양이 증가할수록 소비자들의 경제에 대한 전망이 바뀔 가능성이 더욱 커진다. Dorms·Morin은 자신의 실증분석에 의하면 세 개의 경로가 모두 작동하고 있다고 주장한다. 특히 불황 국면에서 경제기사의 양이 상대적으로 더 증가하므로 불황 국면에서 소비자들은 자신의 기대를 업데이트할 가능성이 높다고 강조한다.

Starr의 분석은 Dorms·Morin의 분석과 비교하여 뉴스 지수 또는 소비자 심리의 실물 효과를 초점을 맞춘다. 뉴스 지수에서 과거 시점에서 예측되지 않은 부분이 소비지출에 유효한 영향을 미치는가? 또는 소비자 심리 지수의 과거 시점에서 예측되지 않은 변화가 소비지출에 유효한 영향을 미치는가? Starr는 자신의 실증분석 결과는 뉴스 지수에서 예측되지 않는 부분을 뉴스 충격으로 정의하면 뉴스 충격이 실물 경제에 미치는 효과가 있다는 것을 함의한다고 밝히고 있다. 또한 소비자 심리 지수의 충격도 소비지출에 유효한 효과가 있음을 아울러 지적한다. 이러한 결과는 소비자 심리 지수의 충격이 소비지출을 예측한다는 Caroll·Fuhrer·Wilcox(1994)의 분석 결과와 일치한다.

앞에서 소개한 관련 연구들은 본 장에서 분석한 미디어 경기 지수와 인지된 미디어 지수에 대하여 다음과 같은 함의를 가지고 있다. 첫째, 본 장에서 작성한 키워드의 검색을 통해 작성한 미디어 경기 지수는 경기 상황을 나타내는 키워드를 수록한 신문기사의 횟수에 대한 시계열 자료를 축적한다는 측면에서 본 장에서 소개한 논문들에서 채택한 지수 작성 방식과 일치한다. 둘째, Starr가 사용한 뉴스 지수는 소비자의 응답을 기초로 작성되었다. 이에 반하여 본 장의 미디어 지수는 신문사와 방송사의 경제기사의 횟수에 의거하여 작성하였다. 따라서 Starr의 뉴스 지수는 소비자의 인지를 반영한 지수이지만 본 장에서 작성한 미디어 경기 지수는 소비자의 인지를 반영한 지수는 아니다. 인지된 미디어 지수의 형태를 알아보기 위해 본 장에서는 합리적 부주의 모형의 함의를 적용하여 인지된 미디어 지수를 추계하였다. 셋째, Starr의 뉴스 지수는 불황기에 가파르게 변화하는 모습을 보인다. 그런데 본 장에서의 분석이 함의하는 점은 소비자들의 합리적 부주의의 정도가 상당히 크다면 인지하는 지수는 뉴스 지수에 비해 보다 더 완만한 형태를 보일 수 있다는 점이다. 특히 완만한 형태의 인지된 지수에 의거하여 뉴스 충격은 일반적인 경기 순환국면에서는 뉴스 충격이 그리 크지 않지만 큰 폭의 경기 불황이 시작하는 시점에서 뉴스 충격은 상당히 커질 수 있다. 그 결과 뉴스 충격이 시계열 특성이 달라질 수 있다.

앞에서 설명한 소비자들의 경기 상황에 대한 인지의 시계열 자료와 소비자 심리지수의 시계열를 사용하여 소비자의 정보 구조에 대한 정보를 얻을 수 있는가? 소비자 심리지수와 소비자들의 경기 상황에 대한 응답 간의 관계를 다음과 같이 가정한다.

1. 개인 소비자들은 여러 사람들의 견해를 종합한 소비자 심리지수의 값을 정확히 관측할 수 없다.

2. 개인 소비자들은 자신의 정보처리능력에 맞추어 경기 상황에 대한 시그널을 생성하여 경기 상황을 파악한다.

3. 소비자 심리지수와 가장 근접한 추정치를 추계하여 이를 근거로 소비자 서베이에 응답한다.

위에서 정리한 가정 하에서 그림 2.9에 수록되어 있는 그래프를 다음과 같이 해석한다. 그림 2.9의 x축은 소비자 심리지수를 의미한다. y축은 불황인지, 호황인지, 무응답 등의 비중을 나타낸다. y축은 위에서의 가정 하에서 개인 소비자의 경기 국면을 인지하는 확률의 크기를 의미한다. 개인 소비자가 정보를 처리하는 능력이 유한해서 정확한 상황을 쉽게 알 수 없고 실제의 상황을 인지하는 데 오차가 발생한다. 소비자 심리지수는 매우 낮은 수준이지만 소비자는 호황이라고 인지하고 있을 수도 있다. 반대로 소비자 심리지수는 평균보다 훨씬 높지만 소비자는 불황이라고 인지할 수 있다. 소비자 심리지수의 실제 자료에서의 평균은 86으로 점선으로 수직선이 위치한 곳이다. 실제의 자료에서 추계한 평균값을 기준으로 호황에 대응하는 지수의 값과 불황에 대응하는 지수의 값을 판단하는 것도 합리적인 해석이다. 그러나 통상적으로 100을 기준점으로 해석하면 100보다 아래이면 소비자 심리가 위축되어 있는 상황이고 100이상이면 소비자 심리가 활성화되어 있는 상황으로 해석할 수도 있다. 왼편 패널에 수록되어 있는 그래프는 불황의 인지 확률은 소비자 심리지수가 낮은 곳에서 높은 인지 확률을 보이고 소비자 심리지수의 값이 상승하면서 낮아지는 모습을 보인다. 호황을 인지하는 확률도 전체적으로 해석이 가능한 모습을 보이기는 하나 소비자 심리지수가 상승하면서 호황을 인지하는 확률이 증가하는 추세는 상대적으로 완만하다.

그림 2.9의 왼편 패널에서 해석이 어려운 부분은 무응답 부분이다. 무응답을 경기중립으로 인지하는 것으로 해석해야 하느냐 아니면 관심이 없는 사람들이 질문을 받고 모른다고 대답한 것으로 해석해야 하느냐의 여부이다. 이에 추가하여 불황 또는 호황을 어느 정도 인지하고 있지만 확실하게 답변하지 않은 사람들도 같이 포함되어 있는 것으로 해석해야 하는지도 포함된다. 관심이 전혀 없는 사람들로 단순하게 처리하기는 무리인 것 같다. 그 이유는 무응답의 비중이 변화없이 평행선으로 나타나는 것이 아니라 경기 상황에 따라 달라지기 때문이다. 예를 들어 소비자 심리지수가 100 이상인 경우 정점을 찍고 있다. 또한 소비자 심리지수가 매우 낮은 상황에서 무응답의 비중은 현저하게 줄어든다. 이러한 이유로 무응답에 포함되어 있는 사람들을 어떻게 해석해야 하느냐의 문제가 있다. 무응답의 경우를 경기가 안정적인 상황으로 인지하는 확률로 해석한다면 Woodford(2012)의 이론모형과 비교가 가능하다. Woodford 의 모형에서 인지능력이 유한한 소비자가 실제의 상황에 가장 근접한 예측치를 추정하는 경우 최적 정보 구조를 설명하고 있다. Woodford의 모형에 의거하면 왼편의 그래프는 최적 정보 구조로 해석하기에는 무리가 따른다. 물론 분포에 대한 가정이 실제의 자료와 정확하게 일치하지 않을 수 있으나 여기서 지적할 수 있는 점은 무응답을 경기가 안정적이라고 보는 사람이라고 해석하면 최소한 지수의 평균 값

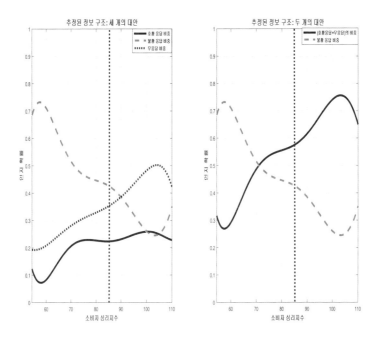

출처: 위의 그래프를 그리기 위해 사용한 시계열 자료는 미국 미시간 대학교의 surveys of consumers의 홈페이지로부터 다운로드 받은 자료를 사용하여 추정하였다.

그림 2.9: 추정된 정보 구조

근방에서 정점이 나타나야 하기 때문이다. 그러나 관측된 자료는 실제 평균 값에서 정점이 나타나지 않는다. 오히려 지수의 값이 100보다 더 높은 값에서 정점을 보이고 있다.

그림 2.9의 오른편 패널에서는 무응답과 호황 응답의 합이 경기가 나쁘지 않음을 인지하는 것으로 정의된다. 오른편 패널은 두 개의 대안에 대하여 인지하는 확률의 그래프를 그린 것으로 해석할 수 있다. 소비자 심리지수가 높아질수록 경기가 나쁘지 않은 것으로 인지하는 확률은 증가한다. 따라서 두 개의 대안으로 분리하는 것이 세

개의 대안을 분리하여 설명하는 것이 더 자연스럽다. 세 개의 대안에 대하여 두 개의 대안을 분석하는 모형이 더 자연스럽게 보인다면 소비자가 가지고 있는 인지능력의 제약의 크기와 연관이 있는가? 어떠한 합리적 부주의 모형이 그림 2.9의 오른편 패널에 있는 두 개의 그래프가 보이는 모습을 설명하는가? 앞의 질문들과 관련이 있는 이슈들을 분석하는 모형들을 뒷부분에서 다룬다.

참고문헌

Blood, Deborah J. and Peter C. B. Phillips. 1995. "Recession Headline News, Consumer Sentiment, the State of the Economy and Presidential Popularity: A Time Series Analysis 1989-1993." International Journal of Public Opinion Research Vol. 7. No. 1. pp. 2-22.

Carroll. Chris. Jeffrey Fuhrer and David Wicox. 1994. "Does Consumer Sentiment Forecast Household Spending? If So, Why?" American Economic Review. Vol. 84. No. 5. pp. 1397-1408.

Cover, Thomas M. and Joys A. Thomas. 2010. *Elements of Information Theory*. Second Edition. New Jersey: Wiley-Interscience.

Dorms, Mark and Norman Morin. 2004. "Consumer Sentiment, the Economy, and the News Media." Board of Governors of the Federal Reserve System. Finance and Economics Discussion Series. 2004-51.

Frisby John P. and James V. Stone. 2010. *Seeing: The Computational Approach to Biological Vision*. Second Edition. Cambridge. MA: MIT Press.

Kurtz, Howard. 1990. "Is the Economy Suffering from Media Malady?" Washington Post. October 28.

Starr, Martha A. 2012. "Consumption, Sentiment, and Economic News." Economic Inquiry. Vol. 50. No. 4. pp. 1097-1111.

Woodford, Michael. 2012. "Inattentive Valuation and Reference Dependent Choice." Unpublished Manuscript. Columbia Univ.

제 3 장   설득의 경제학

확률적 선택모형을 분석한 많은 연구에서는 하나의 의사 결정자가 주어진 선택지 안에서 하나의 대안을 선택하는 과정을 주로 분석하기 때문에 다른 사람이 정보를 제공하는 상황을 명시적으로 고려하지 않고 있다. 일반적인 사람들은 무엇인가 선택해야할 때 자신이 선택할 수 있는 모든 대안을 대상으로 판단하여 선택하는 것이 아니라 전체의 일부만으로 구성된 집합을 만들고 그 안에서 선택한다. 선택될 가능성이 있는 집합을 고려대상집합(consideration set)으로 정의한다. 사람들이 고려대상집합을 형성하여 선택한다는 점은 마케팅 분야에서 이미 오래전부터 지적되어 왔다. 또한 비슷한 개념으로서 선택지를 생각해볼 수 있다. 선택지의 사전적인 정의는 일정한 질문에 대하여 회답자가 바른 회답을 골라낼 수 있게 제시된 여러 가지의 회답이다. 선택지 안에 포함되지 않는 것은 선택의 가능성이 전혀 없다. 물론 선택지 안에 있어도 항상 선택되는 것은 아니다.

1   확률적 선택모형

본 장에서 소개하는 확률적 선택모형은 다음과 같이 특징을 공통적으로 가지고 있다. 첫째, 의사 결정자는 유한 개의 선택가능한 대안 중의 하나를 선택한다. 둘째, 의사 결정자는 실제의 상황을 정확히 관측할 수 없다. 또한 정보처리를 위해 비용을 지불

표 3.1: 교통수단 선택모형의 구조

	여행자의 효용		거주자의 효용	
	$s_1 = $ 혼잡	$s_2 = $ 정상	$s_1 = $ 혼잡	$s_2 = $ 정상
행동 1 = 버스	0	1	0	1
행동 2 = 전철	1	0	R	R
선험확률	g_0	$1 - g_0$	g_0	$1 - g_0$

해야 하고 정보를 처리하기 위해 지불해야 하는 비용은 상호정보에 비례한다. 셋째, 각각의 대안을 선택하는 확률이 상황에 따라 달라질 수 있다. 이미 앞에서 언급한 바와 같이 확률적 선택모형을 분석한 많은 연구에서는 하나의 의사 결정자가 주어진 선택지 안에서 하나의 대안을 선택하는 과정을 주로 분석하기 때문에 다른 사람이 정보를 제공하는 상황을 명시적으로 고려하지 않고 있다. 따라서 본 장에서 소개하는 확률적 선택모형에서도 다른 사람의 정보전달이 의사 결정자의 행동선택에 미치는 효과를 고려하지 않는다.

표 3.1은 확률적 선택모형의 단순한 예를 보여주고 있다. 표 3.1의 왼편을 여행자의 교통수단 선택을 설명하고 있고 오른편을 거주자의 교통수단 선택을 설명하고 있다. 여행자와 거주자의 선험정보는 동일하다. 그러나 효용구조가 다르다. 여행자는 도로 상황이 혼잡할 때는 전철을 선호하지만 도로 상황이 정상이면 버스를 선호한다. 버스를 타고 거리를 구경하는 것이 여행의 즐거움을 더해주므로 정상인 상황에서 버스의 효용은 1이고 전철의 효용은 0이다. 그러나 도로 상황이 혼잡할 때는 버스를 선택하면 버스를 오래 타야하기 때문에 시내의 명소를 구경할 시간을 희생해야 한다. 따라서 이 경우 버스의 효용은 0이다. 거주자의 경우도 도로 상황이 혼잡할 때는 버스를 선택하면 버스를 오래 타야하기 때문에 버스의 효용도 0이 된다.

확률적 선택모형을 분석하는 이유는 무엇인가에 대하여 의문을 제기할 수 있다. 이와 같은 의문에 대응하여 일정한 실증적 증거를 제시하여 앞에서 요약한 특성을 가진 확률적 선택모형이 실제의 의사 결정을 잘 설명하는 모형이라는 점을 설득할 수 있다. 예를 들어 내적 정합성이 보장되지 않는 선택들을 하는 사례와 매우 유사한 상황에서 전혀 다른 행동선택을 보이는 사례들을 이야기할 수 있다. 그러면 사람들이 확률적 선택을 보이는 이유는 무엇인가에 대하여 어떻게 설명할 것인가에 대한 의문이 생긴다. 이와 관련하여 Krajbich·Dean(2015)는 인간의 정신 및 육체적 특성이 반영된 의사결정과정이 확률적 선택의 원인이라고 강조한다. 두 종류의 모형을 소개하고 있다. 첫번째 모형은 확률적 선택의 근본적인 원인으로서 신경세포(또는 뉴런) 발화율의 변동성과 발화율 범위의 제약을 강조한다. 사람들은 각각의 대안을 찬성하는 신경세포(또는 뉴런)들이 발화하는 율(firing rate)의 크기를 비교하여 가장 높게 발화율을 보인 대안을 선택한다. 뉴런의 발화 기능에는 다음과 같은 두 가지의 특성이 있다.[1]

1. 뉴런의 발화율은 항상 일정하지 않고 확률적으로 변동한다.

---

[1] 위키백과사전은 "뉴런은 소통에 특화된 세포로, 시냅스라는 특수한 연결을 통해 전기적·전기화학적 신호를 다른 세포에게 전달한다"로 요약하고 있다. 시냅스의 연결은 다음과 같이 요약된다. 시냅스 말단에서는 신경의 충격으로 인하여 신경전달물질이 분비되면 시냅스후 세포는 이를 받아서 전기신호를 생성한다. 신경의 충격이 가지고 있는 내용은 시냅스를 건너서 뉴런과 뉴런으로 전기신호의 형태로 전달되는 것이다. 또한 많은 뉴런은 축삭이라는 가늘고 긴 원형질 다발을 몸 멀리까지 뻗어 전기신호를 빠르게 전달한다. 전기신호는 축삭이 닿아있는 다른 뉴런이나 근육 또는 분비선의 활성에 영향을 미친다. 앞에서 설명한 바와 같이 전기신호가 신경섬유를 통해 전달되는데 신경섬유(nerve fiber)는 뉴런의 일부로 신경세포의 축삭돌기를 의미하고 신경섬유는 무수신경섬유와 유수신경섬유로 나뉜다. 무수신경섬유는 수초로 싸여 있지 않은 가느다란 축색으로 땀샘·혈관 등을 지배하는 교감신경에서 볼 수 있다. 유수신경섬유는 보통의 신경섬유로 젤상의 축삭형질 위에 리포이드의 수초로 싸여 있으며 다시 그 위를 신경초가 덮고 있는데 수초의 절연체 기능이 임펄스의 전도를 효과적으로 한다.

2. 뉴런의 발화율은 일정한 범위내로 제약되어 있다.

앞에서 설명한 발화율의 개념과 뉴런의 역할을 부연한다. 먼저 발화율은 세포의 활동전위(action potential)가 발생하는 빈도를 의미하고 활동전위는 근육·신경 등 흥분성 세포의 흥분에 의한 세포막의 일시적인 전위변화를 의미한다. 활동전위는 신경세포와 일부 신경내분비세포, 근세포에서 전기적 신호를 전달하는 수단으로 사용된다. 신경, 근육 등의 흥분성 세포가 신호를 받거나 스스로 흥분하면 분극상태의 세포막 투과성을 빠르게 변화시켜 막전위(membrane potential)가 짧은 시간 동안 역전되면서 30-40mV로 막전위가 탈분극된다. 이러한 전위변화는 수 밀리초(ms) 정도의 빠른 시간 안에 일어나고 회복된다. 뉴런의 기능을 단순히 요약하면 활동전위를 발생시켜서 시그널을 멀리까지 전파하는 것이다. 앞의 설명은 대안을 감지하는 강도는 뉴런이 활동전위를 발생시키는 빈도수의 크기에 의해서 측정된다는 것이다.

두번째 모형에서는 사람들은 의사결정을 위해 시간을 두고 증거 또는 정보를 수집한다는 점을 강조한다. Forstmann·Ratcliff·Wagenmakers(2016)은 순차적 샘플링 모형은 사람들이 노이즈가 있는 정보를 일정한 임계치에 도달하는 수준까지 점진적으로 축적하여 신속한 결정을 내리는 것을 설명하는 모형이라고 요약하고 있다. 특히 이들은 인지과학에서는 순차적 샘플링 모형의 하나인 확산결정모형(diffusion decision model)이 작업의 성과를 정보처리의 품질과 반응의 신중성, 사전적인 편향성 등과 같은 주요 과정으로 분해하는 데 사용되어 왔다. 아울러 시간 제약이 있는 상황 하에서의 의사 결정에 대한 정량분석의 도구로서 사용되어 왔다고 지적하고 있다.

세번째 모형은 정보처리비용의 형태를 어떻게 설정해야 하느냐에 대한 이슈와 관련이 있다. 확률적 선택의 근본적인 원인을 설명하는 면에서 앞에서 설명한 모형과 어떠한 차이가 있느냐의 문제 보다는 정보비용의 적절한 형태에 주는 함의가 크다는 의미이다. 간단히 요약하면 유한한 인지능력을 효율적으로 배분하려면 상대적으로 가능성이 작은 상황을 판별하는 작업에 더 낮은 가중치를 두어야 한다는 것이다. 어떤 기준으로 특정한 사건이 상대적으로 발생 가능성이 더 낮다는 것을 평가할 것인가? 사람들은 선험 정보를 사용하여 자신의 유한한 인지능력을 효율적으로 배분하고자 한다는 것이다.

사람들은 자주 발생하지 않는 상황들을 식별하는 데 상대적으로 시간과 노력을 덜 들일 수 있다. 사람들은 자주 발생하지 않는 상황을 식별하는 능력이 자주 발생하는 상황을 식별하는 능력에 비해 더 낮다. 예를 들어 위키피디아에서는 시각집중이 어떻게 작용하느냐를 설명하는 인지 심리학(cognitive psychology)의 모형들을 요약하고 있다. 첫째 모형은 스포트라이트 모형(spotlight model)이다. 이 모형에서는 시각주의(visual attention)를 집중(focus), 여백(margin), 테두리(fringe)를 가지는 작업으로 설명한다. 집중은 높은 해상도를 보이는 시각적 장면(visual scene)으로부터 정보를 추출하는 영역이다. 시각주의의 테두리(fringe)는 시각주의의 집중을 둘러싸면서 집중에 비해 상대적으로 듬성 듬성한 형태로 정보를 추출하는 영역을 의미한다. 테두리가 특정한 영역까지 이어지다가 끊어지는 부분이 여백에 해당한다. 다른 모형은 줌-렌즈 모형(zoom-lens model)이다. 줌-렌즈모형에서도 시각주의를 앞에서 설명한 바와 같이 집중, 테두리, 여백 등의 개념을 사용하여 설명한다. 그러나 앞의 이론과 구분되는 차이점은 인지과정에서의 효율성과 집중도 간의 트레이드오프가 있음을 강조한다. 효율성과 집중하는 정도 간의 트레이드오프는 집중하는 영역이 커질수록 인지과정의 속도가 느려진다는 의미이다. 또한 일반 사람들은 자주 많이 사용하는 단어 및 어휘를 쉽게 알아듣고 이해하지만 자주 쓰지 않는 용어를 판단하는데 상대적으로 더 많은 시간이 소요된다. 따라서 정보를 처리하는 비용은 상대적으로 더 빈번하게 발생하는 상황에서 더 낮고 빈번하지 않은 상황은 상대적으로 더 높다는 주장이 설득력이 있다. Woodford(2012)는 위에서 요약한 포인트가 주어진 선험 분포 하에서 상호정보의 크기에 대한 제약을 정보처리에 대한 제약으로 간주하는 모형에 대하여 함의하는 점을 분석한다.

확률적 선택모형과 설득모형 간의 연결성이 높은 이유는 무엇인가? 본 장에서 설명하고 있는 확률적 선택모형에서는 대안의 집합은 외생적으로 결정되는 것으로 가정하고 있으므로 설득의 효과가 있다면 이는 의사 결정자의 사전적 정보에 영향을 미침으로써 발생한다. 표 3.1의 모형은 정태적 상황이므로 사전적인 확률분포에만 영향을 미친다. 그러나 동태적인 모형으로 확장되면 의사 결정자가 자신의 믿음을 업데이트할 때 설득하는 자가 시그널을 보내서 영향을 미칠 수 있다. 이러한 모형에서는 선택하는 대안의 개수 및 대안의 내용에 대해서도 영향을 미칠 수 있으므로 선택의 프레임에 대한 영향도 가능하다.

합리적 부주의 모형에서 정보처리능력은 상호정보의 값에 부과된 상한(upper limit)에 의해서 결정된다. 상한이 클수록 정보처리능력이 높다. Cover·Thomas에서 상호정보는 선험확률의 엔트로피에서 시그널을 받아서 형성한 엔트로피의 차이로 정의된다. 엔트로피는 확률분포가 주어지면 연속분포의 경우는 확률밀도함수 그리고 이산형 분포의 경우 각각의 상황에 대한 확률에 로그를 취한 후 이에 대한 기대값에 마이너스를 붙인 값으로 정의된다. 로그를 사용하므로 로그의 밑(base)을 2로 하면 엔트로피의 단위가 비트가 되고 로그의 밑을 지수함수로 하면 엔트로피의 단위는 내트가 된다.

확률적 선택에서 상호정보는 실제의 상황과 의사 결정자의 행동선택에 대한 상호정보로 정의하여 사용한다. 그 이유는 다음과 같이 설명할 수 있다. 상호정보를 측정하기 위해 관측하지 못하는 실제의 상황과 이에 대한 정보를 가진 시그널 간의 확률적 관계가 있어야 한다. 소비자 또는 기업이 자신의 행동을 선택할 때 자신이 보유하고 있는 정보를 반영하여 결정하므로 이들의 행동선택을 시그널로 간주할 수 있다. 시그널은 통상 상황 1과 상황 2에 대한 정보를 담은 확률변수이다. 의사 결정자에게 필요한 시그널은 행동 1이 바람직하느냐 아니면 행동 2가 바람직하느냐에 대한

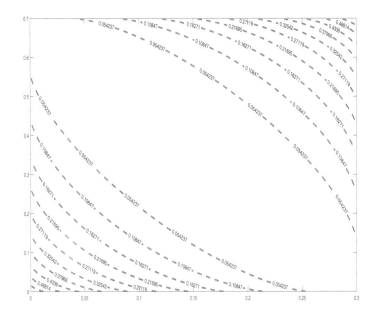

주: 점선 위의 수치들은 상호정보의 값을 의미한다.

그림 3.1: 상호정보의 등고선

정보를 가진 확률변수이어야 한다. 의사 결정자가 시그널을 생성할 수 있는 시그널의 형태로서 극단적으로 단순한 경우를 생각하면 다음과 같은 경우를 생각해볼 수 있다. '상황 1이 발생하면 행동 1이 바람직하다.' 또는 '상황 2가 발생하면 행동 2가 바람직하다.' 두 개의 문장이 함의하는 점은 행동을 직접 암시하는 시그널을 생성할 수 있으며 시그널의 수가 적을수록 정보능력을 효율적으로 사용하는 것이라면 선택 대상이 되는 행동의 개수와 일치하도록 시그널의 수를 조정한다는 점이다. 이러한 개념을 담은 시그널과 정보처리만을 집중하는 시그널 간의 차이를 구분하기 위해

전자를 행동시그널(action signal) 또한 후자를 정보시그널(information signal)로 정의하여 구분하는 것도 생각해볼 수 있다. 상호정보를 수식으로 표시할 때 세 개의 서로 다른 형태가 가능하다. 첫번째 방법은 앞에서 설명한 바와 같이 엔트로피의 차이이다. 두번째 방법은 상대엔트로피의 평균이다. 세번째 방법은 실제의 상황과 시그널 간의 상관관계를 측정하는 것이다. 수식으로 표현하기 위해 행동 i를 선택했다는 조건 하에서 상황 i에 대한 조건부 확률을 $q(\omega_i|a_i)$로 쓰고, 행동 i를 선택하는 확률은 $q(a_i)$로 표기한다. 또한 선험확률의 엔트로피를 $H(w)$, 행동 i가 관측되었다는 조건 하에서 상황에 대한 엔트로피를 $H(w|a_i)$, 조건부 엔트로피를 $H(w|a)$로 표시한다. 엔트로피의 정의에 의해서 조건부 엔트로피들은 다음과 같이 정의된다.

$$
\begin{aligned}
H(w|a_1) &= -(q(\omega_1|a_1)\log q(\omega_1|a_1) + q(\omega_2|a_1)\log q(\omega_2|a_1)) \\
H(w|a_2) &= -(q(\omega_1|a_2)\log q(\omega_1|a_2) + q(\omega_2|a_1)\log q(\omega_2|a_2)) \\
H(w|a) &= H(w|a_1)q(a_1) + H(w|a_2)q(a_2)
\end{aligned} \tag{3.1}
$$

상호정보를 선험정보 하에서의 엔트로피에서에서 조건부 엔트로피를 뺀 차이로 정의한다면 상호정보의 식은 $I(w,a)=H(w|a)-H(w)$이다.

두번째 정의를 보기로 한다. 상대엔트로피는 조건부 분포밀도함수를 비조건부 밀도함수로 나눈 비율의 로그함수의 기대값이다. 이는 두 개의 확률분포가 있다면 두 개의 확률분포의 거리를 측정하는 척도로 사용될 수 있다.

$$
\begin{aligned}
R(a|\omega_1) &= (q(a_1|\omega_1)\log q(a_1|\omega_1)/q(a_1) + q(a_2|\omega_1)\log q(a_2|\omega_1)/q(a_2)) \\
R(a|\omega_2) &= (q(a_1|\omega_2)\log q(a_1|\omega_2)/q(a_1) + q(a_2|\omega_2)\log q(a_2|\omega_2)/q(a_2)) \\
I(w,a) &= R(a|\omega_1)g_0 + R(a|\omega_2)(1-g_0)
\end{aligned} \tag{3.2}
$$

$R(a|\omega_1)$는 상황 1이 발생했다는 조건 하에서 조건부 분포와 비조건부 분포 간의 거리를 측정한다. $R(a|\omega_2)$는 상황 2가 발생했다는 조건 하에서 조건부 분포와 비조건부 분포 간의 거리를 측정한다. 이들은 각각의 상황에 대하여 시그널의 조건부 분포와 비조건부 분포간의 거리를 측정한다. 상호정보는 각각의 상황이 실현되었다는 조건

하에서 측정한 분포 간의 거리를 다시 선험확률을 사용하여 가중 평균한 개념이다. 따라서 상호정보는 위의 식에서 볼 수 있듯이 각각의 상황이 발생할 확률을 선험분포에 함의되는 확률을 사용하여 가중평균으로 정의된다. 세번째 정의는 상호정보는 시그널과 실제의 상황이 서로 공행하는 정도를 기준으로 정의할 수 있다. 행동시그널과 실제의 상황이 서로 독립이면 $q(a_1,\omega_1)/(q(a_1)g_0)$는 1이 되어야 한다. 마찬가지로 $q(a_2,\omega_1)/(q(a_2)g_0)$도 1이 되어야 한다. 이 경우 행동시그널은 실제의 상황에 대한 정보가 전혀 없다고 볼 수 있다. 따라서 행동시그널이 실제의 상황에 대한 정보가 있다면 위에서 예로 든 비율은 1이 아닌 양수가 될 것이다. 이러한 관점에서 상호정보는 결합밀도함수를 이에 대응하는 한계밀도함수들의 곱으로 나눈 비율을 결합밀도함수를 사용하여 기대값으로 정의된다. 따라서 상호정보는 독립인 경우의 확률분포와 그렇지 않은 경우의 확률분포 간의 거리를 측정하는 것으로 간주할 수 있다.

$$I_1 = q(a_1,\omega_1)\log q(a_1,\omega_1)/(q(a_1)g_0) + q(a_2,\omega_1)\log q(a_2,\omega_1)/(q(a_2)g_0)$$
$$I_2 = q(a_1,\omega_2)\log q(a_1,\omega_2)/(q(a_1)g_1) + q(a_2,\omega_2)\log q(a_2,\omega_2)/(q(a_2)g_1) \qquad (3.3)$$
$$I(\omega,a) = I(\omega_1) + I(\omega_2)$$

식 (3.3)에서 g_1은 상황 2에 대한 선험확률을 의미하고 $g_1 = 1-g_0$이다. 식 (3.2)와 식 (3.3)은 두 개의 확률분포의 비율의 로그값에 대한 기대값으로 정의한다는 측면에서 상대 엔트로피의 개념을 이용하고 있다. 그러나 의미는 서로 다르다. 식 (3.2)는 각각의 상황 하에서 상황 조건부 시그널의 조건부 확률과 시그널의 비조건부 확률 간의 거리를 이용한다. 그러나 식 (3.3)은 실제의 상황과 시그널 간의 결합밀도함수와 두 개의 변수가 서로 독립이라고 가정할 때의 분포 간의 거리를 측정하는 것이다.

그림 3.1은 세번째 방법에서 정의한 상호정보의 등고선을 표시하고 있다. x축은 행동 1의 시그널과 상황 1이 동시에 발생하는 확률을 나타낸다. y축은 행동 2의 시그널과 상황 2가 동시에 발생하는 확률을 나타낸다. 원점에 대하여 오목한 그래프는 위로 평행 이동할수록 높은 수치를 나타낸다. 원점에 대하여 볼록한 그래프는 아래로

이동할수록 높은 수치를 나타낸다. $g_0 = 0.3$로 부과하여 그래프를 그렸다. 선험확률의 값이 그래프의 범위를 결정하는 데 중요한 역할을 한다. 그 이유는 결합확률이 0과 1사이의 값을 가져야 한다는 조건과 베이지안 합리성에 대한 제약조건 때문이다. 행동시그널이 생성되면 이를 뒷받침하는 사후적 정보가 있다. 사후적 정보를 습득한 이후 실제의 상황이 발생하는 확률을 다시 계산할 수 있다. 사후적 정보를 가지고 계산하여 평가한 각 상황이 발생하는 확률은 원래 선험적으로 가지고 있던 확률분포와 같아야 한다는 조건이 부과된다. 또한 의사 결정자가 상황에 대한 실제의 확률분포와 동일한 분포를 선험확률로 가지고 있다고 가정한다면 혹자는 이 조건으로 인해 합리적 부주의 모형은 확률모형에 대한 불확실성을 분석하는 것이 아니라 자료 관측에 대한 불확실성을 분석하는 것이라고 주장할 수도 있다. 사후적 정보에 의해서 형성한 실제 상황에 대한 믿음이 선험적인 믿음과 같다는 조건을 수식으로 표현하면 다음과 같다.

$$
\begin{aligned}
g_0 &= q(\omega_1|a_1)q(a_1) + q(\omega_1|a_2)q(a_2) \\
1 - g_0 &= q(\omega_2|a_1)q(a_1) + q(\omega_2|a_2)q(a_2)
\end{aligned}
\tag{3.4}
$$

첫번째 줄에 정리되어 있는 식은 상황 1의 선험확률과 상황 1의 사후확률에 대한 조건이다. 두번째 줄에 정리되어 있는 식은 상황 2의 선험확률과 상황 2의 사후확률에 대한 조건이다. 위의 식을 결합확률로 다시 쓰면 아래와 같다.

$$
\begin{aligned}
g_0 &= q(\omega_1, a_1) + q(\omega_1, a_2) \\
1 - g_0 &= q(\omega_2, a_1) + q(\omega_2, a_2)
\end{aligned}
\tag{3.5}
$$

식 (3.5)가 성립한다는 조건 하에서 $q(\omega_1, a_2) > 0$의 조건을 부과한다면 그 결과 $q(\omega_1, a_1) < g_0$ 부등호 조건이 도출된다. 마찬가지로 식 (3.5)가 성립한다는 조건 하에서 $q(\omega_2, a_1) > 0$의 조건을 부과한다면 그 결과 $q(\omega_2, a_2) < 1 - g_0$ 부등호 조건이 도출된다. 따라서 베이지안 합리성 조건과 확률밀도함수는 양수의 값을 가진다는 조건을 동시에 결합하여 그림 3.1에서 적용한 결합분포의 확률이 취할 수 있는 값

의 범위에 대한 제약을 도출할 수 있다. 따라서 그림 3.1에 있는 점선의 그래프들은 상호정보의 상한과 베이지안 합리성 및 확률밀도함수가 양수라는 조건을 동시에 반영하고 있는 그래프로 해석할 수 있다. 이 경우 각각의 점선 그래프에 적힌 수치는 내트 단위의 상호정보에 대한 상한으로 해석할 수 있다.

기대효용을 수식으로 정의하기 위해 표 3.1의 예를 이용한다. 앞에서 상호정보를 나타내는 세 가지의 서로 다른 방식이 있음을 설명하였다. 이러한 차이는 의사 결정자가 자신의 기대효용을 극대화하기 위한 선택변수를 조건부 확률로 할 것이냐 아니면 결합 확률로 할 것이냐의 결정에 따라 달라질 수 있음을 의미한다. 어느 쪽을 선택하든 베이즈의 규칙을 사용하여 전환할 수 있다. 그러나 계산하는 과정에서 편의성이 달라질 수 있으며 아울러 제약식의 의미가 달라질 수 있다는 점을 지적해 놓는다. 거주자가 교통수단의 선택으로부터 얻는 기대효용을 v로 표기하면 이는 다음과 같이 세 가지 방식으로 쓸 수 있다. 첫번째 방식은 $v = q(a_1|\omega_2)(1-g_0) + (q(a_2|\omega_1)g_0 + q(a_2|\omega_2)(1-g_0))R$이다. 두번째 방식은 $v = q(\omega_2|a_1)q(a_1) + (q(\omega_1|a_2)q(a_2) + q(\omega_2|a_2)q(a_2))R$이다. 세번째 방식은 $v = q(a_1, \omega_2) + (q(a_2, \omega_1) + q(a_2, \omega_2))R$이다.

앞에서 여러 가지 서로 다른 방법을 사용하여 제약조건과 목적함수를 설명하였으나 다음에서는 세번째 방법을 사용하여 극대화의 문제를 간단히 정리한다.

$$
\begin{aligned}
v^* \quad &= \quad \max_{\{q(a_i,\omega_j)\}_{i,j=1}^2} q(a_1, \omega_2) + (q(a_2, \omega_1) + q(a_2, \omega_2))R \\
&\text{s.t} \quad I(\omega, a) \le \kappa \\
g_0 \quad &= \quad q(\omega_1, a_1) + q(\omega_1, a_2) \\
1 - g_0 \quad &= \quad q(\omega_2, a_1) + q(\omega_2, a_2) \\
&\qquad 1 > q(\omega_1, a_2) > 0; \quad 1 > q(\omega_2, a_1) > 0; \quad 1 > g_0 > 0
\end{aligned}
\tag{3.6}
$$

일반적으로 극대화의 문제에서 특정한 변수의 값에 대하여 상한이 주어지면 라그랑지안을 구성하여 극대화 문제를 푼다. 이 경우 상한의 크기가 라그랑지 승수의 값을 결정하게 된다. 따라서 상호정보의 상한에 대한 값을 주는 대신 상호정보의 가

격으로 해석할 수 있는 변수를 직접 도입하여 이를 상호정보에 곱하여 소비자 또는
기업의 기대효용에서 뺀 함수를 극대화할 수 있다. 이를 수식으로 정의하면 다음과
같다.

$$
\begin{aligned}
n^* \quad &= \quad \max_{\{q(a_i,\omega_j)\}^2_{i,j=1}} q(a_1,\omega_2) + (q(a_2,\omega_1) \\
&+ \quad q(a_2,\omega_2))R - \lambda I(\omega, a) \\
g_0 \quad &= \quad q(\omega_1, a_1) + q(\omega_1, a_2) \\
1 - g_0 \quad &= \quad q(\omega_2, a_1) + q(\omega_2, a_2) \\
&\quad 1 > q(\omega_1, a_2) > 0; \quad 1 > q(\omega_2, a_1) > 0; \quad 1 > g_0 > 0
\end{aligned}
\tag{3.7}
$$

이 식에서 기대효용에서 정보비용을 감한 n^*는 순기대효용을 의미한다. 식 (3.7)의
극대화 문제와 앞에서 설명한 식 (3.6)의 극대화 문제를 비교하면 식 (3.6)의 경우 κ
가 외생변수이지만 식 (3.7)의 경우에는 λ가 외생변수가 된다.

그림 3.2는 식 (3.7)의 기대 순효용의 값의 등고선(contour)을 표시하고 있다. x
축은 행동 1의 시그널과 상황 1이 동시에 발생하는 확률을 나타낸다. y축은 행동 2
의 시그널과 상황 2가 동시에 발생하는 확률을 나타낸다. 앞에서 설명한 바와 같이
확률이 양수라는 조건과 베이지안 합리성의 조건은 x축과 y축의 값의 범위를 제약한
다. 따라서 그림의 사각형은 제약조건을 반영하여 도출한 선택변수들에 대한 제약을
만족하는 집합의 그래프로 해석할 수 있다. 사각형의 가장자리 근처에 있는 그래프
의 수치는 안쪽으로 위치한 그래프의 수치에 비해 낮다. 이는 순 기대효용의 값이
낮음을 의미한다. 안으로 위치할수록 값이 커지면서 타원형의 그래프가 형성된다.
따라서 가장 안쪽에 위치한 그래프는 수치가 가장 높으면서 완전한 타원형의 모습을
보이고 있다. 이 그래프를 그리기 위해 $g_0 = 0.3$, $R = 0.7$, $\lambda = 0.4$로 가정하였다.
그림 3.2의 그래프가 함의하는 점은 주어진 파라미터들의 수치들 하에서는 내부해가
존재한다는 것이다. 그림을 더 촘촘하게 그리면 현재 가장 안쪽에 위치한 그래프보다
더 높은 수치를 가지면서 그 영역이 현재 가장 안쪽에 위치한 타원형의 그래프 안에

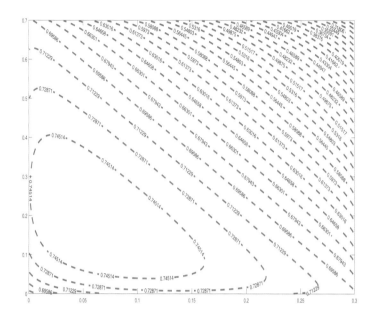

주: 점선 위의 수치들은 순 기대효용의 값을 의미한다.

그림 3.2: 순 기대효용의 등고선

포함되는 그래프들을 그릴 수 있다. 이러한 작업을 계속하면 현재의 수치 하에서 달성할 수 있는 가장 높은 순 기대효용의 값을 계산할 수 있으며 이를 실현시키는 x의 값과 y의 값을 찾을 수 있다.

다음의 질문은 λ와 κ 간의 관계이다. 그림 3.2에서 설명한 방식으로 λ의 값을 고정한 후에 가장 높은 순 기대효용의 값을 계산할 수 있으며 이를 실현시키는 x의 값과 y의 값을 찾았다고 가정하자. 극대화를 달성하는 값을 x^*, y^*라고 하자. 예를 들어 $\lambda = 0.4$로 가정한 경우 극대화의 값을 x^*, y^*라고 하자. 그림 3.1은 상호정보의 등고선들이 수록되어 있다. 따라서 x^*, y^*에 해당하는 좌표를 지나는 그래프를 찾고 이 그래프에 적혀있는 수치를 찾으면 이 값이 κ의 값이 된다. 따라서 그림 3.1과 그림 3.2의 그래프를 사용하면 상호정보에 대한 상한이 주어진 형태의 극대화 문제인 식 (3.7)에 대한 해를 계산할 수 있다.

2   베이지안 설득

서로 다른 두 명의 의사결정자가 하나의 쌍으로 구성하고 있는 프레임워크에서 한 사람은 다른 사람에게 현재 상황에 대한 정보를 담은 시그널을 보내고 시그널을 받은 사람은 시그널를 보고 자신의 정보를 업데이트해서 시그널을 보낸 사람에게 유리한 행동을 선택하는 모형을 분석한다. 이 과정에서 두 사람이 보유하고 있는 실제의 상황이 발생하는 가능성에 대한 사전적인 정보는 동일하고 아울러 베이지안 규칙에 의거하여 정보를 업데이트하는 사람의 사후적 정보는 자신의 사전적인 정보와 부합해야 한다는 제약이 부과된다. 따라서 본 장에서 설명하는 설득은 다른 사람에게 자신이 생성한 시그널을 보내서 자신에게 유리한 선택이 이루어지도록 하는 과정을 의미한다. 또한 설득이 발생하기 위해 두 사람이 공유하고 있는 사전적인 정보 하에서 상대편의 의사 결정이 시그널을 보내는 사람에게 유리하지 않는 방향으로 이루어지지 않아야 한다.

Kamentica·Gentzow(2011)는 베이지안 설득의 예로서 법정 판결의 예를 들고 있다. 검찰은 피의자를 조사하여 범죄사실을 확인하고 법원에 공소를 제기한다. 또한 수사가 끝나 재판에 넘겨진 피고인들의 공판에서 변호인의 변론에 대응하여 유죄를 입증하는 공소유지 및 유죄 또는 무죄 등 재판 결과의 집행 등을 담당한다. 판사는 검찰이 제출한 증거들에 입각하여 자신의 정보를 업데이트한다. 표 3.2는 Kamentica·Gentzow에서 제시한 예를 그대로 요약하였다. 판사는 공정한 판결을 내

표 3.2: 법정판결 모형의 구조

	판사의 효용		검사의 효용	
	s_1 = 유죄	s_2 = 무죄	s_1 = 유죄	s_2 = 무죄
행동 1 = 무죄판결	0	1	0	0
행동 2 = 유죄판결	1	0	1	1
선험확률	0.3	0.7	0.3	0.7

리기를 원한다. 따라서 유죄이면 유죄판결을 내리고 무죄이면 무죄판결을 내리고 싶어한다. 이에 반하여 검찰은 피고인이 유죄이어야 효용이 발생한다. 효용이 발생하는 경우 판사와 검사 모두 1의 크기가 주어진다. 세번째 줄은 판사와 검찰이 공유하고 있는 유죄 및 무죄에 대한 선험확률을 의미한다. 검찰이 제시하는 새로운 정보가 없다면 판사는 자신의 선험정보에 의거하여 판결해야 한다. 이 경우 무죄에 대한 선험확률은 0.7이므로 검찰에서 제공하는 새로운 정보가 없다면 무죄판결을 내린다. 따라서 검찰은 자신의 효용을 높이기 위해 판사에게 정보를 제공하여 유죄 판결의 가능성을 높이고자 한다. 자신의 기대효용을 높이기 위해 검찰은 판사에게 제공하는 실제의 상황에 대한 정보를 어떻게 만들어서 전달하느냐가 풀어야 하는 문제이다. 검찰은 판사에게 상황 1이라는 시그널과 상황 2라는 시그널을 보낼 수 있다. 판사는 시그널을 보고 실제의 상황에 대한 사후 확률을 계산한다. 예를 들어서 검찰이 조건부 상황 1의 시그널을 보낸다면 이를 보고 실제의 상황이 상황 1일 확률과 실제의 상황이 상황 2일 확률을 계산한다. 이 때 판사는 베이즈 규칙을 사용하여 자신의 사후 확률을 계산한다. 또한 사후 확률을 계산한 이후 유죄의 확률이 더 높으면 유죄판결을 내린다. 따라서 검찰은 판사의 유죄에 대한 사후 확률이 선험확률보다 높아져서 무죄의 판결을 내리는 상황에서 유죄판결을 내릴 가능성을 높일 수 있다면

시그널을 보낸다. 검찰에게 최적인 선택은 검찰의 기대효용을 최적화시키는 시그 널을 생성하는 것이다. 검찰에게 주어진 선택권은 실제의 상황이 1일 때 상황이 1 이라는 시그널이 발생하는 확률과 실제의 상황이 상황 2일 때 상황이 2라는 시그널이 발생하는 확률이다. 따라서 검찰은 각각의 실제의 상황에 대하여 각각의 시그널이 발 생하는 확률을 자신의 기대효용을 극대화하도록 선택한다. 이에 추가하여 시그널이 일단 발생하면 시그널의 내용을 그대로 판사에게 전달되는 제도가 보장이 되어 있는 것으로 가정하여 정보의 비대칭성으로 인해 발생할 수 있는 문제의 소지를 제거한 다. 앞에서 간략하게 요약한 베이지안 설득모형의 주요한 특징 몇 가지를 아래에서 간단히 요약한다.

1. 정보발송자의 효용은 정보수신자의 행동선택에 의해서 결정된다.

2. 정보수신자의 디폴트 행동이 정보발송자가 기대효용을 극대화하는 선택이 아 니다.

3. 정보수신자의 행동선택은 선험정보의 근방에서는 동일하다. 또한 선험정보 하 에서 정보수신자는 정보발송자에게 유리한 행동을 선택하지 않는다.

4. 정보수신자의 정보처리 방식은 베이지안 합리성 조건을 만족한다.

앞에서 설명한 법정 판결의 예를 시민의 대중교통수단 선택에 적용한다. 표 3.3 은 교통선택모형에서 설득의 역할이 발생하는 구조를 요약하였다. 행동 1은 버스 선택을 의미하고 행동 2는 지하철 선택을 의미한다. 지하철 공사는 시민이 지하철 을 이용하면 R의 수입을 얻는다. 지하철의 수입은 도로 상황에 의존하지 않는다. 시민들은 교통혼잡이 없는 상황에서는 버스를 이용하면 1의 효용을 얻고 지하철을 이용하면 0의 효용을 얻는다. 그러나 교통혼잡이 심한 경우 버스를 이용하면 0의 효용 을 얻고 지하철을 이용하면 1의 효용을 얻는다. 앞에서 설명한 시민들의 효용구조는

표 3.3: 교통선택모형의 구조

	시민의 효용		지하철 공사의 효용	
	s_1 = 혼잡	s_2 = 원활	s_1 = 혼잡	s_2 = 원활
행동 1 = 버스	0	1	0	0
행동 2 = 지하철	1	0	R	R
선험확률	0.3	0.7	0.3	0.7

시민들이 교통혼잡시 지하철, 교통원활시 버스의 행동준칙을 지키기를 원한다는 점을 반영한 것이다. 시민들은 어느 시점이든 항상 지상도로가 혼잡할 확률이 0.3이고 도로의 소통이 원활할 확률이 0.7이라고 선험정보를 가지고 있다. 이러한 선험정보 하에서 표 3.3의 선호구조를 가지고 있는 시민들은 모두 버스를 선택하므로 지하철 공사의 수입은 없다. 따라서 지하철 공사는 자신의 기대수입을 높이기 위해 시민들에게 도로상황에 대한 정보를 제공하여 지하철을 선택하는 확률을 높이고자 한다. 지하철 공사는 시민들에게 현재의 상황이 교통혼잡이라는 시그널과 도로의 현재의 상황이 원활하다는 시그널을 보낼 수 있다. 시민들은 지하철 공사에서 보낸 시그널을 보고 실제의 상황에 대한 사후 확률을 계산한다. 이 때 시민들은 베이즈 규칙을 사용하여 자신의 사후 확률을 계산한다. 시민들은 사후 확률을 계산한 이후 혼잡의 확률이 더 높으면 지하철을 선택한다. 지하철 공사에게 최적인 선택은 지하철 공사의 기대효용을 최적화시키는 시그널을 생성하는 것이다. 지하철 공사에게 주어진 선택권은 실제의 상황이 혼잡할 때 도로의 상황이 혼잡하다는 시그널이 발생하는 확률과 실제의 상황이 소통원활일 때 소통원활이라는 시그널이 발생하는 확률이다. 따라서 지하철 공사는 각각의 실제의 상황에 대하여 각각의 시그널이 발생하는 확률을 자신의 기대수입을 극대화하도록 선택한다. 이에 추가하여 시그널이 일단 발생하면

시그널의 내용을 그대로 시민에게 전달하는 제도가 보장이 되어 있는 것으로 가정하여 정보의 비대칭성으로 인해 발생할 수 있는 문제의 소지를 제거한다. 실제로 서울시 홈페이지의 '실시간 교통정보'에 수록되어 있는 안내문을 보면 다음과 같다. "서울시 도로의 실시간 소통상황과 정체구간 정보를 활용하여 승용차, 버스, 지하철 등 다양한 수단을 활용한 최적경로 및 수단간 통행시간 비교를 통한 빠른길 정보를 검색할 수 있으며, 버스노선정보, 정류소별 버스의 실시간 도착 정보를 제공하고 있습니다." 이 안내문의 함의에 따르면 서울시가 지하철의 수입을 높이는 것을 목적으로 실시간 교통정보를 제공하지는 않는다. 그러나 실시간 교통정보가 제공되면 특정한 구간을 왕복하는 시민들의 선험정보에 영향을 미쳐 지하철 공사의 수입를 제고시킬 수 있다.[2]

앞에서 설명한 교통선택모형에서의 베이지안 설득 이외에도 베이지안 설득이 효과가 있는 상황을 설득의 심리학에서 제시하고 있는 원칙들과 연결하여 설명하기로 한다. 표 3.3의 구조는 각각의 상황에 대하여 소비자에게 가장 바람직한 하나의 대안이 존재하고 다른 대안들은 효용가치가 없다. 이러한 상황이 주로 발생하는 경우는 사람들이 특정한 하나의 원칙에 의거하여 자신의 행동을 결정하는 경향이 높다면 발생하는 선호구조이다. 예를 들어서 사회적 증거의 원칙을 예로 들기로 한다. 대다수의 다른 사람들이 호응하는 상황을 상황 1이라고 하고 그렇지 않은 상황을 상황 2라고 하자. 사회적 증거의 원칙을 고수하려는 의도가 강하다면 또한 일관성의 원칙이 강하게 작용하고 있어서 자신이 세운 원칙을 고수하려는 의도가 강하다면 상황 1

---

[2]위의 예에서는 지하철 공사로 예를 들었지만 버스회사의 경우도 시민이 버스를 선택하면 수입이 발생한다. 따라서 특정한 지역의 시민이 그 지역에서는 항상 교통체증이 심해서 전철을 타는 것이 더 낫다는 선험적인 인식이 있는 경우를 생각해볼 수 있다. 이 경우 실시간 교통정보를 제공하여 시민들이 도로 상황이 원활할 때를 정확히 알게되면 버스를 선택하는 사람들이 늘고 따라서 버스회사의 수입이 증가한다.

표 3.4: 세금납부와 정부 설득모형의 구조

	시민의 효용		정부의 수입	
	s_1 = 납부	s_2 = 체납	s_1 = 납부	s_2 = 체납
행동 1 = 체납	0	1	0	0
행동 2 = 납부	1	0	R	R
선험확률	g_0	$1 - g_0$	g_0	$1 - g_0$

의 효용을 1이라고 하고 상황 2의 효용을 0으로 하여 차이를 두는 구조의 타당성이 높다. 따라서 설득의 심리학에서 제시하고 있는 설득의 원칙들이 강하게 작용하고 있는 상황에서는 의사 결정자의 선택에 의해서 이득을 얻는 사람이 있다면 앞에서 설명한 방식에 의거하여 설득하려는 유인이 있다는 점을 생각할 수 있다.

표 3.4의 상황은 앞에서 설명한 베이지안 설득의 모형을 개인의 세금납부와 정부의 세입 간의 관계에도 적용할 수 있음을 보여주고 있다. 행동 1은 세금납부안함을 의미하고 행동 2는 세금납부함을 의미한다. 상황 1은 다수가 납부하지 않는 상황이다. 상황 2는 다수가 납부하는 상황이다. 다수가 납부할 때 나도 납부하면 1의 효용이 있다. 다수가 납부하지 않을 때 나도 납부하지 않고 다른 곳에 투자하여 얻는 소득이 있으므로 이 경우 1의 효용을 얻는다. 그러나 다수가 납부하는데 내가 납부하지 않으면 0의 효용이 있다. 또한 다수가 납부하지 않는데 내가 납부하면 0의 효용이 발생한다. 또는 개인은 세금을 납부하는 데 다수의 행동에 따라가는 선호를 가지고 있다. 따라서 다수가 세금을 낼 때 나도 세금을 내면 1의 효용이 있다. 또한 다수가 세금을 내지 않을 때 나도 세금을 내지 않으면 1의 효용이 있다. 이러한 특성으로 인해 납세의 의무를 법으로 규정한다. 위의 예에서 상황 1의 사전적 확률을 0.7이라고 하고 상황 2의 사전적 확률을 0.3으로 가정한다. 이 경우 개인은 사전적인 정보 하에

서 다수가 납부하지 않을 것으로 예측하기 때문에 자신의 세금을 납부하지 않는다. 이와 같은 상황에서는 국세청이 개인 체납자들에게 세금 납부 상황에 대한 정보를 제공하여 세금 징수액을 제고할 유인이 있다.

베이지안 설득모형에서 설득의 효과는 메시지를 보내는 사람들은 시그널을 생성하여 상대편에게 전달하면 메시지를 받는 상대편에서 시그널을 보낸 사람들이 원하는 방향으로 행동을 선택하는데 있다. 설득이 전혀 없는 상황에서는 자신의 선험정보에 의해서 행동을 결정한다. 설득이 시작되면 시그널이 전송되므로 설득의 효과가 있다면 시그널에 의해서 형성된 믿음 하에서 행동을 선택한다. 현재 설명하고 있는 단순한 예를 사용하여 설명하기 위해 표 3.4의 상황을 분석한다. 대다수 납부의 상황은 상황 1이다. 대다수 체납의 상황은 상황 2이다. 표 3.4의 단순화된 예에서 시민들은 $g_0 \geq 1 - g_0$이면 납부한다. 시민들은 $g_0 < 1 - g_0$이면 체납한다. 따라서 $g_0 \geq 1/2$이면 납부하고 $0 \leq g_0 < 1/2$이면 체납한다. 피설득자의 상황 1에 대한 선험적 확률이 1/2이면 시민들은 세금을 납부한다. 정부가 다른 사람들이 세금을 납부한 정보를 전달해야할 이유가 없어진다. 그러나 $0 \leq g_0 < 1/2$이면 체납하기 때문에 정부의 소득이 0이 된다. 모든 시민들이 동일한 선험적 확률을 가지고 있다는 가정 하에서 세금을 납부한 사람이 없기 때문이다. 그러나 상황 1에 대한 선험적 확률이 증가하여 임계치에 이르면 모두 세금을 납부하게 된다.

정부가 설득을 한다면 설득의 결과로 시민은 상황 1에 대한 사후적 믿음을 가지게 된다. 설명하기 이전에 사후적 확률을 세금을 납부하는 시민의 비중과 같다는 점을 지적한다. 정부의 설득이 효과가 없는 두 경우가 있을 수 있다. 첫째, 상황 1에 대한 사전적 확률이 0일 때에는 설득이 효과가 없어서 상황 1에 대한 사후적 확률이 0이다. 둘째, 상황 1에 대한 사전적인 확률이 임계치와 같을 때 상황 1에 대한 사후적 확률은 1이 되어야 한다. 또한 현재의 모형 구조에서는 사전적 확률과 사후적 확률은 서로 선형관계가 있다. 이를 정리하면 정부가 시민에게 보내는 시그널을 생성할 때 시민의 사후적 확률이 다음의 조건을 만족하도록 시그널을 생성해야 한다.

1. 상황 1에 대한 사전적 확률의 임계치에서 상황 1에 대한 사후적 확률이 1이 되도록 한다.

2. 상황 1의 사전적 확률이 0일 때 상황 1에 대한 사후적 확률도 0이다.

3. 상황 1에 대한 사후적 확률은 상황 1에 대한 사전적 확률에 비례한다.

위의 세 가지 조건이 만족되는 식은 아래와 같다. 사실 위에서 언급한 조건은 원점을 지나는 직선에 대하여 그 직선의 기울기를 계산하기 위해 필요한 조건들로 해석할 수 있다.

$$\text{상황 1의 사후적 확률} = \frac{\text{상황 1의 사전적 확률}}{\text{상황 1의 사전적 확률에 대한 임계치}} \tag{3.8}$$

$p(s_1)$을 상황 1에 대한 사후적 확률이라고 정의한다면 표 3.4의 예에 대하여 $p(s_1)$ = $2g_0$의 식이 도출된다. 그러나 임계치가 c인 1보다 작은 임의의 상수인 모형에서는 $p(s_1) = g_0/c$로 주어진다. 따라서 c가 낮을수록 동일한 사전적인 확률 하에서 상황 1에 대한 사후적 확률은 높아진다. 따라서 납부하는 시민의 비중도 높아진다. 이러한 사실의 함의점은 설득의 효과와 연관이 있다. 설득의 효과를 정부가 설득을 실시하여 세금을 납부하는 사람의 비중에서 설득을 하기 이전 세금을 납부하는 사람의 비중을 뺀 차이로 정의한다. 설득의 효과는 피설득자가 설득자에게 유리한 행동을 선택하기 시작하는 피설득자의 선험확률에 대한 임계치와 피설득자가 보유하고 있는 설득자에게 불리한 상황에 대한 선험확률에 의존한다. 예를 들어서 시민이 납부를 결정하기 시작하는 g_0의 임계치가 있다. 이 임계치가 낮을수록 설득의 효과는 높다. 베이지안 합리성의 조건은 어떻게 되느냐를 보기로 한다. 이는 시민들이 정부의 설득을 받은 이후 형성한 사후적인 믿음으로 실제의 상황을 다시 평가하면 실제의 상황에 대한 확률이 선험적 확률과 달라지느냐에 대한 의문이다. 정부가 상황에 대한 정보를 제공하므로 자신의 정보를 업데이트한 이후 각각의 상황에 어느 정도 가능성이 있느냐를

다시 추론할 수 있다. 정부가 시그널을 제공하더라도 시그널을 관측한 이후 형성한 사후적 분포를 사용하여 상황 1에 대한 확률을 추론하더라도 자신의 선험적 확률과 같다는 조건이 부과된다. 혹자는 이와 같은 조건이 부과된다면 설득의 효과가 없는 것이 아니냐고 반문할 수 있다. 이에 대한 답변으로서 본 장에서 설명하고 있는 베이지안 설득에서는 시그널의 확률을 의미하는 것이지 실제의 상황에 대한 비조건부 확률을 바꾸는 것이 아니라는 점을 지적한다. 이와 같은 제약조건이 부과되면 현재 설명하고 있는 설득의 모형을 응용할 수 있는 범위에 대한 제약이 있다. 예를 들어서 분석하고 있는 예에서 일반 시민의 세금 납부 비중이 정부의 설득에 의해 증가하여 실제의 상황이 달라지는 경우이다. 이는 정부의 설득을 설계할 때 앞에서 설명한 조건이 만족되도록 시그널을 생성할 수 있다. 그러나 일단 시그널이 생성된 이후 시민들의 반응이 달라지면 실제의 상황도 달라진다. 따라서 반복하여 설득의 효과를 분석해야 한다면 최초 시점에서 설득에 의한 효과가 거시균형에서 존재한다면 이러한 변화가 반영된 선험확률이 적용되어야 한다.

3   고려 대상 집합의 형성과 설득의 역할

합리적 부주의 가정이 부과되면 사람들은 실제의 상황을 정확하게 관측하지 못하고 실제의 상황을 반영하는 시그널을 관측하여 자신의 정보를 업데이트한다. 따라서 보다 정확한 시그널을 얻을 수 있으면 보다 나은 선택이 가능하지만 정확한 시그널을 얻기 위해 더 많은 정보비용을 지불해야 한다. 이는 자신에게 보다 정확한 시그널의 집합을 구성하기 위해 정보비용의 상승과 효용의 증가 간에 트레이드 오프가 있음을 의미한다. 효용의 증가로 측정할 수 있는 한계이득과 정보이용의 증가로 측정할 수 있는 한계비용이 같아지는 점에서 시그널의 품질이 결정된다. 개인들이 자신의 행동 선택을 위해 보유하고 있는 정보구조는 비록 불완전하지만 최적화의 문제를 풀어서 결정한 것이다.

자신의 정보구조를 선택하면 그에 따라 선택이 가능한 각각의 대안에 대하여 선택하는 확률을 계산할 수 있다. 정보가 완전하지 않다면 항상 자신에게 가장 유리한 행동을 선택하지 못할 가능성이 있다. 합리적 부주의를 가정한 확률적 선택모형에서는 각각의 대안에 대하여 그 대안이 선택되는 확률이 부여된다. 고려대상집합은 선택확률이 0보다 큰 대안들의 집합으로 정의된다. 특정한 대안이 선택되는 확률이 양수이면 고려대상집합에 포함이 되지만 그렇지 않은 대안은 고려대상집합에 포함되지 않는다. Matejka·Mckay(2015)의 분석과 Caplin·Dean·Leahy(2016)의 분석은 서로 보완적인 연구로 볼 수 있다. Matejka·Mckay는 유한 개의 대안 중에서 하나를 선택해야 하는 사람들이 상호비용으로 측정되는 정보비용을 지불하는 상황에서의 최적화 문제를 분석하였다. Caplin·Dean·Leahy은 Matejka·Mckay가 제시한 각각의 행동에 대한 선택확률은 필요조건만 반영한 것으로 해석할 수 있다고 주장한다. Matejka·Mckay에서 분석한 최적화 문제의 충분조건은 고려대상집합에 포함되는 각각의 행동들이 선택될 확률이 양수이어야 한다는 조건으로부터 도출된다는 것이다.

Caplin·Dean·Leahy의 분석을 요약하면 다음과 같다. 이들은 유한 개의 대안으로 구성된 고려대상집합에 대하여 행동을 선택해야 하는 사람들의 극대화 문제에 대한 필요조건과 충분조건을 분석하여 고려대상집합을 형성하는 세 가지 형태의 전략을 제시하였다. 첫째의 전략은 선험확률에 대하여 임계치 전략을 적용하는 것이다. 각각의 행동선택은 그러한 행동선택이 가장 적절한 선택이 되도록 하는 하나의 상황이 있는 것으로 가정한다. 이러한 경우 선험확률의 임계치를 설정하고 임계치보다 높은 상황에 대응하는 행동선택만 고려 대상 집합에 포함이 되도록 한다. 두번째 전략은 변환된 순효용의 기대값에 대한 컷오프 전략이다. 각각의 행동에 대하여 행동선택에 따른 효용이 있다. 각 행동선택으로 발생하는 효용을 정보비용의 라그랑지 승수로 나눈 비율의 지수함수의 기대값을 선험확률로 계산하여 커트 라인보다 크면 고려대상집합에 포함을 시키고 그렇지 않으면 탈락시키는 전략이다. 세번째 전략은 신규 진입 테스트 방식이다. 기존의 고려대상집합이 있고 그 안에 포함된 대안들이 있는 것으로 가정한다. 새로운 대안이 제시되면 각 상황에서 새로운 대안이 제공하는 변환된 순효용의 값을 계산한다. 또한 각각의 상황에 대하여 고려대상집합에 포함되어 있는 기존의 대안들의 비조건부 선택확률을 가중치로 하여 변환된 순효용의 기대값을 계산한다. 새로운 대안의 순효용을 기존의 대안들에 대한 순효용의 기대값으로 나눈 비율을 선험확률을 사용하여 기대값을 계산하여 1보다 크면 고려대상집합에 포함하고 그렇지 않으면 탈락시키는 방식이다.

앞에서 요약한 설명에 대한 예를 들기 위해 표 3.1에서 정리한 모형을 분석한다. 극대화된 순 기대효용은 극대화 조건을 목적함수에 대입하여 도출할 수 있다. 예를 들어 식 (3.7)의 극대화 문제에서 정의한 n^*는 다음과 같이 주어진다.

$$n^*(q(a_1), q(a_2), \lambda) = \lambda(g_0 \log(q(a_1) + q(a_2) \exp(R\lambda^{-1})) + (1 - g_0) \\ \log(q(a_1) \exp(\lambda^{-1}) + q(a_2) \exp(R\lambda^{-1}))) \tag{3.9}$$

식 (3.9)의 함의점은 극대화된 순 기대효용은 각각의 행동이 선택될 확률의 함수로 표현된다는 것이다. 특정한 행동이 극대화된 상황에서 항상 양의 확률로 선택되어야 의사 결정자의 고려대상이 되는 행동이라고 할 수 있다. 행동을 선택하는 확률들을 모두 더하면 1이 된다는 조건과 각각의 행동을 선택하는 확률이 양수가 되어야 한다는 조건이 부과된 극대화 문제를 다음과 같이 쓸 수 있다.

$$\max_{\{q(a_1), q(a_2)\}} \{n^*(q(a_1), q(a_2), \lambda) - \varphi(q(a_1) + q(a_2) - 1) + \xi_1 q(a_1) + \xi_2 q(a_2)\} \tag{3.10}$$

이 식에서 정리한 극대화 문제는 이미 순 기대효용을 극대화 조건들을 사용하여 도출한 가치함수를 다시 극대화하는 문제이다. 행동선택의 확률에 대한 극대화 조건은 다음과 같다.

$$\frac{\partial n^*}{\partial q(a_1)} - \varphi + \xi_1 = 0; \qquad \frac{\partial n^*}{\partial q(a_2)} - \varphi + \xi_2 = 0 \tag{3.11}$$

위에서 정리한 극대화 조건에 대입하기 위해 식 (3.9)에 있는 극대화된 순 기대효용을
행동 1을 선택하는 확률로 편미분한다.

$$\frac{\partial n^*}{\partial q(a_1)} = \frac{\lambda g_0}{q(a_1) + q(a_2)\exp(R\lambda^{-1})} + \frac{\lambda(1 - g_0)\exp(\lambda^{-1})}{q(a_1)\exp(\lambda^{-1}) + q(a_2)\exp(R\lambda^{-1})} \quad (3.12)$$

동일한 이유로 n^*의 $q(a_2)$에 대한 편미분을 아래와 같이 계산한다.

$$\frac{\partial n^*}{\partial q(a_2)} = \frac{\lambda g_0 \exp(R\lambda^{-1})}{q(a_1) + q(a_2)\exp(R\lambda^{-1})} + \frac{\lambda(1 - g_0)\exp(R\lambda^{-1})}{q(a_1)\exp(\lambda^{-1}) + q(a_2)\exp(R\lambda^{-1})} \quad (3.13)$$

식 (3.11), (3.12), (3.13)를 비교하면 양의 확률로 선택되는 대안이 있다면 이는 λ
$= \varphi$를 함의한다. 예를 들어 $q(a_1) > 0$이라고 하자. 이 경우 $\xi_1 = 0$이다. 따라서 식
(3.11)과 (3.12)를 이용하여 다음의 조건이 성립함을 보일 수 있다.

$$\frac{\lambda g_0}{q(a_1) + q(a_2)\exp(R\lambda^{-1})} + \frac{\lambda(1 - g_0)\exp(\lambda^{-1})}{q(a_1)\exp(\lambda^{-1}) + q(a_2)\exp(R\lambda^{-1})} = \varphi \quad (3.14)$$

한편, 순 기대효용을 극대화하는 문제의 극대화 조건 중의 하나는 다음과 같이 주어
진다.

$$\frac{g_0}{q(a_1) + q(a_2)\exp(R\lambda^{-1})} + \frac{(1 - g_0)\exp(\lambda^{-1})}{q(a_1)\exp(\lambda^{-1}) + q(a_2)\exp(R\lambda^{-1})} = 1 \quad (3.15)$$

식 (3.15)의 조건은 $q(a_1) > 0$이 성립할 때의 순 기대효용의 극대화 조건이다. 식
(3.15)의 조건을 식 (3.14)에 대입하면 $\lambda = \varphi$이 성립함을 보일 수 있다. 이 조건을
$q(a_2)$의 극대화 조건에 대해서도 적용하면 다음의 식을 도출할 수 있다.

$$\frac{g_0 \exp(R\lambda^{-1})}{q(a_1) + q(a_2)\exp(R\lambda^{-1})} + \frac{(1 - g_0)\exp(R\lambda^{-1})}{q(a_1)\exp(\lambda^{-1}) + q(a_2)\exp(R\lambda^{-1})} = 1 \quad (3.16)$$

식 (3.15)과 식 (3.16)을 결합하면 행동 1을 선택할 확률을 다음과 같이 도출할 수
있다.

$$q(a_1) = \exp(R\lambda^{-1})\frac{\exp(R\lambda^{-1}) - \exp(\lambda^{-1}) - g_0 + g_0\exp(\lambda^{-1})}{(\exp(R\lambda^{-1}) - \exp(\lambda^{-1}))(\exp(R\lambda^{-1}) - 1)} \quad (3.17)$$

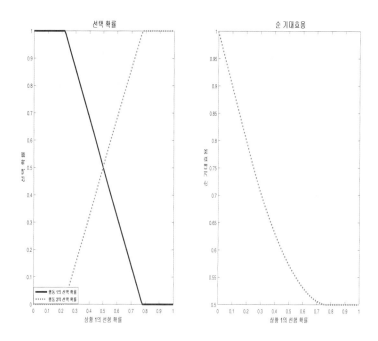

주: 좌측의 그래프는 선택확률을 나타내고 우측의 그래프는 순 기대효용을 나타낸다.

그림 3.3: 선험확률과 선택확률 간의 관계

그림 3.3은 상황 1에 대한 선험확률이 변함에 따라 식 (3.17)에서 정리되어 있는 행동 1의 선택확률과 행동 2의 선택확률이 어떻게 변화하느냐를 보여주고 있다. 그래프의 함의는 상황 1의 선험확률에 대한 임계치가 있어서 임계치보다 낮아지면 행동 1이 선택되지 않는다. 이러한 결과는 행동 2의 선택확률에서도 나타난다. 상황 2의 선험확률의 임계치가 있어서 선험확률이 임계치보다 낮아지면 행동 2의 선택확률은 제로가 된다. 그림 3.3는 최적 고려 집합에 포함되는 대안을 선택하기 위한 기준을 설정하는 문제와 관련이 있다. 앞에서 Caplin·Dean·Leahy가 제시한 첫번째

원칙은 선험확률의 임계치를 설정하고 임계치보다 높은 상황에 대응하는 행동선택만 고려대상집합에 포함이 되도록 한다는 것이다. 그림 3.3의 왼편 패널의 그래프에서는 선험확률에 대한 임계치가 0.22정도인 것을 알 수 있다. 따라서 선험확률에 대한 임계치를 0.22로 설정하여 첫번째 원칙을 따른다면 다음과 같이 고려 집합을 형성한다. 상황 1에 대한 선험확률이 0.22보다 크면 행동 1을 포함시킨다. 또한 상황 2에 대한 선험확률이 0.22보다 크면 행동 2를 포함시킨다. 그러나 최적 선택확률을 직접 계산하지 않은 상태에서 적절한 임계치가 어디에 위치하느냐를 얼른 찾아내기 쉽지 않다. 모든 경우에 일반적으로 적용하기는 어렵지만 Caplin·Dean·Leahy에서는 정확한 임계치를 미리 찾을 수 있는 경우를 식별하고 임계치의 식을 분석하고 있다.

앞에서 설명한 그림과 비교가 가능하도록 하기 위해 위의 그래프를 작성할 때 그림 3.1과 그림 3.2에서 사용한 값과 동일하게 $\lambda = 0.4$, $R = 0.7$로 선택하였다. 또한 선택확률은 R의 값에 의해서도 영향을 받는다. 예를 들어 R의 값이 1보다 커지면 행동 1을 선택하는 확률이 1이 된다. 행동 2는 선택하지 않는다. 따라서 R에 대한 임계치를 $R = 1$로 설정하여 R의 값이 1보다 크면 행동 2를 고려 집합에서 제외하고 1보다 낮으면 고려집합에 포함시키는 원칙을 적용할 수 있다.

현재 분석하고 있는 모형에서는 λ를 외생적으로 값이 결정되는 파라미터로 간주하고 있으므로 λ의 값이 변화하면서 고려 집합이 어떻게 변화하느냐를 분석해야 한다. 그림 3.4는 정보비용이 변함에 따라 식 (3.17)에서 정리되어 있는 행동 1의 선택확률과 행동 2의 선택확률이 어떻게 변화하느냐를 보여주고 있다. 그래프의 함의는 정보비용을 나타내는 λ의 값에 대한 임계치가 있어서 임계치보다 높아지면 행동 1이 선택되지 않는다. 이러한 결과는 행동 2의 선택확률에서도 나타난다. 그림을 사용하여 구체적으로 설명하면 그림 3.4의 왼편 그래프는 $\lambda = 1$인 점에서 고려 집합이 달라짐을 의미하고 있다. 오른편 그래프는 식 (3.9)에 정리되어 있는 순 기대효용의 그래프이다. 순 기대효용은 $\lambda = 1$에 다다르면 최소점에 이르게 되어 더 이상 감소

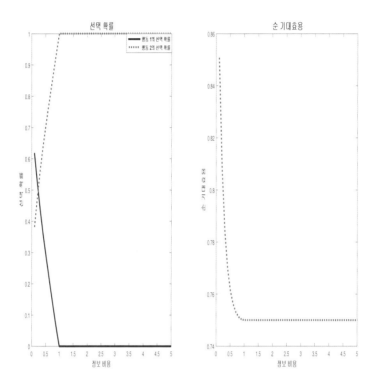

주: 좌측의 그래프는 선택확률을 나타내고 우측의 그래프는 순 기대효용을 나타낸다.

그림 3.4: 정보비용과 선택확률 간의 관계

하지 않고 수평선을 보인다. 또한 그림 3.4에서는 앞에서 사용한 파라미터의 값과 약간 다른 값들을 사용하여 $g_0 = 0.35$, $R = 0.75$로 선택하였다. 그 이유는 λ의 값이 0에 가까운 영역에서 행동 1의 선택확률과 행동 2의 선택확률 간의 상대적 크기가 역전될 수 있음을 보이기 위해서이다. 따라서 λ의 값이 충분히 큰 범위까지 조사할 필요가 있다.

그림 3.4의 오른편 패널의 그래프가 함의하는 점은 의사 결정자의 기대효용 값에 하한이 존재하는 확률적 선택모형의 구조가 가능하다는 것이다. 오른편 패널의 그 래프에서는 순 기대효용의 값은 0.75이하로 떨어지지 않는다. 그런데 순 기대효용의 값은 선택확률과 함께 계산할 수 있으므로 최적화의 문제를 풀기 이전에 어떠한 대 안이 고려 집합에 포함이 될 수 있느냐를 선험적으로 판단하는 데 사용할 수 없다. 이와 같은 점을 고려하여 Caplin·Dean·Leahy에서는 선험확률을 사용한 기대효용의 척도를 제시하여 이에 대한 임계치를 분석하고 있다.

혹자는 설득의 효과가 확률적 선택모형에 어떻게 나타나느냐에 대하여 의문을 제기할 수 있다. 이러한 질문이 가능한 이유는 본 장에서 설명하고 있는 확률적 선 택모형에서는 의사 결정자가 자신의 정보처리능력 범위 내에서 시그널을 생성하여 행동을 선택하기 때문이다. 그림 3.3과 그림 3.4에서 선험확률이 변화하거나 정보 비용이 변화하면 고려 집합에 포함되는 대안들이 달라질 수 있음을 확인했다. 이는 설득의 효과를 고려 집합의 구성을 변화시키는 것으로 해석한다면 설득의 효과는 의사 결정자의 선험확률을 변화시키거나 정보 비용을 변화시킴으로써 발생할 수 있 음을 함의한다. Salant·Rubinstein(2008)은 프레이밍 효과(framing effect)를 반영한 선택을 수식으로 표현한 선택함수(choice function)의 다양한 형태에 대하여 설명하 고 있다. 프레이밍 효과에 대한 이해를 돕기 위해 예를 든다. 첫째, 투표지에 적혀 있는 입후보자의 순서가 투표에 영향을 미친다. 둘째, 카탈로그에서 여행 패키지를 찾아서 선택할 때 앞 장에 카지노 테이블의 사진이 올려져 있느냐에 따라 영향을 받는다. 이들의 분석 중에서 본 장의 논의와 관련이 있는 부분은 제한적인 주의하에 서의 선택할 수 있다. 이들은 사람들의 주의가 제한적인 상황에서 적용되는 2 단계의 선택 과정을 설명하고 있다. 첫번째 단계에서 사람들은 주의집합(attention set)을 형성한다. 이는 모든 가용한 대안을 고려할 수 없으므로 특정한 규칙 하에서 자신이 집중할 수 있는 범위내의 선택지를 형성한다는 것이다. 두번째 단계에서는 이미 선택된 주의집합 내에서 하나의 대안을 선택한다. 그림 3.3과 그림 3.4의 결과는 설득이 주의집합의 구성을 변화시킴으로써 결국 주의집합 안에서의 선택에 영향을 미칠 수 있음을 보여주고 있다.

4   설득의 심리학과 설득의 경제학

로버트 차일디니는 2001년과 2009년에 출간한 '설득의 심리학(황혜숙 역, 2016)'에서 다음과 같은 "사람의 마음을 사로잡는 6가지 불변의 원칙"을 제시하고 있다. 첫째의 원칙이 상호성의 원칙이다. 둘째의 원칙이 일관성의 원칙이다. 셋째의 원칙이 사회적 증거의 원칙이다. 넷째의 원칙이 호감의 원칙이다. 다섯째의 원칙이 권위의 원칙이다. 여섯째의 원칙이 희귀성의 원칙이다.

또한 로버트 차일디니는 '지름길 원칙'도 강조한다. 지름길의 원칙은 다음과 같이 요약할 수 있다. 사람들은 가용한 모든 정보를 사용하여 판단하지 않는다. 그 대신 전체를 대표하는 일부의 정보를 사용하여 판단한다는 것이다. 모든 정보를 사용하지 않는 이점은 판단의 신속함이지만 단점은 어이없는 실수의 가능성을 받아들여야 한다는 것이다. 최근의 합리적 부주의 모형은 지름길 원칙이 소비자의 제품구매와 기업의 가격설정에도 적용되는 상황을 분석하고 있다. 예를 들어 가격설득과 인지제약에 대하여 설명한다. 현재 자신의 제품을 구매하고 있는 소비자에게 얼마나 자주 생산비용이 변동하고 있음을 전달하는 것이 바람직할 것인가의 문제를 생각해볼 수 있다. 이와 관련하여 다음과 같은 상황들을 고려해볼 수 있다. 첫째, 기업은 제품을 생산하는 비용에 대하여 세세한 정보가 있더라도 이를 어떻게 제품의 가격에 반영해야 하느냐를 완전하게 처리할 수 없게 하는 정보처리능력의 유한한 상황을 생각해볼 수 있다. 둘째, 소비자의 경우 쇼핑몰에서 다양한 브랜드의 제품을 볼 수 있지만 어느 브랜드를 구매하는 것이 적절한 선택인가를 판단하는데 부과하는 집중력의 수준이 크지 않을 수 있다. 이 경우 능력이 뛰어난 사람들이라고 할지라도 깊이 생각하여 판단하기를 원하지 않는다는 것이다. 제한된 정보처리능력으로 결정을 내려야 한다면 가격의 변동이 발생하는 경우 기존에 구매하던 제품이 아니라 다른 새로운 제품을 찾아보려는 마음이 발생한다.

　　거시경제학 이론의 중요한 개념 중의 하나는 경제정책이 준칙으로서 실시되느냐 아니면 정부가 재량을 가지고 수정할 수 있느냐의 여부에 따라 정책의 효과가 달라질 수 있다는 것이다. 준칙을 선택하는 것으로부터의 이득은 민간의 가계와 기업의 기대에 영향을 미칠 수 있다는 점이다. 이러한 준칙의 이득은 민간의 가계와 기업이 신뢰할 수 있는 정부의 약속이 가능해야 한다. 설득의 심리학에서 제시한 원칙 중에서 준칙의 부분과 직접적으로 연결되는 부분은 다음과 같은 두 개의 원칙이다. 첫째, 사회적 증거의 원칙이다. 사람들은 다른 사람들이 선택한 행동을 관측한 후 많은 사람들이 선택한 행동에 동조하는 현상이 있다는 점을 강조하는 원칙이다. 사회적 증거의 원칙이 가장 효과적으로 나타날 수 있는 상황은 주변 상황이 애매모호하여 불확실성이 지배하는 경우라고 밝히고 있다. 또한 불확실한 상황을 벗어나기 위해 서로 다른 사람들은 다른 사람들의 행동을 주시하게 되어 극단적인 경우 ‘다원적 무지(plural ignorance)’의 상황에 빠질 수 있음을 경고한다. 둘째, 일관성의 원칙이다. 사람들은 일관성을 유지하려는 욕구 또는 일관성을 유지하고 있는 것처럼 보이려는 욕구가 강하므로 이와 같은 사람들의 성향은 강력한 설득의 무기가 된다는 것이다. 일관성의 원칙이 강력한 효과가 있는 이유로서 입장정립을 들고 있다. 입장정립(commitment)의 전략을 사용하는 사람들은 설득의 대상이 되는 사람들에게 특정한 발언이나 행동을 하도록 한 다음 일관성을 유지하기 위해 자신의 요구를 승낙하게 하는 전략이다. 통화정책에도 적용될 수 있는 여지가 있다. 선제적 지침에 의존하는 중앙은행은 일반적인 소비자 및 기업과 금융 투자자들을 설득해야 한다. 많은 사람들이 중앙은행의 발표를 신뢰한다면 중앙은행이 의도하는 정책효과가 더 높다. 여기에도 사회적 증거의 원칙이 적용될 수 있다. 그 이유는 사람들은 보다 많은 사람들이 자발적으로 선택한 믿음에 대하여 보다 더 높은 신뢰를 보일 수 있다.

로버트 차일디니는 호감의 원칙을 설명하기 위해 미국 디트로이트에 자동차 영업사원으로 일하고 있는 조지라르(Joe Girard)의 예를 든다. 지라르의 인터뷰는 "마음에 드는 영업사원과 합리적인 가격, 두 가지만 있으면 거래는 성사됩니다." 짧은 인터뷰가 함의하는 점은 가격의 중요성이다. 차일디니는 마음에 드는 영업사원이라는 다른 요인이 중요하다는 점을 강조하고자 지라르의 인터뷰를 소개하였다. 그러나 실제로 판매에 종사하는 사람은 합리적 가격의 중요성도 강조하고 있다. 호감의 원칙은 소비자의 주의가 제한적일 때 소비자의 제한된 주의를 받을 수 있도록 소비자를 설득하는 것이 중요함을 시사한다. 특히 합리적 부주의 모형에서 강조하고 있는 점은 사람들은 정보처리능력의 제한으로 인해 실제로 가용한 대안에 비해 보다 훨씬 축소된 고려대상집합(consideration set)을 만들어 자신이 만든 고려대상집합에 포함되어 있는 대안 중에서 하나를 선택한다는 것이다. 부연하면 다음과 같다. 소비자들이 자신에게 가용한 매우 다양한 대안들이 있다. 소비자들은 이 중에서 일부분은 선택할 때 고려할 수 있는 가용한 대안이라는 것을 모르고 있다는 것이다. 또한 신제품이 출시되면 신제품이 출시되는 것은 알지만 현재 사용하고 있는 제품과 비교하여 현재 사용하고 있는 제품에 대한 좋은 대안이라고 생각할 수 있기 위해 기업의 설득이 필요하다는 점이다.

또한 가격도 소비자가 제품에 매력을 느끼게 하는 요인이다. 기업이 궁극적으로 추구하는 것은 이윤 극대화라고 가정하든 하지 않든 간에 계속해서 현금흐름이 창출되어야 경제활동을 하는 경제주체로서의 존재가 가능하다. 모든 기업에게 가장 중요한 경제활동 중의 하나는 일정한 액수의 수입을 얻기 위해 기업이 소비자에게 자신의 제품을 구매하는 것이 훌륭한 선택이라는 점을 설득하는 작업이다. 이와 같이 기업의 소비자에 대한 설득을 제품 설득으로 정의할 수 있다. 좋은 품질의 제품을 생산하더라도 소비자에 대한 제품 설득이 제대로 되지 않는다면 적절한 판매수입을 얻지 못해 기업은 망하게 된다. 제품 가격은 기업의 제품 설득에서 중요한 역할을 한다. 제품 가격은 제품의 생산을 위해 소요되는 제반 비용에 대한 정보를 소비자에게 전달하는 기능을 수행하는 것으로 볼 수 있다. 소비자는 자신이 필요한 품목에 대하여 적정한 비용을 지불하고 구매할 용의가 있다고 가정한다. 소비자가 적정한 비용을 판단할 때 제품의 질과 가격을 동시에 고려하여 판단하는 것으로 가정하는 것이 상식적으로 무리한 가정은 아니라고 생각된다.

또한 호감의 원칙은 한비자(김원중 역, 2016)의 세난에서도 강조되었다. "설득의 대략적인 의미는 상대방의 뜻을 거스르지 않는 것이며, 말투도 상대방의 감정을 거스르지 않아야 한다. 그런 뒤에야 자신의 지혜와 말재주를 마음껏 발휘할 수 있을 것이다. 이것이 바로 군주가 친근하게 여기고 의심하지 않아 말하고 싶은 것을 충분히 다 말할 수 있게 하는 방법이다."

권위의 원칙은 일반적인 사람들이 자신의 의사를 결정하는 과정이나 정보를 처리하는 과정에서 전문가에게 의존하려는 경향을 의미한다. 경제에 대한 일반인들의 기대에 대한 언론의 역할을 들 수 있다. 실물 경제는 심리적인 요인에 크게 영향을 받을 수밖에 없다. 이 과정에서 언론이 생산하는 기사는 경제 심리에 결정적인 영향을 미치게 된다. 경제 분야는 전문가 집단의 '권위'가 다른 분야보다 높은 편이기 때문이다.

참고문헌

Forstmann, B. U., R. Ratcliff, and E. J. Wagenmakers. 2016. "Sequential Sampling Models in Cognitive Neuroscience: Advantages, Applications, and Extensions." Annual Review of Psychology. Vol 67. pp. 641-666.

Krajbich, Ian and Mark Dean. 2015. "How Can Neuroscience Inform Economics?" Current Opinion in Behavioral Sciences. Vol. 5. pp. 51-57.

Caplin, Andrew, Mark Dean, and John Leahy. 2016. "Rational Inattention, Optimal Sets and Stochastic Choice." Unpublished Manuscript. Columbia Univ., New York Univ., and Univ. of Michigan.

Matějka, Filip and Alisdair McKay. 2015. "Rational Inattention to Discrete Choices: A New Foundation for the Multinomial Logit Model." American Economic Review. Vol. 105. No. 1. pp. 272-298.

Salant, Yuval, and Ariel Rubinstein. 2008. "(A,f): Choice with Frames." Review of Economic Studies. Vol. 75. pp. 1287-1296.

제 4 장   금융설득

대규모 투자수입을 목표로 이루어지는 정교한 금융투자의 관리는 고도의 지식과 경험이 필요하다. 금융시장에서 투자자에 대한 금융 전문가의 설득은 투자광고, 투자자문, 투자권유 등의 형태로 이루어지고 있다. 최근 한국에서도 핀테크 활성화를 위해 소셜미디어나 인터넷 등의 매체를 활용해 자금을 모으는 클라우드 펀딩과 관련된 온라인 광고규제를 완화하는 것에 대한 관심이 높다. 국내 자본시장의 트렌드가 공모에서 사모로 옮겨가는 추세에 투자광고는 소폭 줄어들었으나 온라인 광고의 비중은 꾸준히 증가하고 있는 것으로 알려져 있다. 예를 들어 2016년 사모펀드 규모는 공모펀드 규모보다 더 크게 나타났다. 2016년 말 기준 사모펀드 순자산액은 250조 2,000억원이고 공모펀드는 212조 2,000억원을 기록했다. 2017년 초 한국 금융투자협회는 '2016년도 투자광고 심사실적'에 따르면 광고심사건수가 전년대비 5.9% 감소한 6,489건이었으며 이처럼 2014년 이후의 연속 증가세가 다소 주춤한 주요 원인은 공모 주식형펀드 감소 및 사모펀드의 규모 확대에 따른 펀드 마케팅 위축이라고 설명했다.

금융부문에서도 투자자에 대한 설득의 역할이 중요할 수 있다는 예로서 한국 금융 투자자 보호재단의 분석을 인용한다. 한국 금융투자자 보호재단은 최근 펀드의 투자금액이 클수록 수익 난 비율이 높고 투자금액이 작을수록 손실 본 투자자가 많은 것으로 발표하였다.[1] 이들은 투자금액이 클수록 투자자 스스로 더 신중하게 투자하거나 금융회사가 고객관리에 더 신경을 쓰기 때문으로 발생하는 현상으로 해석하고 투자금액이 적어도 쉽게 이용 가능한 로보어드바이저나 독립투자자문업자 제도가 빠르게 정착될 필요가 있다고 지적하였다. 본 장에서는 금융시장에서의 설득이 금융시장의 효율성을 제고하느냐에 대한 기존의 실증 연구를 소개한다.

또한 헤지펀드의 매니저가 헤지펀드에 가입하도록 투자자들을 설득하여 모집한 투자자금을 외환시장의 투기공격에 사용하는 모형을 분석한다. 이를 위해 외환시장에서의 투기적 공격을 설명하는 전통적인 모형에 헤지펀드의 역할을 추가하여 분석한다. 금융감독원 홈페이지에 수록되어 있는 헤지펀드에 대한 정의에 의하면 헤지펀드는 소수의 거액투자자로부터 사모방식으로 모집한 자금을 주식, 채권, 통화, 파생상품 등 다양한 자산에 투자하여 수익을 배분하는 집합투자기구로서 다양한 투자전략으로 위험을 분산하며 유동성을 공급하는 등 금융시장의 효율성을 제고하는 반면, 고수익·고위험을 추구하기 위한 단기매매, 공격적 투자행위로 시장의 안정성을 저해하는 양면성을 가지는 펀드이다. 헤지펀드의 주요 투자전략은 저평가 주식을 매수한 후 고평가 주식을 공매도하는 주식 헤지형, M&A 및 파산 등 기업의 특수상황을 활용하는 상황추구형(event driven), 내재 가격과 시장 가격간 불일치에 따른 차익기회를 포착하는 상대가치 차익 거래형(relative value arbitrage), 환율 및 금리 등에 투자하는 거시지표 투자형(global macro) 등으로 분류할 수 있다. 본 장에서는 2016년 초에 발생한 헤지펀드의 위안화에 대한 투기적 공격을 설명하기 위해 앞에서

---

[1]한국 금융투자자 보호재단은 2016년 11월 4일부터 2주간 2,530명의 국민을 상대로 펀드 투자현황 설문조사하여 분속한 결과를 발표하였다. 펀드 투자 뒤 원금보다 늘어난 경우는 1,000만원 미만 투자자가 30.8%이다. 1억원 이상 투자자의 경우 절반이 넘는 51.4%이다. 원금보다 줄어든 경우는 1,000만원 미만 투자자가 32.6%이다. 1억원 이상 투자자는 13.4%이다.

설명한 베이지안 설득모형을 적용한다.

1   금융설득에 대한 실증 연구

Mullatinathan·Shleifer(2005)는 미디어의 편향보도(slanting)에 대한 실제의 예로서 미국의 주류 신문사는 노동부가 실업률이 6.1%에서 6.3% 상승했다고 발표한 사실을 보도하면서 서로 반대 방향의 주식투자권고가 포함된 기사를 인용했다. 첫번째 예시에서는 실업률의 상승은 경기가 불황으로 들어가는 증거로 볼 수 있으며 앞으로 더욱 어두운 소식이 전해질 것으로 전망한다. 두번째 예시에서는 실업률이 0.2%만 상승한 것은 경기가 다시 좋아지는 징조로 해석할 수 있기 때문에 앞으로 경기가 호전될 것을 전망한다면 주식투자를 늘려야할 좋은 시점이라는 투자권고를 덧붙인다.

한국의 경우도 비슷한 예를 찾아보자. 앞에서 제시한 예와 비견할 만큼 극단적으로 대조적이지는 않지만 얼핏 보면 신흥국에 대한 주식투자의 전망이 다른 것처럼 보인다. 2016년 12월 31일 J일보 경제난 기사 중에서 2017년 국내증시를 전망하는 기사를 인용한다. "국내 증시는 암중이다. 예측이 어렵다. 수년간 이어진 박스피(박스권에 갇힌 코스피)가 계속될 것이라는 비관과 2017년은 다를 것이라는 기대가 공존한다. ⋯ 이머징보다는 선진국, 특히 미국이 유망하다고 말했다. ⋯ 신흥국 증시에 대해선 신중론이 대세다. 상반기엔 기회를 노리다가 하반기에 본격 공략에 나서야 한다는 주장이다." 또한 2016년 12월 19일 C일보의 경제난 기사 중 2017년 국내증시를 전망하는 기사를 인용한다. "⋯ 글로벌 경기가 개선되면서 국내를 포함한 신흥국 증시로 자금 유입이 늘어날 것이라고 전망했다. 코스피지수는 내년 상반기까지 완만하게 상승하는 흐름을 이어가다 3분기에 고점을 기록한 뒤 조정 기간에 들어갈 것이라는 예상이 많았다. ⋯ 내년에는 채권보다는 주식이 유망한 투자처로 떠오를 전망이다. 글로벌 금리가 상승하고, 신흥국 경기가 회복되면서 채권보다는 주식으로 자금이 이동할 가능성이 높기 때문이다."

　　Mullatinathan·Shleifer는 앞에서 제시한 예에서 볼 수 있는 신문사의 편향보도 (slanting)가 신문사의 수가 증가하여 신문사 간의 경쟁이 높아지면 사리지겠느냐의 의문에 답하기 위해 이론 모형을 분석한다. 이들의 분석결과는 신문사 간의 경쟁이 높아지면 신문의 가격이 낮아지지만 미디어 바이어스(media bias)를 낮추지 못하거나 상황에 따라서 오히려 미디어 바이어스를 제고할 수 있다고 지적한다. 또한 비동질적인 믿음을 가진 독자들이 많을수록 미디어의 정확성을 제고시킨다고 강조한다. 이윤을 극대화하는 신문사 간의 경쟁이 심화되면 각각의 개별 신문사는 동일한 사실에 대하여 다른 신문사와 차별화된 기사를 다룸으로써 자신의 기사를 선호하는 독자들을 확보하여 독자의 시장을 나누려는 유인이 강해진다. 따라서 신문사 간의 경쟁이 아니라 독자의 다양성이 미디어 뉴스의 정확성을 보장하는 조건이라는 점을 강조한다. 금융광고는 금융설득에 포함된다. Mullatinathan·Shleifer(2005)는 금융 광고의 효과를 분석하기 위해 설득의 전통적인 모형과 행동주의적 모형을 비교한다. 설득의 전통적인 모형에서는 설득은 객관적으로 유용한 정보의 소통으로 간주한다. 이러한 견해 하에서 광고는 제품의 품질과 유용성 등에 대한 정보를 제공하는 수단으로 간주될 수 있다. 행동주의적 관점에서 설득은 소비자들의 믿음이 비록 정확하지 않더라도 이들이 보유하고 있는 믿음에 영합한다는 것이다. 1994년부터 2003년 기간 중 인터넷 버블이 진행되었던 시기인 1994년부터 2003년까지의 기간 중 'Business Week'와 'Money' 두 개의 잡지에 수록된 Merrill Lynch의 금융광고의 자료를 수집하여 실증분석한다. 이들은 실증분석의 결과에 따르면 주가가 상승하는 시점과 주가가 하락하는 기간이 투자자에게 전달하는 메시지를 달리함으로써 투자자의 믿음에 영합하는 메시지를 보내는 것으로 나타난다고 강조한다.

　　Mullainathan·Noeth·Schoar(2012)는 투자자문 또는 금융자문(financial advice)의 역할에 대하여 실증분석한다. 이들의 실증분석 방법은 훈련된 감사인(auditors)

을 고용하여 이들로 하여금 지정된 포트폴리오에 대하여 투자자문을 받도록 하는 것이다. 감사인들의 포트폴리오는 수익추구형 포트폴리오(return-chasing portfolio)이거나 투자자문 담당자에게 이득이 별로 되지 않는 보통주 또는 지수펀드로 구성된 폴트폴리오 등으로 구분된다. 투자자문의 서비스가 제대로 수행이 된다면 투자자문을 받는 투자자가 원래 보유하고 있는 포트폴리오가 위험이 높다면 보다 안전한 포트폴리오로 전환이 될 수 있도록 투자자문 담당자들이 투자자를 설득해야 할 것으로 기대된다. 그러나 이들의 실증분석 결과에 의하면 투자자문 담당자들은 투자자들이 원래 가지고 있는 선험적인 편견이 있다면 이를 완화하는 역할을 하지 못하고 오히려 투자자문 담당자에게 유리한 쪽으로 편견을 강화시킨다는 것이다. 또한 고수익 추구를 권장하거나 수수료가 높게 나오는 적극적으로 관리되는 펀드를 권유한다는 것이다.

한국의 경우에도 금융설득이 중요할 수 있다고 주장할 수 있는 근거로서 들 수 있는 것은 한국형 헤지펀드의 성장이다. 최근 많은 투자자문사가 헤지펀드 전문 자산운용사로 전환한 것으로 알려졌다.[2] 또한 최소 가입 금액이 하향 조정되어 소액 투자자의 가입이 가능해졌기 때문이다. 원래 최소 가입 금액이 1억원으로 꽤 높기 때문에 적지 않은 돈을 갖고 있어야 한국형 헤지펀드에 가입할 수 있는 것으로 알려져 왔다. 그러나 앞으로 500만원이면 헤지펀드를 비롯해 부동산과 항공기 등을 자산으로 편입한 사모펀드에 가입할 수 있기 때문에 보다 많은 사람들이 한국형 헤지펀드에 가입할 수 있다. 그 결과 일반 투자자에게 보다 더 정확한 금융투자 정보가 중요해

---

[2] 금융감독원의 홈페이지에 수록되어 있는 투자자문회사의 정의는 다음과 같다. "투자자문회사란 투자자문업이나 투자일임업을 영위하는 회사로서 자기자본, 전문인력 확보 등 일정한 요건을 갖추어 금융위원회에 등록하여야 한다. 투자자문업이란 금융투자상품의 가치 또는 금융투자상품에 대한 투자판단(종류, 종목, 취득·처분, 취득·처분의 방법·수량·가격 및 시기 등에 대한 판단)에 관한 자문에 응하는 것을 영업으로 하는 것을 의미한다."

져 소비자에게 유용한 정보를 전달이라는 의미의 금융설득이 보다 더 중요해진다. 한국에서 헤지펀드는 49인 이하 투자자로부터 자금을 모아 주식·채권·파생상품 등 다양한 자산에 투자해 절대수익을 추구하는 사모펀드를 의미한다. 2015년 자본시장법 개정으로 전문투자형 사모펀드의 진입 문턱이 낮아져 투자자문사에서 전환한 자금운용사들이 헤지펀드 경쟁에 참여한 결과로 헤지펀드의 수와 규모가 지난 5년간 크게 증가한 것으로 알려져 있다. 예를 들어 국내 헤지펀드 전체 규모는 2016년 12월 16일 기준 6조 6,769억원으로 처음 도입된 2011년 말 설정액(2,369억원)과 비교하면 5년 사이 30배 가까이 증가하였다. 그러나 한국형 헤지펀드가 발전하기 위해 보다 다양한 운용 전략 구사가 가능해야 하고 공매도 규제 등 규제 일변도의 정책 패러다임 변화도 뒤따라야 한다고 지적되고 있다.

최근 한국 헤지펀드 시장의 변화는 다음과 같이 요약할 수 있다. 첫째, 2016년 10월 25일 자본시장법 개정안 시행으로 자기자본금 20억원 이상, 헤지펀드 운용 전문인력 3명 이상으로 등록만 하면 헤지펀드를 운용할 수 있다. 둘째, 펀드별로 운용수익의 편차가 심하다. 2016년 총 249개의 헤지펀드 중에서 상위 20개 펀드 7% 수익을 기록하였지만 117개 펀드는 5% 손실을 기록하였다. 셋째, 기존의 한국형 헤지펀드는 자산운용사가 뮤추얼펀드의 대체재로서 리테일 기반으로 성장해 왔다. 앞으로 기존 한국형 헤지펀드나 뮤추얼펀드와는 다양하게 차별화된 헤지펀드가 출현하여 기관투자자와 법인에게 안정적인 대체투자수단으로서의 역할을 제공하는 것이 지속적인 시장의 확대를 위해 필요하다는 점이 지적되고 있다. 이러한 지적의 함의를 앞에서 설명한 금융설득과 비추어 찾아본다면 앞으로 금융회사의 투자자에 대한 설득이 다양한 형태로 강화될 것이므로 투자자문 또는 금융자문(financial advice)이 투자자에게 유용한 정보를 전달해주는 역할을 하느냐에 대한 이슈의 중요성이 증가하게 된다는 점이다.

2   헤지펀드의 설득과 외환시장 투기적 공격

2016년 1월 소로스의 중국에 대한 발언과 중국정부의 위안화 방어가 헤지펀드의 외환시장에서의 역할에 대한 좋은 예로 볼 수 있다. 헤지펀드는 특정국가의 화폐단위로 표시된 통화 및 채권을 공매도한 이후 그 국가의 화폐가치가 떨어지게 되면 싼 값으로 구매하여 차익을 남긴다. 2016년 1월 27일 매일 경제 신문 보도에 의하면 다음과 같다. "소로스 회장은 지난주 다보스포럼에 참석하여 미국 주식과 아시아 국가 화폐를 공매도했다고 밝힌 바 있다. 소로스 회장은 구체적으로 어떤 통화를 공매도했는지 밝히지 않았지만 중국은 연초 위안화와 홍콩달러 급락사태가 소로스 회장의 계획적인 공매도에서 비롯된 것으로 보고 있다. 중국언론에 따르면 소로스는 지난해 12월부터 1달러 당 7.5홍콩달러에 홍콩달러를 대거 공매도했고 이 과정에서 홍콩달러 가치가 7.8홍콩달러까지 급락하면서 상당한 환차익을 거둔 것으로 알려지고 있다." 소로스의 시장 참가자에 대한 설득으로 볼 수 있는 보도는 다음과 같이 정리할 수 있다. "소로스가 현재 위안화나 홍콩달러 공매도 포지션을 어느 정도 유지하고 있는지는 밝혀지지 않았다. 하지만 소로스 회장이 잇따라 중국 경제 경착륙 가능성과 함께 최근 상황을 지난 2008년 글로벌 금융위기와 빗대는 등 시장에 공포분위기를 조성하는 한편 아시아 통화 공매도를 노골적으로 공개하고 있는 점에 중국 정부는 주목하고 있다. 소로스 회장이 위안화와 홍콩달러 추가하락 가능성을 내다본 공매도 분위기를 잡는 것 자체가 다른 투기세력들의 위안화·홍콩달러 공격에 불을 당길수 있기 때문이다. 투기세력들이 소로스 회장을 따라 위안화 약세에 공격적으로 베팅할 경우, 중국 위안화가 통제불능 상황을 급락하고 이에 따라 해외자본유출이 더 거세지는 등 중국 정부가 심각한 환율불안을 겪을 수 있다. 실제로 지난 92년 영란은행을 상대로 영국 파운드화를 공격할 당시에도 소로스는 파운드화 가치가 계속 떨어질 것이라며 투기세력의 파운드화 공격 동참을 이끌어내 한달만에 15억달러에 달하는

표 4.1: 외환시장 투기적 공격 모형의 구조

	일반투자자의 소득		헤지펀드의 수입	
	s_1 = 약함	s_2 = 강함	s_1 = 약함	s_2 = 강함
행동 1 = 투자안함	0	0	0	0
행동 2 = 펀드투자	1-c	-c	c	c
선험확률	g_0	$1 - g_0$	g_0	$1 - g_0$

천문학적인 환차익을 올렸고 영란은행을 무너뜨린 인물로 명성을 떨쳤다. 소로스 회장의 이같은 환공격에 대해 잘 알고 있는 중국이 관영매체를 동원해 선제적으로 소로스에 대해 연일 맹공을 퍼붓는 이유도 여기에 있다." 이와 같은 보도는 본 장에서 소개하는 다음의 모형의 구조에 함의하는 바가 크다.

외환시장에서의 투기적 공격을 설명하는 전통적인 모형에 헤지펀드의 역할을 추가하는 방식으로 모형을 수립하는 것에 대한 이론적인 모티베이션은 다음과 같다. 소액 투자자만 참가하는 외환시장 모형과 소액 투자자와 대규모 투자자가 동시에 참가하는 외환시장 모형이 외환시장에서의 투기적 공격에 대하여 어떠한 차이가 있느냐에 대한 이슈가 있다. 이는 헤지펀드가 금융시장의 불안정성을 제고한다는 견해와 관련이 있다. 따라서 본 장의 모형에서는 헤지펀드를 외환시장 참가자로 고려하여 분석한다. 또한 실증적인 모티베이션은 2016년 1월 매스컴에서 주목을 받았던 위안화에 대한 투기적 공격과 관련이 있다. 당시 위안화의 투기적 공격에서 헤지펀드의 역할이 중요한 관심사이다. 특히 당시 소로스는 중국경제가 연착륙하기 어렵다는 취지의 견해를 다보스에서 개최된 세계경제포럼에서 공개적으로 발표한다. 당시에 위안화에 대한 투기적 공격을 목적으로 자금을 모으는 헤지펀드에 가입하느냐를 고민하는 투자자가 있었다면 소로스의 이러한 발표는 헤지펀드에 가입하는 것이 좋은 선택일 수 있다는 시그널로 해석할 수도 있다. 앞에서 설명한 이론적인 모티베이션과 실증적인 모티베이션을 동시에 수용할 수 있는 모형구조를 만들기 위해 베이지안 설득모형을 기존의 외환시장 투기적 공격 모형과 결합한다.

Angeletos·Helwig·Pavan(2007)이 제시한 내생적 제도변화를 설명하는 모형에 헤지펀드의 역할을 부과하여 수정한 모형을 분석한다. Angeletos·Helwig·Pavan에서는 투자자들이 자신이 원래 가지고 있던 선험적 정보에 더하여 현재의 외환제도의 강도에 대한 비동질적인 사적인 시그널을 관측하게 되는 상황을 가정하고 있다. 본 장에서는 개인들이 비동질적인 사적인 시그널을 받는다는 가정을 없애고 그 대신 헤지펀드가 현재의 제도가 충분히 강건한가에 대한 정보를 제공한다는 가정으로 대체한다.

투자자의 수는 [0,1]의 단위구간의 길이와 같다고 가정한다. [0,1]의 구간에 속하는 하나의 점은 하나의 투자자에 대응된다. 본 장에서는 개별 투자자가 독립적으로 투기적 공격을 실행하는 것이 아니라 개별 투자자는 헤지펀드를 통해서만 투기적 공격이 가능한 것으로 가정한다. 그러므로 헤지펀드에 가입하는 소액투자자와 규모에 따라 헤지펀드의 규모가 결정되는 것으로 가정한다. 이와 같은 가정은 Angeletos·Helwig·Pavan의 모형과의 차별점이다. 소액투자자의 결정이 헤지펀드의 수입에 영향을 미치기 때문에 헤지펀드는 자신에게 유리한 상황에서 개별 투자자에 대하여 설득을 하려는 유인을 가진다.

현재시점에서의 외환제도의 강도는 외생적으로 결정된다. 외환시장의 강도를 나타내는 파라미터는 θ이다. 개별 투자자와 헤지펀드는 모두 θ의 값을 알 수 없다. 이들이 모두 공통적으로 가지고 있는 정보는 파라미터가 결정되는 과정이다. 외환시장의 강도는 θ는 평균이 0이고 분산이 $1/\alpha$인 정규분포로부터 선택되는 것으로 가정한다. 수식으로 쓰면 외환시장의 강도의 분포는 $\mathcal{N}(z, \alpha)$이다. 외환시장의 강도는 $(0, 1]$의 구간에 포함되는 것으로 가정한다. 이는 $\mathcal{N}(z, \alpha)$의 분포함수에 대한

정의역이 $(0, 1]$의 구간이 되도록 z와 α의 크기를 적정하게 선택해야함을 의미한다. 개별투자자와 헤지펀드가 공통으로 알고 있는 선험적 정보이다. 개별투자자는 선험정보 하에서 자신이 생각하는 현재의 체제가 그대로 유지되는 강도의 임계치를 설정한다. 개별투자자가 설정한 강도의 임계치를 $\hat{\theta}$으로 표기한다. 강도의 임계치를 설정하면 현재시점에서의 외환제도가 취약한 상황과 현재의 외환제도가 버틸 수 있는 상황에 대한 선험확률을 계산할 수 있다. 다음과 같이 θ에 대한 두 개의 영역으로 나눌 수 있다. 첫번째 영역은 $\omega_1 = \{\theta | \theta < \hat{\theta}\}$으로 정의하고 θ의 값이 첫번째 영역에 포함되는 경우를 상황 1로 정의한다. 두번째 영역은 $\omega_2 = \{\theta | \theta \geq \hat{\theta}\}$으로 정의하고 θ가 두번째 영역에 포함되는 경우를 상황 2로 정의한다.

　　표 4.1은 모형의 주요한 특징을 요약한다. 투자자들은 자신들이 가지고 있는 선험정보가 있다. 현재 시점에서 실시되고 있는 외환제도가 약해서 투기적 공격을 받으면 무너지게 되는 가능성에 대한 선험적 믿음을 g_0로 표시한다. 위의 표에서 이러한 경우를 상황 1로 정의하고 있으므로 g_0는 상황 1에 대한 선험확률이다. 투자자가 헤지펀드에 투자하면 수수료를 지불해야 하는데 수수료는 c로 표기한다. 또한 헤지펀드의 투기적 공격이 성공하면 1의 수입이 발생하는 것으로 가정한다. 따라서 헤지펀드의 투기적 공격이 성공하면 수수료를 감한 $1 - c$가 투자자의 수입이 된다. 현재시점에서의 외환제도가 강해서 투기적 공격이 실패하면 헤지펀드의 투자수입은 0이 된다. 따라서 투기적 공격이 실패하는 경우 일반 투자자는 수수료를 되돌려 받지 못하고 손실을 보게 된다. 헤지펀드의 역할은 개별 투자자가 가지고 있는 외환제도의 강도에 선험확률에 영향을 미쳐서 소액 투자자들이 헤지펀드에 가입하게 하는 것이다. 헤지펀드는 선험정보 하에서 개별 투자자가 판단한 임계치인 $\hat{\theta}$를 변화시키게 됨을 의미한다. 헤지펀드는 외환시장의 강도에 대한 정보를 담은 메시지를 투자자들에게 보내고 합리적으로 정보를 처리하는 투자자들은 베이지안 규칙에 의거하여 외환시장의 강도에 대한 사후적 믿음을 형성하게 된다. 개별 투자자들은 사후적 믿음

표 4.2: 헤지펀드의 시그널 생성 및 투자자의 시그널 해석

	헤지펀드의 시그널 생성		투자자의 시그널 해석	
	$s_1 = $ 약함	$s_2 = $ 강함	$s_1 = $ 약함	$s_2 = $ 강함
상황 1 = 약함	$q(s_1\|w_1)$	$q(s_2\|w_1)$	$p(w_1\|s_1)$	$p(w_1\|s_2)$
상황 2 = 강함	$q(s_1\|w_2)$	$q(s_2\|w_2)$	$p(w_2\|s_1)$	$p(w_2\|s_2)$
선험정보	g_0	$1 - g_0$	g_0	$1 - g_0$

하에서 계산한 헤지펀드에 가입하는 것으로부터의 예상이득이 더 높으면 헤지펀드에 가입한다.

투자자들이 원래 가지고 있든 선험정보 하에서 현재의 제도가 충분히 강건하기 때문에 투기적 공격에 참여하지 않는 것이 바람직하다고 평가한다. 외환시장에서 투기적 공격을 실행하여 수익을 올리는 헤지펀드는 투자자들이 헤지펀드가 운영하는 투자펀드에 가입할 것을 설득한다. 설득이 성공하면 투자자들이 헤지펀드에 가입하여 외환시장에서 투기적 공격을 실시하게 된다.

헤지펀드는 시그널을 생성하는 시스템을 만들고 여기로부터 생산된 시그널을 투자자에게 전달한다. 헤지펀드의 시그널은 실제의 상황이 약함 또는 강함의 여부를 알려주는 것을 목적으로 작성되므로 '약함 또는 강함'의 두 개의 값을 가지는 것으로 가정한다. 헤지펀드는 투자자에게 자신이 알고 있는 정보의 내용을 자신에게 유리하도록 거짓 정보를 제공하지 않는 것으로 가정한다. 이러한 가정으로 인해 헤지펀드의 투자자 설득에서는 역선택이나 도덕적 해이의 문제가 발생하지 않는다. 헤지펀드가 생성하는 시그널이 항상 실제의 상황과 일치하지 않을 수 있다. 예를 들어 실제의 상황은 약하지만 시그널은 강한 것으로 나올 수도 있다. 헤지펀드의 분석이 틀릴 수 있을 가능성을 고려한다면 실제의 상황과 시그널 간의 관계는 확률적이다. 헤지펀

드가 투자자에게 전달하는 시그널의 정확성은 표 4.2에 요약되어 있다. 예를 들어 $q(s_1|w_1)$는 실제의 상황이 상황 1일 때 시그널의 값도 상황 1인 확률을 의미한다. $q(s_1|w_2)$는 실제의 상황이 상황 2인 경우 시그널의 값이 상황 1일 확률을 의미한다.

투자자는 헤지펀드가 보내는 시그널을 보고 자신의 정보를 업데이트한다. 투자자는 합리적 베이지안이라고 가정한다. 따라서 각 상황에 대한 투자자의 사후믿음은 베이즈 규칙에 의해서 결정된다. 예를 들어 헤지펀드가 현재의 외환제도의 강도가 약하다는 시그널을 보내면 이를 보고 실제로 외환제도의 강도가 약한 확률을 계산하게 되는데 다음과 같은 규칙을 사용한다.

$$p(w_1|s_1) = \frac{q(s_1|w_1)g_0}{p(s_1)}$$

이 식에서 $p(w_1|s_1)$은 시그널이 상황 1일 때 실제의 상황이 상황 1인 확률을 의미한다. 또한 $p(s_1)$은 시그널의 값이 상황 1인 비조건부 확률을 의미한다. 또한 $p(w_1|s_2)$은 헤지펀드가 보낸 시그널의 내용은 현재의 제도가 강하다는 것일 때 투자자가 실제의 제도가 약할 수 있는 가능성을 의미한다. $p(w_1|s_2)$는 앞의 경우와 마찬가지로 베이즈 규칙에 의해서 결정된다.

$$p(w_1|s_2) = \frac{q(s_2|w_1)g_0}{p(s_2)}$$

설득의 효과가 발생하는 과정은 표 4.3에 요약되어 있다. 투자자는 헤지펀드의 메시지를 받아서 실제의 상황에 대한 자신의 사후적 믿음을 업데이트한다. 사후적 믿음하에서 1의 행동과 2의 행동 중에서 어느 행동을 선택하는 것이 더 유리한지를 판단한다. 예를 들어 헤지펀드의 시그널이 강도가 약하다는 시그널이었다면 헤지펀드의 시그널 하에서 실제의 강도가 약할 확률과 강할 확률을 계산하여 비교한다. 표 4.3에서 볼 수 있듯이 실제의 강도가 약할 확률이 수수료에 비해 더 크다면 헤지펀드에 가입하는 것의 예상이득이 더 높다. 따라서 이 경우 투자자는 헤지펀드에 가입한다. 또한 실제의 강도가 약할 확률이 수수료와 같을 때 투자자는 헤지펀드에

표 4.3: 헤지펀드의 설득과 투자자 선택의 변화

		선험정보	헤지펀드의 시그널	
			$s_1 = $ 약함	$s_2 = $ 강함
기대효용	행동 1 = 투자안함	0	0	0
	행동 2 = 펀드투자	g_0-c	$p(w_1\|s_1)$-c	$p(w_1\|s_2)$-c
디폴트선택	행동 1 = 투자안함	g_0 c		
설득효과	시그널에 순응할 조건		$p(w_1\|s_1) \geq$ c	$p(w_1\|s_2) \leq$ c

가입하는 것과 그렇지 않은 선택은 동일한 기대효용을 제공한다. 이 경우 헤지펀드의
시그널의 내용과 일치하는 행동을 선택하는 것으로 가정한다. 헤지펀드는 투자자의
외한시장의 강도에 대한 믿음을 변화시키기 위해서 시그널을 보내므로 투자자가 시
그널에 순응할 수 있도록 시그널을 보낼 유인이 있다. 헤지펀드는 투자자의 믿음을
조정하여 헤지펀드에 가입하도록 해야 한다. 이를 위해 투자자의 사후적 믿음은 어떠
한 조건을 만족하느냐를 알아야 한다. 이러한 조건은 헤지펀드의 설득이 유효하도록
하는 조건이 된다. 설득을 유효하게 하는 조건을 먼저 투자자의 사후적 믿음에 대한
부등호 조건으로 도출할 수 있다. 또한 투자자의 사후적 믿음에 대한 조건이 도출
된다면 이에 대하여 베이즈 규칙을 적용하여 헤지펀드가 생성하는 시그널의 조건부
확률에 대한 부등호 조건으로 전환이 가능하다. 헤지펀드의 설득이 유효한 조건은
아래와 같다.

$$p(w_1|s_1) \geq c; \quad p(w_1|s_2) \leq c \tag{4.1}$$

위의 식에서 첫번째 부등호는 헤지펀드가 현재의 강도가 약하다는 시그널을 보냈을
때 투자자가 헤지펀드에 가입할 조건을 의미한다. 두번째 부등호는 헤지펀드가 현재
의 강도가 강하다는 시그널을 보냈을 때 투자자가 헤지펀드에 가입하지 않은 조건을

의미한다. 첫번째 부등호는 투자자의 사후적 믿음에 대한 부등호인데 이를 헤지펀드의 시그널이 생성되는 조건부 확률의 부등호를 바꾸려면 아래와 같이 전환할 수 있다.

$$p(w_1|s_1) = \frac{q(s_1|w_1)g_0}{p(s_1)} \geq c$$

첫번째 부등호도 투자자의 사후적 믿음에 대한 부등호인데 이를 헤지펀드의 시그널이 생성되는 조건부 확률의 부등호를 바꾸려면 위에서와 동일한 방식을 사용하여 아래와 같다.

$$p(w_1|s_2) = \frac{q(s_2|w_1)g_0}{p(s_2)} \leq c$$

　헤지펀드의 목표는 자신의 예상이윤을 극대화하는 것이다. 비용을 0으로 가정하였으므로 예상수입이 예상이윤이 된다. 투자자가 헤지펀드의 시그널을 받으면 시그널의 내용과 동일하게 자신의 행동을 선택하기 위한 조건을 설명하였다. 구체적으로 식 (4.1)에 정리되어 있는 조건이 충족되면 헤지펀드의 시그널에 맞추어 투자자는 행동을 선택한다. 식 (4.1)이 충족되는 상태에서 헤지펀드의 예상수입은 다음과 같다. s_1이 외환시장의 강도가 낮다는 시그널이므로 s_1이 나와야 투자자가 헤지펀드에 가입한다. 또한 투자자가 헤지펀드에 가입해야 수수료를 받는다. 따라서 헤지펀드의 예상수입은 s_1이 발생할 확률에 수수료를 곱한 값으로 정의된다. s_1의 확률은 $p(s_1)$으로 표기하고 예상수입을 R로 표기하면 헤지펀드의 예상수입은 $R = cp(s_1)$으로 쓸 수 있다.

　다음에서는 베이지안 합리성의 조건을 설명한다. 이 조건은 판사가 시그널을 보고 알게 되는 사후 조건부 분포와 시그널의 비조건부 분포에 의거하여 시그널과 실제의 상황에 대한 결합분포를 만들고 이를 사용하여 실제의 상황에 대한 한계분포를 도출하면 이는 판사와 검사가 공유하고 있었던 실제 상황에 대한 사전적 분포와 같아야 한다는 것이다. 수식으로 표시하면 다음과 같다. 상황 1의 사전적 믿음에 대하여 성립하는 조건은 아래와 같다.

$$g_0 = p(w_1|s_1)p(s_1) + p(w_1|s_2)p(s_2) \tag{4.2}$$

상황 2의 사전적 믿음에 대하여 성립하는 조건은 다음과 같다.

$$1 - g_0 = p(w_2|s_1)p(s_1) + p(w_2|s_2)p(s_2) \tag{4.3}$$

식 (4.2)와 식 (4.3)을 정리하면 $p(s_1)$을 $p(w_1|s_1)$, $p(w_2|s_2)$, g_0의 함수로 표시할 수 있다. 나중에 비선형 방정식의 해를 계산하는 방식을 보다 쉽게 설명하기 위해 $x = p(w_1|s_1)$과 $y = p(w_2|s_2)$으로 정의한다. 이 경우 헤지펀드의 극대화 문제는 다음과 같이 쓸 수 있다.

$$\max_{x,y} c\frac{g_0 + y - 1}{x + y - 1} \quad \text{s.t.} \quad c \le x \le 1 \quad 1 - c \le y \le 1 \tag{4.4}$$

식 (4.4)의 극대화 문제에서 목적함수가 x에 대하여 감소함수이다. 이는 x의 값은 가능한 영역 내에서 최소값을 선택해야 함을 의미하므로 $x = c$이다. 또한 $g_0 \le c$의 조건이 부과되어 있으므로 목적함수는 y에 대하여 증가함수이다. 이는 y의 값은 가능한 영역 내에서 최소값을 선택해야 함을 의미하므로 $y = 1$이다. $p(w_2|s_2) = 1$의 의미는 투자자의 사후적인 믿음은 현재 시점 외환시장의 강도가 강하다는 시그널이 나오면 실제로 외환시장의 강도가 강한 것으로 믿는다는 것이다. 베이즈 규칙을 적용하면 헤지펀드의 정보는 $q(s_2|w_1) = 0$이 되어야 한다. 헤지펀드가 생성하는 시그널을 생성하는 시스템 하에서는 실제로 시장의 강도가 약할 때 시장이 강하다는 시그널이 나오지 않도록 해야 하는 것이 최적이라는 의미이다. 또한 $q(s_2|w_2) = (c - g_0)/(c(1 - g_0))$이다.

앞에서 도출한 해를 이용하여 헤지펀드의 예상수입을 계산하면 $R = g_0$이다. 헤지펀드가 시그널을 보내기 이전 예상이윤은 0이었으므로 시그널을 보내서 얻는 이득은 g_0이다. 또한 강도가 약하다는 시그널의 확률은 $p(s_1) = g_0/c$이다. 현재시점에서의 외환시장의 강도가 약하다는 투자자의 사전적 믿음은 g_0이었다. 헤지펀드가 투자자에게 시그널을 보내서 투자자의 외환시장의 강도에 대한 믿음이 변화한다. 외환시장의 강도가 약하다는 사실에 대한 투자자의 사후적 확률은 $p(s_1)$이다. 앞에서 투자자는 θ에 대한 분포를 알고 있는 것으로 가정하였다. 따라서 헤지펀드의 시그널로 인하여 얻은 사후적 확률과 일치하는 θ의 값을 다음의 식을 사용하여 계산할 수 있다.

$$p(s_1) = \int_{-\infty}^{\hat{\theta}} \frac{\sqrt{\alpha}}{\sqrt{2\pi}} \exp(-0.5\alpha(\theta - z)^2)d\theta \tag{4.5}$$

앞에서 설명한 최적해는 $p(s_1) = g_0/c$의 관계를 의미하므로 이를 위의 식에 대입하면 $\hat{\theta}$에 대한 식은 다음과 같이 다시 쓸 수 있다.

$$\frac{\int_{-\infty}^{\hat{\theta}_0} \frac{\sqrt{\alpha}}{\sqrt{2\pi}} \exp(-0.5\alpha(\theta - z)^2)d\theta}{\int_{-\infty}^{\hat{\theta}} \frac{\sqrt{\alpha}}{\sqrt{2\pi}} \exp(-0.5\alpha(\theta - z)^2)d\theta} = c \tag{4.6}$$

식 (4.6)이 함의하는 바는 $0\,c\,1$의 조건이 부과되면 $\hat{\theta}_0\,\hat{\theta}$이 성립한다. 그 결과 이 식은 헤지펀드의 시그널로 인하여 투자자가 추정하는 외환시장 강도의 임계치는 상승한다는 것을 의미한다.

　　그림 4.1은 시장에 참가하는 사람들이 모두 알고 있는 것으로 가정한 강도에 대한 분포를 사용하여 외환시장의 현재 제도가 붕괴하는 강도에 대한 임계치를 계산하는 과정을 보여주고 있다. 그림을 그리기 위해 가정한 파라미터의 수치값은 다음과 같다. 선험분포에서 강도의 평균을 1/2로 가정하고 표준편차를 0.08로 가정하였다. 또한 '강도가 약하다'는 평가에 대한 선험확률을 $g_0 = 0.3$으로 부과하였다. 또한 수수료는 $c=1/2$로 부과하였다. 식 (4.6)은 $\hat{\theta}$의 방정식으로 볼 수 있고, 식 (4.6)의 해는 그림 4.1에서 균형 임계치로 표시되어 있다. 앞에서 헤지펀드의 시그널로 인하여 투자자가 추정하는 외환시장 강도의 임계치가 상승할 조건에 대하여 설명하였다. 그림 4.1에서 선험정보 하에서의 임계치는 선험확률 하에서 계산한 임계치이다. 선험정보 하에서의 임계치와 균형 임계치를 비교하면 헤지펀드의 투자자에 대한 설득이 이루어진 이후 투자자들이 가지고 있는 임계치의 값이 증가하여 현재의 제도가 무너질 가능성

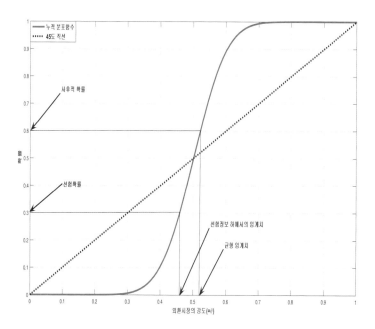

주: 실선은 투자자의 강도에 대한 사전적인 분포의 확률분포함수를 의미한다. 점선은
원점을 지나는 기울기가 45도인 직선의 그래프이다.

그림 4.1: 균형 임계치의 계산

에 대한 믿음이 증가하였음을 알 수 있다. 여기서 사용한 파라미터의 값을 사용하면
$\hat{\theta}_0 = 0.458$과 $\hat{\theta} = 0.520$이다.

Angeletos·Helwig·Pavan은 외환시장의 현재 제도가 포기되기 위해 외환시장의
공격에 참여하는 사람의 비중이 $\hat{\theta}$와 같거나 커야 한다는 조건을 부과하였다. 본 장
의 모형에서는 개별 투자자들이 서로 다른 비동질적인 정보를 가지도록 하는 사적
인 정보의 역할이 부과되어 있지 않다. 따라서 개인 투자자가 자신의 사적인 정보
하에서 어느 때 투기적 공격을 감행하느냐에 대한 임계치를 설정하여 개인 투자자

의 행동선택을 결정하게 하는 사적인 정보에 대한 임계치가 필요하지 않다. 따라서 Angeletos·Helwig·Pavan의 균형변수는 강도에 대한 균형 임계치와 사적인 정보에 대한 임계치로 이루어져 있으나 본 장의 모형에서는 사적인 정보에 대한 임계치가 필요하지 않다. 그 결과 균형에서 실제로 몇 사람이 공격에 참가하느냐에 대한 독립적인 균형조건이 없다. 그럼에도 불구하고 시그널의 확률에 따라서 헤지펀드에 참여하는 일반 투자자의 규모를 추계할 수 있다. 앞에서 모형을 설명할 때 헤지펀드의 시그널에 따라 투자자는 가입여부를 결정하는 것으로 가정하였다. 이러한 가정 하에서 헤지펀드에 가입하는 투자자의 규모는 $p(s_1)$이다. 따라서 Angeletos·Helwig·Pavan에서와 같이 외환시장의 현재 제도가 포기되기 위해 외환시장의 공격에 참여하는 사람의 비중이 $\hat{\theta}$와 같거나 커야 한다는 조건을 부과한다면 외환시장의 현재의 제도가 균형에서 붕괴하느냐의 여부는 다음과 같이 결정된다.

$$\text{제도변화의 균형조건} = \begin{cases} \text{붕괴} & \text{if} \quad p(s_1) \geq \hat{\theta} \\ \text{유지} & \text{if} \quad p(s_1) < \hat{\theta} \end{cases} \tag{4.7}$$

식 (4.7)은 헤지펀드의 설득이 실제로 균형에서 실현이 되느냐에 대한 함의가 있다. 식 (4.7)은 사후적으로 헤지펀드의 투자의 수익이 실현되느냐를 결정하는 조건으로 해석할 수 있다. 헤지펀드가 생성한 시그널 하에서 설득되어 가입한 투자자들의 자금을 모집하여 외환시장에서 투기적 공격을 실시하는 것으로 가정하자. 균형에서 $p(s_1) \geq \hat{\theta}$의 부등호가 성립한다면 실제로 참가한 투자자의 수가 임계치의 수보다 크다. 따라서 앞에서 부과한 조건에 의해서 균형에서 현재의 레짐이 붕괴되어야 한다. 사후적으로 현재의 레짐이 붕괴되느냐의 여부는 동일한 분포를 따르더라도 파라미터의 값에 따라 달라질 수 있다. 그림 4.1에서는 균형에서 헤지펀드는 투자자의 자금을 모집하여 레짐을 붕괴시키게 된다.

사후적으로 헤지펀드의 투기적 공격이 반드시 성공하는 것이 아니다. 예를 들어서 그림 4.1에서 0.5보다 낮은 확률에 $p(s_1)$이 위치한다면 식 (4.7)에서의 사후적

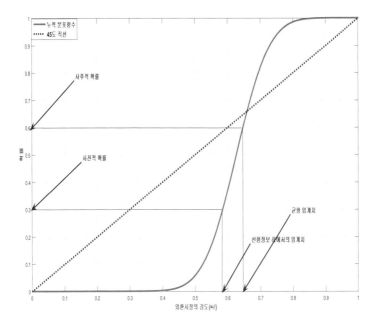

주: 실선은 투자자의 강도에 대한 사전적인 분포의 확률분포함수를 의미한다. 점선은 원점을 지나는 기울기가 45도인 직선의 그래프이다.

그림 4.2: 균형 임계치의 계산

레짐 붕괴조건을 만족시키지 못한다. 그림 4.2는 그림 4.1과 동일한 방식으로 시장에 참가하는 사람들이 모두 알고 있는 것으로 가정한 강도에 대한 분포를 사용하여 외환시장의 현재 제도가 붕괴하는 강도에 대한 임계치를 계산하는 과정을 보여주고 있다. 두 개의 그림에서 그래프는 파라미터의 수치값에서 차이가 난다. 그림 4.2에서는 선험분포에서 강도의 평균을 5/8로 가정하고 표준편차를 0.08로 가정하였다. 또한 '강도가 약하다'는 평가에 대한 선험확률을 $g_0 = 0.3$으로 부과하였다. 또한 수수료는 $c=1/2$로 부과하였다. 선험정보 하에서의 임계치와 균형 임계치를 비교하면 헤지펀드의 투자자에 대한 설득이 이루어진 이후 투자자들이 가지고 있는 임계치의 값이 증가하여 현재의 제도가 무너질 가능성에 대한 믿음이 증가하였음을 알 수 있다. 여기서 사용한 파라미터의 값 하에서는 $\hat{\theta}_0 = 0.583$과 $\hat{\theta} = 0.645$이다. 그림 4.2에서는 $p(s_1) \geq \hat{\theta}$의 부등호가 성립하지 않는다. 오히려 $p(s_1) < \hat{\theta}$의 부등호가 성립하므로 실제로 참가한 투자자의 수가 임계치의 수보다 작다. 따라서 앞에서 부과한 조건에 의해서 균형에서 현재의 레짐이 붕괴되지 않는다. 그림 4.1과 그림 4.2를 비교하면 헤지펀드의 투기적 공격이 항상 성립하지 않을 수도 있음을 알 수 있다. 앞에서 설명한 두 경우에서 발생하는 차이는 개인 투자자가 보유하고 시장의 강도의 분포에 대한 지식이 중요한 역할을 한다는 점을 시사한다.

투자자가 헤지펀드의 시그널을 받을 때 앞에서 설명한 바와 같은 사후적으로 어떻게 될 것인가에 대하여 추론한 뒤에 헤지펀드의 가입을 결정한다면 사후적 상황이 투자자의 의사 결정에 제약이 된다. 본 장에서는 가입을 결정해야 하는 시점에서 투자자들은 $\hat{\theta}$에 대한 지식이 따로 없는 것으로 가정한다면 이는 강도의 파라미터에 대한 사전적인 지식과 동일한 정도의 지식만이 존재하는 것으로 가정함을 의미한다. 본 장에서는 분석의 편의를 위해 그림 4.1에서 사용한 분포에 대한 파라미터 값에 대해서만 균형분석을 진행하는 것으로 가정한다. 또는 강도의 파라미터에 대하여 정규분포의 가정을 포기하고 그 대신 $[0, 1]$ 구간의 균등분포를 따르는 것으로 가정한다면 이는 헤지펀드의 공격이 항상 성공하는 것으로 가정하는 것과 동일하다.

3   맥락효과와 설득의 역할

사람들이 텔레비전 광고에 대해 좋게 평가하거나 나쁘게 평가하는 것은 그 광고가 방송되는 시점에서 방영된 쇼 프로그램이 얼마나 재미있었느냐에 의존한다고 알려져 있다. 쇼 프로그램이 더 재미있었다고 느낄수록 중간 중간에 방송되는 광고를 더 좋아한다는 것이다. 이러한 점에 착안하여 헤지펀드의 투자자에 대한 설득을 직접 대면 설득과 간접 설득의 효과로 나누어 볼 수 있다. 투자자가 헤지펀드의 투자자문사와 대면하여 자문을 받은 이후 헤지펀드에 가입하는 과정에서 설득과 헤지펀드는 매스컴을 통해서 외환시장의 강도를 결정하는 거시경제적 펀다멘탈이 약하다는 점을 대중에게 설득할 수 있다.

헤지펀드의 간접적인 설득이 실제로 존재한다면 앞에서 분석한 모형에 어떻게 포함시킬 것인가? 이에 대한 답변은 헤지펀드의 간접적인 설득을 맥락효과로 간주하면 간접적인 설득은 투자자들이 보유하고 있는 선험적 정보에 영향을 미치는 것으로 볼 수 있다. 맥락효과는 사람들이 자극을 인지하는 데 환경의 효과를 나타내는 인지심리학의 한 측면으로 정의된다. 자극을 해석하기 위해 과거의 경험과 미리 가지고 있던 지식을 사용하는 과정에서 발생한다. 맥락효과가 발생하면 사람들은 자신이 처한 환경이나 바로 이전에 경험한 상황 등에 영향을 받아서 자신의 행동을 선택하는 경향이 있는 것으로 알려져 있다. 좀더 쉽게 서술한 맥락효과에 관한 설명을 인용하면 다음과 같다. "맥락효과(context effect)는 이미 알고 있는 지식과 정보가 새롭게 알게 된 정보들을 판단하는 기준을 제공하고 전체적인 맥락을 만드는 현상을 의미한다. 처음에 긍정적인 정보를 얻은 대상이라면 이후에도 긍정적으로 생각하려는 것을 가리킨다. 형태를 인식하는 과정에서 상위 수준의 지식이나 기대 등의 영향을 받는다는 점을 강조하는 사람들이 있다. 이와 같은 주장의 예는 맥락효과이다. 맥락은 과거의 경험 또는 바로 직전의 경험으로부터 생성될 수 있다. 예를 들어서 늙은 부인의 옆 얼굴로도 보일 수 있고, 고개를 약간 옆으로 돌린 젊은 여자로도 보일 수 있는 그림을 보면, 한 연구에서 실험참가자들에게 먼저 위의 두가지 중에서 어느 하나로 확실하게 보이는 두 그림 중 하나를 보여준다. 나중에 애매한 그림을 보여주었더니 실험참가자들은 앞서 그들이 보았던 애매하지 않은 그림으로 지각한다." 따라서 간접적인 설득은 투자자가 보유하고 있는 외환 시장의 강도에 대한 선험적 확률분포의

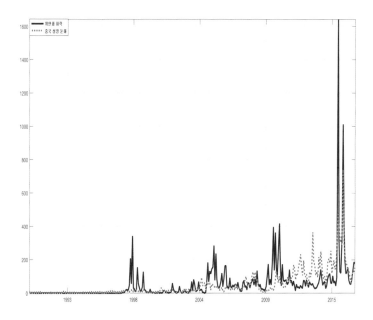

출처: 한국언론재단의 홈페이지에서 다운로드한 키워드 트렌드 검색 자료를 사용하여
작성하였다.

그림 4.3: 위안화 하락과 중국 성장 둔화

평균에 영향을 미치는 것으로 볼 수 있다.

　　실제로 헤지펀드의 외환시장에서 투기적 공격이 발생하는 시점에서 간접 설득이
시행되고 있다는 증거를 찾을 수 있는가? 그림 4.3는 한국언론재단의 홈페이지의
데이터 베이스에서 '위안화 하락'과 '중국 성장 둔화'을 키워드 트렌드 검색한 결과를
수록하고 있다. 1990년 1월부터 2017년 1월까지의 기간 중 2015년 8월과 2016년 1월
두 차례에 걸쳐 '위안화 하락' 및 '중국 성장 둔화' 두 개의 단어를 포함하는 기사의
수가 급격하게 증가한다. '위안화 하락'의 횟수는 2015년 8월의 경우 1,642회이고

2016년 1월의 경우 1,012회이다. '중국 성장 둔화'의 횟수는 2015년 8월의 경우 479
회이고 2016년 1월의 경우 743회이다. '중국 성장 둔화'의 인용 횟수는 2015년 8월에
비해 2016년 1월이 더 많다. 2016년 1월 소로스의 중국에 대한 발언이 있었다는 점을
고려하면 '중국 성장 둔화'의 인용수가 급격히 증가했다는 사실은 중국 경제의 펀다
멘탈에 대한 우려를 나타내는 것으로 생각할 수 있다. 그림 4.3을 위에서 설명한 간접
설득의 증거라고 단정적으로 주장할 수는 없다. 그러나 헤지펀드의 위안화에 대한
투기적 공격이 진행되고 있다고 알려진 시점에서 투자자의 외환시장의 강도에 대한
평가에 영향을 미칠 수 있는 경제기사가 집중되었다는 점은 본 장에서 분석하고 있는
모형의 함의에 대하여 시사하는 바가 있다고 할 수 있다. 그림 4.3은 적어도 가능성은
제시하고 있으나 간접 설득이 실제로 어느 정도 효과가 있었는가에 대해서는 정보를
제공하지 않는다는 점도 지적해 놓는다.

  간접적인 설득을 통해서 투자자가 보유하고 있는 외환 시장의 강도에 대한 선
험적 확률분포의 평균에 영향을 미칠 수 있다면 어떠한 결과가 발생하는가? 이에
대한 답은 그림 4.1과 그림 4.2의 예를 비교함으로써 알 수 있다. 그림 4.2에서는 선
험분포에서 강도의 평균을 5/8로 가정하고 표준편차를 0.08로 가정하였다. 그림 4.1
에서는 선험분포에서 강도의 평균을 1/2로 가정하고 표준편차를 0.08로 가정하였다.
두 그림의 차이는 단지 선험분포의 평균만 차이가 난다. 그러나 헤지펀드의 투기적
공격의 결과는 다르다. 예를 들어서 그림 4.2의 상황이 헤지펀드가 매스컴을 통한
간접 설득을 하기 이전의 상황이라고 하자. 헤지펀드는 거시경제의 펀다멘탈이 약하
다는 취지의 인터뷰를 신문사와 방송사와 진행한다. 이러한 인터뷰 결과 투자자들이
공감을 한 것이라면 투자자들이 평가하고 있는 강도의 평균적인 수준이 낮아지므로
선험확률분포의 평균이 낮아지는 효과가 발생한다. 그림 4.3은 이러한 효과의 가능
성을 보여주고 있으나 실제의 상황에서 발생하느냐에 대한 증거로 보기는 어렵다.

  정부가 헤지펀드의 공격에 대응하여 자국 경제의 펀다멘탈이 충분히 강하여 외

환시장의 강도가 충분히 높다고 발표할 수 있다. 또는 중앙은행은 외환 보유고가 충분히 쌓여 있어서 헤지펀드의 투기적 공격에 대한 완전한 대비책은 아니지만 어느 정도 방어가 가능하다고 발표할 수 있다. 실제로 그 나라의 펀다멘탈이 크게 개선될 수 있다. 이와 같은 경우 투자자들의 외환시장에 대한 강도에 대한 평가가 변화하여 강도의 기대값을 제고시키는 효과를 발생시킬 수 있다. 이에 덧붙여서 과거에는 헤지펀드의 투기적 공격에 취약했으나 일시적으로 유사한 상황에서도 헤지펀드의 투기적 공격이 성공하는 경우와 그렇지 못한 경우가 발생할 수도 있다.

앞에서 설명한 맥락효과는 자기 실현적 기대와는 구분되어야 한다. 자기 실현적 기대는 아직 경험하지 않았더라도 많은 시장 참가자가 미래의 상황에 대하여 동일한 기대를 가지고 있는 경우 발생할 수 있다. 맥락효과는 기존의 정보 및 지식 또는 과거의 경험에 의존한다. 또한 앞에서 분석한 모형에서 외환시장에서의 투기적 공격은 헤지펀드의 가입 등과 같은 금융기관과의 금융계약을 체결해야만 가능한 것으로 가정하고 있다. 금융기관은 자신에게 유리한 상황에서만 투자자에게 금융계약을 공급한다. 이와 같은 가정이 부과되면 자기 실현적 기대에 의한 다수의 균형은 발생하지 않는다.

참고문헌

Angeletos, Geroge-Marios, Christian Hellwig, and Alessandro Pavan. 2007. "Dynamic Global Games of Regime Change: Learning, Multiplicity, and the Timing of Attacks." Econometrica. Vol. 75. No. 3. pp. 711-756.

Goldstein, Itay and Chong Huang. 2016. "Bayesian Persuasion in Coordination Game." American Economic Review. Vol. 106. No. 5. pp. 592-596.

Kamentica, Emir and Matthew Gentzow. 2011. "Bayesian Persuasion." American Economic Review. Vol. 101. No. 7. pp. 2590-2615.

Mullainathan, Sendhil, Markus Noeth and Antoinette Schoar. 2012. "The Market for Financial Advice: An Audit Study." NBER Working Paper. No. 17929.

Mullainathan, Sendhil and Andrei Shleifer. 2005. "The Market for News." American Economic Review Vol. 95. pp. 1031-1053.

Mullainathan, Sendhil and Andrei Shleifer. 2005. "Persuasion in Finance." NBER Working Paper No. 11838.

제 5 장   확률적 선택모형과 실물적 경기변동

거시경제가 호황과 불황의 경기순환을 보일 때 개별 소비자의 주의할당이 변화할 수 있다. 예를 들어 호황 시기에 개별 제품의 선택에 보다 더 세심한 주의를 기울이는 가계가 있을 수 있고 불황 시기에 개별 제품의 선택에 더 세심한 주의를 기울이는 가계가 있을 수 있다. 투자자는 경기순환 국면에 따라 보다 더 관심을 가지는 증권이 서로 다를 수 있다.

Mackowiak·Wiederholt의 2009년과 2015년 논문을 정보처리능력의 유한성을 고려한 경기변동분석에 대한 기존 연구의 예를 들 수 있다. 특히 이들이 2015년에 출간한 논문에서 독립적으로 발생하는 여러 개의 외생적인 충격이 있는 경제에서 한정적인 주의를 할당해야 하는 가계와 기업이 각각의 충격의 변화에 할당하는 집중력은 다를 수 있다는 사실을 반영한 경기변동 모형을 분석하였다. 이들의 중요한 강조점은 경기변동 국면에 따라 여러 개의 업무에 대한 주의할당이 달라진다는 점이다. 본 장의 모형에서는 가계의 경제 생활에 대한 주의력 자체가 소비자의 정보처리를 위한 기술의 발전 등으로 인해 시간이 흐르면서 달라질 수 있다는 점을 강조한다.

본 장에서의 분석을 간단히 요약한다면 다음과 같다. 앞에서 설명한 확률적 선택모형과 기존의 거시경제모형을 결합하여 확률적 선택모형이 거시경제의 단기변동에 함의하는 점들을 분석한다. 특히 본 장의 모형에서는 소비자를 위한 정보기술의 발전이 이루어지면 이는 소비자가 지불해야 하는 단위 정보비용에 영향을 미치게 된다는 점을 강조한다. 아울러 이러한 관계를 인정하고 소비자를 위한 정보기술의 발전이 거시경제의 경기변동에 미치는 효과를 실물적 경기변동 모형의 프레임워크에 포함시켜 분석한다. 대부분의 실물적 경기변동 모형에서는 생산물 시장과 요소 시장의 구조를 완전 경쟁으로 가정하고 있는 데 반하여 본 장의 모형에서는 생산물 시장의 구조를 독점적 경쟁으로 가정한다는 점에서 표준적인 실물적 경기변동 모형과는 차이가 난다.

1 소비자의 확률적 선택과 경기변동

본 장에서 분석하는 모형을 간단히 소개한다. 개인 소비자는 소비총량과 개별 제품의 소비를 동시에 결정한다. 개별 제품의 소비를 결정할 때 확률적 선택을 하게 된다. 그 이유는 개별 제품의 품질을 정확하게 관측하지 못하기 때문이다. 기존의 연구에서도 소비자의 소비 결정에 합리적 부주의의 가정을 부과하였지만 자신의 소득 또는 부의 크기를 직접 관측하지 못한다는 가정을 통해서 정보처리능력의 유한성을 부과하였다. 그러나 본 장의 모형에서는 자신의 소득과 자산은 직접 관측이 가능한 것으로 가정한다. 그러나 개별 제품의 품질이 자신에게 어느 정도 맞는지를 구매하는 시점에서 정확히 알지 못하는 것으로 가정한다.

　폐쇄경제에서 무한 기간 동안 생존하는 소비자의 효용 극대화 문제를 분석한다. 소비자의 전체 규모는 [0,1] 구간으로 가정하여 소비자 한 사람은 [0,1] 구간의 한 점으로 대응된다. 소비자의 효용함수의 형태는 널리 사용되어온 기존의 모형의 효용함수에 소비하는 재화의 품질이 효용함수에 포함되는 것을 고려한 것이다. 부연하면 개별 소비자의 효용은 소비의 크기와 소비의 품질에 의존한다. N개의 서로 다른 기업의 제품이 존재하는데 개별기업이 생산하는 제품의 품질은 서로 다르다. 첫째, 소비총량에 의해서 결정되는 부분과 소비의 품질에 의해서 결정되는 부분은 서로 영향을 미치지 않는다. 따라서 두 부분은 서로 가분적으로 분리가능(additively separable)이다. 둘째, 소비총량에 의해서 결정되는 부분에 대해서 소비의 한계효용이 양수이고 한계효용 체감의 법칙이 작용한다. 셋째, N개의 i번째 기업이 생산하는 제품의 품질은 q_i로 표시한다. 각각의 제품에 대하여 가격 대비 품질이 높을수록 그 제품으로부터 얻는 효용수준이 높지만 소비자들은 정보처리능력의 불완전성으로 인해서 개별 상품이 효용수준을 정확하게 알 수 없다.

앞에서 설명한 모형을 수식으로 설명한다. 먼저 개인 소비자의 효용함수는 아래와 같이 주어진다.

$$u(C,H) + \sum_{s=1}^{m} \left(\sum_{i=1}^{N} f(a_i|p_i,s)v(a_i,p_i,s) - \lambda(s) \sum_{i=1}^{N} f(a_i|p_i,s) \log \frac{f(a_i|p_i,s)}{f(a_i)} \right) \quad (5.1)$$

이 식에서 C는 실질소비량을 의미하고 H는 노동시간을 의미한다. 또한 $u(C,H)$는 소비와 노동에 대한 효용함수를 의미한다. $u(C,H)$는 각각의 변수에 대하여 2차 도함수까지 존재하고 통상적인 오목함수의 가정을 만족한다. 두번째항과 세번째항은 개별기업이 생산하는 제품의 수요함수를 결정하는 최적화 문제의 목적함수이다. 먼저 명목소비지출은 노동소득과 배당소득의 합을 넘지 않아야 한다는 예산제약식은 아래와 같이 등호로 주어진다.

$$PC = WH + \Phi \quad (5.2)$$

개별기업의 수요곡선은 정보처리능력의 제약이 고려된 확률적 선택모형에 의해서 결정된다. 이 식에서 $f(a_i|p_i,s)$는 제품 i의 가격이 p_i으로 정해지고 아울러 현재의 상황이 s인 경우 제품 i를 선택하는 행동에 대한 조건부 확률을 의미한다. 소비자들의 수요전략은 아래의 제약조건하에서 위의 함수를 극대화하는 조건부 확률이 된다.

$$\sum_{i=1}^{N} f(a_i|p_i,s) = 1 \quad (5.3)$$

수없이 많은 사람들이 존재하는 경제에서 각각의 사람들이 시장 전체의 균형가격과 거래량에 영향을 미칠 수 없다는 가정 하에서 대수의 법칙이 성립한다. 이 경우 위에서 설명한 제품 i를 선택하는 사건에 대한 조건부 확률은 하나의 제품이 시장 전체에서 차지하는 비중이 된다. 따라서 균형에서는 제품 i를 선택하는 조건부 확률이 기업 i의 시장 점유율이 된다. 또한 식 (5.2)에서 P는 물가지수를 의미하고 물가지수는 각각의 상황에 대하여 아래와 같이 정의된다.

$$\sum_{i=1}^{N} p_i f(a_i|s, p_i) = P \qquad (5.4)$$

식 (5.3)과 식 (5.4)를 비교하면 모든 기업이 동일한 가격을 설정하는 대칭균형이 되면 식 (5.4)는 식 (5.3)과 같아진다. 따라서 대칭균형에서는 (5.3)만 고려해도 된다. 그러나 대칭균형이 아니라면 두 개의 식이 모두 균형식으로 포함되어야 한다.

앞에서 차례로 설명한 예산 제약식 및 조건부 선택확률에 대한 제약식들을 반영하여 소비자는 효용함수를 극대화하는 자신의 소비총량과 노동공급을 결정한다. 이와 동시에 개별 제품의 선택확률도 결정한다. 다음에서는 소비자들의 극대화 조건을 정리하여 설명한다. 정보처리제약을 고려한 기업별 효용 극대화의 문제를 먼저 정리한다. 라그랑지안을 쓰면 아래와 같다.

$$\sum_{i=1}^{N} f(a_i|p_i, s) v(a_i, p_i, s) - \lambda(s) \sum_{i=1}^{N} f(a_i|p_i, s) \log \frac{f(a_i|p_i, s)}{f(a_i)} + \nu(s)(\sum_{i=1}^{N} f(a_i|p_i, s) - 1)$$

이 식에서 $\nu(s)$는 조건부 확률의 합이 1이라는 제약조건에 대한 라그랑지 승수이다. 상황 조건부 라그랑지안을 정의하여 분석하는 것이 보다 더 간편하다.

$$\mathcal{L}(s) = \sum_{i=1}^{N} f(a_i|p_i, s)(v(a_i, p_i, s) - \lambda(s) \log \frac{f(a_i|p_i, s)}{f(a_i)} + \nu(s)) \qquad (5.5)$$

식 (5.5)에서 정의된 라그랑지 함수를 미분하여 계산한 도함수를 0으로 놓으면 아래와 같다.

$$\frac{\partial \mathcal{L}(s)}{f(a_i|p_i, s)} = 0 \quad \rightarrow \quad \log \frac{f(a_i|p_i, s)}{f(a_i)} = \lambda(s)^{-1}(v(a_i, p_i, s) + \nu(s)) - 1 \qquad (5.6)$$

극대화 조건에 포함되어 있는 $\nu(s)$를 소거하기 위해 다음과 같은 과정을 거친다. 첫째, 위에서 도출한 극대화 조건을 제약조건 (5.3)에 대입하여 $\nu(s)$에 대한 식을 도출한다. 둘째, $\nu(s)$에 대한 식을 식 (5.6)에 대입하여 $\nu(s)$를 소거한다. 이 식을 정리하면 제품 i의 가격이 p_i로 정해지고 현재의 상황이 s인 경우 제품 i에 대한 수요에 대한 조건부 확률이 다음과 같이 주어진다.

$$f(a_i|p_i,s) = \frac{f(a_i)\exp(\lambda(s)^{-1}v(a_i,p_i,s))}{\sum_{i=1}^{N} f(a_i)\exp(\lambda(s)^{-1}v(a_i,p_i,s))} \tag{5.7}$$

이 식에서 $f(a_i)$는 제품 i가 선택되는 비조건부 확률을 의미한다. 또한 노동공급과 소비수요에 대한 극대화 조건은 아래와 같이 정리된다.

$$-\frac{u_2(C,H)}{u_1(C,H)} = w \tag{5.8}$$

이 식에서 w는 실질임금을 의미한다. 이 식은 소비자들의 효용으로부터 도출되는 여가와 소비 간의 한계대체율과 실질임금이 같다는 조건이다.

다음에서는 기업의 이윤 극대화 문제를 설명한다. 개별 기업 i의 수요는 다음과 같이 주어진다.

$$D_i(p_i,a_i,s) = f(a_i|p_i,s)C \tag{5.9}$$

개별 기업의 생산함수는 노동투입에 대하여 선형으로 주어진다.

$$Y_i = H_i \tag{5.10}$$

생산하는 제품은 모두 수요된다는 조건은 $Y_i = D_i(p_i,a_i,s)$이다. 이를 이용하여 기업 i의 실질이윤을 쓰면 아래와 같이 정리된다.

$$\Phi_i(p_i,a_i,w,s) = f(a_i|p_i,s)(p_i-w)C \tag{5.11}$$

기업 i의 가격에 대한 이윤 극대화의 조건은 다음과 같이 정리된다.

$$\frac{\partial \Phi_i(p_i,a_i,w,s)}{\partial p_i} = 0 \;\;\rightarrow\;\; p_i(\lambda(s)-1+f(a_i|p_i,s))+w(1-f(a_i|p_i,s))=0 \tag{5.12}$$

이윤 극대화의 조건을 마크업에 대한 조건으로 전환하면 다음과 같다.

$$\mu_i = \frac{1 - f(a_i|p_i, s)}{1 - f(a_i|p_i, s) - \lambda(s)} \tag{5.13}$$

이윤 극대화의 충분조건과 가격이 양수라는 조건을 부과하면 다음과 같다. 이윤 극대화의 충분조건은 위의 극대화 조건이 만족되면 양의 이윤을 극대화하는 것으로 보장하는 조건으로 해석하면 마크업이 1보다 크다는 조건으로 간주할 수 있다. 모든 가격이 양수이면 마크업도 양수가 되어야 한다. 앞에서 설명한 두 조건을 부과하여 소비자의 정보비용을 나타내는 변수로 해석할 수 있는 $\lambda(s)$에 대한 부등호 조건을 도출할 수 있다.

$$\mu_i > 1 \ \rightarrow \ \lambda(s) > 0; \quad \mu_i > 0 \ \rightarrow \ \lambda(s) < 1 - f(a_i|p_i, s) \tag{5.14}$$

두번째 부등호는 기업 i의 수요량이 주어진 상황에서 $\lambda(s)$에 대한 상한 또는 소비자들의 정보비용의 크기가 주어진 상황에서 개별 기업의 시장 점유율로 간주할 수 있는 $f(a_i|p_i, s)$에 대한 상한으로 해석할 수 있다.[1]

소비자와 기업의 극대화 조건을 설명하였으므로 다음에서는 총소득과 균형 실질임금의 결정에 대하여 설명한다. 균형계산을 단순화하기 위해 개별 기업이 모두 동일한 기업인 상황에서 성립하는 대칭균형(symmetric equilibrium)을 분석한다. 이를 위해 위에서 설명한 수요함수에 $a_i = a$와 $p_i = p$의 조건을 부과한다. 이 경우 $f(a_i|p_i, s) = 1/N$이 된다. 또한 실질임금은 마크업의 역수가 되므로 균형 실질임금은 아래와 같이 결정된다.

$$w = \frac{N(1 - \lambda(s)) - 1}{N - 1} = 1 - \lambda(s)\frac{N}{N - 1}$$

[1]Matejka·Mckay(2012)는 소비자가 정보처리를 위한 비용을 지불해야 할 때 마크업률이 정보비용과 관련이 있음을 보였다. 또한 뒤에서 설명하는 Hauser·Wernerfelt(1990)의 연구에서는 확률적 효용모형에서 도출한 수요곡선에 의거하여 이윤을 극대화하는 기업의 마크업률과 소비자의 고려집합의 크기는 서로 반대방향으로 이동한다는 점을 보였다.

또한 관련문헌에 많이 사용되는 효용함수의 형태를 가정하면 한계대체율을 총수요의 함수로 표시할 수 있다. 먼저 한계대체율은 다음과 같이 주어진다.

$$u(C,H) = \frac{C^{1-\sigma}-1}{1-\sigma} - \frac{H^{1+\chi}}{1+\chi} \quad \rightarrow \quad -\frac{u_2(C,H)}{u_1(C,H)} = C^\sigma H^\chi$$

위에서 도출한 한계대체율의 식에 $C=Y$와 $Y=H$를 대입하여 정리한 후 소비자의 효용극대화 조건에 대입하여 $Y^{\sigma+\chi} = w$의 식을 도출한다. 대칭균형에서 성립하는 실질임금의 식을 대입하면 국민총소득은 다음과 같이 결정된다.

$$Y = (1 - \lambda(s)\frac{N}{N-1})^{1/(\sigma+\chi)}$$

위의 식이 함의하는 점을 정리한다. 첫째, 시장에서 판매되는 제품의 수가 증가하면(N이 증가하면) 실질임금이 증가하면서 고용량이 증가하고 그 결과 국민총생산이 증가한다. 소비자가 선택할 수 있는 제품 개수의 증가가 국민소득에 영향을 미치는 과정을 좀 더 자세히 설명한다. 이는 주어진 총수요 하에서 개별 기업들에게 할당되는 생산량이 작아짐을 의미한다. 기업들은 자신들이 생산하는 제품의 수요를 확보하기 위해 제품의 가격을 낮추게 되면서 마크업도 낮아진다. 마크업이 낮아지면 주어진 노동생산성 하에서 노동수요 곡선이 위로 수평이동한다. 그 결과 실질임금과 고용량이 동시에 증가한다.

둘째, 소비자들의 정보처리기술이 향상되어 정보비용이 감소하면($\lambda(s)$가 감소하면) 실질임금이 상승하고 고용량이 증가한다. 그 결과 국민총생산이 증가한다. 소비자들의 정보처리기술이 국민소득에 영향을 미치는 과정을 좀 더 자세히 설명한다. 소비자의 정보처리기술이 발전하면 정보비용이 감소하면서 $\lambda(s)$가 감소한다. 이는 개별 기업들의 수요곡선의 가격탄력성이 높아짐을 의미한다. 따라서 개별기업의 독점력이 상대적으로 약화되면서 마크업이 떨어진다. 마크업의 변동이 발생하면 기업의 노동수요곡선이 이동하면서 균형고용과 균형실질임금이 변화한다. 마크업의

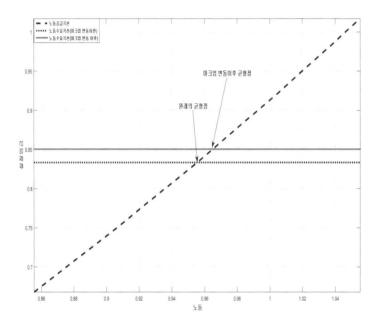

주: 노동수요곡선의 수평이동은 λ의 값이 균제상태의 값에서 10% 감소하여 발생하는
마크업의 상승이 노동수요곡선에 미치는 효과를 반영한 것이다.

그림 5.1: 마크업 변동과 노동시장의 균형

하락은 노동수요곡선을 주어진 노동생산성 하에서 위로 수평이동시키므로 그 결과
실질임금과 고용량이 동시에 증가한다.

앞에서 설명한 효과가 모형에서 어떻게 작용하고 있는지를 보여주기 위해 모형
의 수치해를 이용하여 소비자를 위한 정보기술의 변화가 노동시장에 미치는 효과를
분석한다. 이를 위해 그림 5.1은 앞에서 설명한 소비자들을 위한 정보처리기술의
향상으로 정보비용이 감소하여($\lambda(s)$의 감소) 발생하는 노동시장의 효과를 설명하고
있다. 원래의 균형점은 정상상태의 균형을 의미한다. 효용함수의 형태와 관련된 파

라미터의 값은 $\sigma = \chi = 2$로 설정하였다. 이는 소비의 기간 간 탄력성이 1/2이고 노동공급의 임금 탄력성이 1/2임을 의미한다. 또한 균제상태에서의 마크업은 1.2로 가정하고 기업의 수는 $N = 100$으로 설정하였다. 소비자의 정보비용 균제상태의 값에 비해 10% 감소하는 것으로 가정하였다. 앞에서 이미 설명한 바와 같이 정보비용이 감소하면 마크업이 감소한다. 그 결과 노동수요곡선이 이동한다. 정보비용이 감소하는 크기가 클수록 마크업이 감소하는 크기도 늘어난다. 그 결과 노동수요곡선이 위로 이동하는 폭도 증가한다. 노동공급곡선은 그대로 있는 상태에서 노동수요곡선이 위로 이동하면 균형실질임금과 균형노동이 모두 증가한다. 따라서 새로운 균형점은 원래의 균형점에 비해서 오른쪽 위에 위치하게 된다.

앞에서 설명한 모형분석은 설득부문의 거시경제적 역할에 대하여 중요한 함의를 가진다. 예를 들어서 제품을 제조하기 위한 생산기술과 직접적으로 관련되지 않는 설득부문의 기술진보가 있다고 하자. 추상적으로 생각해야 한다면 인터넷을 통한 정보유통의 효율성이 제고되거나 소비자들이 제품의 특성을 보다 빨리 이해하는 데 유용한 정보 전달 방식이 실용화되어 상용화된 것으로 생각할 수 있다. 모든 유형의 설득부문의 기술진보가 앞에서 설명한 모형분석의 결과를 발생시킨다고 보기는 어려울 수 있다. 그러나 적어도 설득부문의 효율성이 제고되면 거시경제의 단기변동에도 영향을 미칠 수 있다면 어떠한 모형으로 설명할 수 있겠느냐에 대한 답변을 제공한다고 볼 수 있다.

소비자 정보기술에 대한 정부지원의 거시경제적 효과는 어떻게 되겠는가? 이러한 정부지원에 의해서 발생하는 거시경제적 효과의 크기는 정부지출이 소비자 정보기술의 향상에 미치는 효율성의 정도에 의존한다. 효율성의 크기를 나타내는 반응계수를 b로 정의한다. 이는 한 단위 정부지출의 한 단위 증가가 소비자의 단위 정보비용을 어느 정도 낮추느냐를 측정한다. 소비자의 단위 정보비용은 아래와 같이 수식으로 나타낼 수 있다.

$$\lambda = \bar{\lambda} - bG$$

대칭균형에서 소비자의 단위 정보비용은 실질임금에 영향을 미치므로 위의 식이 함의하는 점은 정부지출이 실질임금에 영향을 미친다는 것이다. 균형 임금의 식은 다음과 같이 정리된다.

$$w = \bar{w} + \frac{Nb}{N-1}G; \quad \bar{w} = 1 - \bar{\lambda}\frac{N}{N-1}$$

위의 식을 노동시장 균형 조건에 대입한 후 시장 청산 조건을 부과하면 균형 총소비에 대한 비선형 방정식을 도출할 수 있다. 앞에서 설명한 식들은 모두 $G = 0$을 가정하였으므로 단순한 비선형 방정식이었다. 그러나 정부지출이 명시적으로 포함되면 다음의 식에서 볼 수 있듯이 특별한 파라미터의 값이 아니면 손으로 풀 수 없다.

$$Y = H = C + G \quad \rightarrow \quad C^{m+1} + GC^m = w, \ m = \chi^{-1}\sigma$$

이제 $m = 1$이 되도록 $\sigma = \chi$의 조건을 부과한다. 그 결과 균형소비는 다음과 같이 결정된다.

$$C = \frac{1}{2}(\sqrt{G^2 + 4w} - G); \quad Y = \frac{1}{2}(\sqrt{G^2 + 4w} + G)$$

위의 식이 함의하는 점을 정리한다. 첫째, 정부지출이 증가하면 정부지출이 실질임금에 직접적으로 영향을 미치지 않더라도 총생산이 증가한다. 그러나 정부지출이 실질임금에 미치는 영향이 전혀 없다면 위의 식에서 볼 수 있듯이 소비에 대한 구축효과가 발생한다. 둘째, 정부지출이 소비자의 단위 정보비용을 감소시키는 방향으로 사용된다면 이는 소비와 총생산을 동시에 증가시키는 효과를 발생시킨다. 따라서 정부지출의 소비에 대한 구축효과가 사라진다.

2 소비자의 정보비용과 실물적 경기변동 모형

표준적인 실물적 경기변동 모형에서는 기업의 생산함수에서 총요소 생산성의 외생적 변동이 거시경제의 경기순환의 주요인이다. 앞 장에서 우리는 소비자들의 정보처리 기술의 일시적 변동이 기업의 마크업에 영향을 미쳐 경기변동을 발생시킬 가능성이 있음을 보았다. 본 장에서는 앞에서 설명한 모형에 기업의 자본축적을 도입하여 표준적인 실물적 경기변동 모형과 비교할 수 있는 구조로 확장한다. 이와 같이 모형을 확장하는 이점은 모형의 파라미터 값에 현실적으로 적절한 것으로 알려진 값들을 부과하여 모형의 수치해를 계산하고 그 결과를 소비자의 정보비용의 변화가 생산 및 고용의 일시적 변동에 미치는 효과를 분석할 수 있기 때문이다.

앞에서 설명한 단순한 모형과 비교하여 차이가 가장 크게 나는 부분은 기업의 생산함수에 자본의 역할이 고려된다는 점이다. 기업의 생산기술은 코브-다글라스 생산함수에 의해서 표현되는 것으로 가정한다.

$$Y_t = \exp(a_t) K_t^\alpha H_t^{1-\alpha} \tag{5.15}$$

이 식에서 Y_t는 실질생산, K_t는 자본스톡, H_t는 노동을 의미하고, α는 양의 상수로서 자본의 생산탄력성으로 해석할 수 있다. 또한 a_t는 총요소 생산성의 로그값을 의미하고 다음과 같이 1차 자기회귀과정을 따른다.

$$a_t = \rho a_{t-1} + \epsilon_t \tag{5.16}$$

이 식에서 ρ는 0과 1사이의 양수이고 ϵ_t는 평균 0이고 표준편차가 σ_1인 정규분포를 따르는 확률변수이다. 또한 ϵ_t의 시계열 상관계수는 0이다.

본 장의 모형이 표준적인 실물적 경기변동 모형과 다른 점은 앞에서 이미 설명한 바와 같이 자신의 제품에 대하여 독점력을 가진 기업들이 생산물 시장에 존재하여 제품가격을 결정한다는 점이다. 기업의 이윤 극대화는 두 단계로 이루어진다. 먼저 기업은 자신의 생산비용을 최소화하는 문제를 풀게 된다. 이 과정에서 노동수요와 자본 임대 수요를 결정한다. 1차 동차의 생산함수와 요소시장이 완전경쟁이라는 가정을 부과한다. 또한 요소가격은 완전 신축적이다. 요소가격은 개별 기업의 노동수요와 자본수요에 영향을 받지 않고 오로지 시장 전체의 수요와 공급에만 의존한다. 개별 기업의 크기는 전체 시장 규모에 비해 매우 작은 것으로 가정하여 개별 기업이 시장의 균형 요소가격에 미치는 효과는 무시할 수 있다고 가정한다. 이와 같은 가정으로 인해서 한계 생산비용은 기업의 생산량과 무관하게 결정된다. 따라서 비용최소화를 달성하면 총 생산비용은 한계비용에 생산량을 곱한 수치로 결정된다. 따라서 기업의 비용 최소화의 문제를 수식으로 쓰면 아래와 같다.

$$
\begin{aligned}
mc_t Y_{it} &= \min_{H_{it}, K_{it}} \{ w_t H_{it} + r_t K_{it} \} \\
Y_{it} &= \exp(a_t) K_{it}^{\alpha} H_{it}^{1-\alpha}
\end{aligned}
$$

이 식에서 H_{it}와 K_{it}는 기업 i의 노동수요와 자본수요를 의미한다. 비용 최소화의 조건은 아래와 같이 주어진다.

$$
\begin{aligned}
w_t &= (1-\alpha) mc_t \exp(a_t) K_{it}^{\alpha} H_{it}^{-\alpha} \\
r_t &= \alpha mc_t \exp(a_t) K_{it}^{\alpha-1} H_{it}^{1-\alpha}
\end{aligned}
$$

비용 최소화를 달성하는 총 비용은 한계 생산비용과 생산량의 곱으로 나타낼 수 있다는 사실을 확인했다. 또한 앞에서 이미 설명한 바와 같이 개별 기업의 수요는 $D_i = f(a_i|p_i)Y$로 주어진다. 이를 기업의 이윤에 대입하여 정리하고 기업의 이윤 극대화의 문제를 수식으로 표현하면 다음과 같다.

$$
\Phi_i(p_{i,t}, a_{i,t}, mc_t, Y_t) = \max_{p_{i,t}} f(a_{i,t}|p_{i,t})(p_{i,t} - mc_t)Y_t
$$

이 식에서 정리한 이윤 극대화의 문제에 대한 극대화 조건을 마크업에 대한 조건으로 전환하면 정리하면 다음과 같다.

$$
\mu_{i,t} = \frac{1 - f(a_{i,t}|p_{i,t})}{1 - f(a_{i,t}|p_{i,t}) - \lambda_t} \tag{5.17}
$$

균형에서는 모든 기업이 동일하다는 가정을 부과하면 개별 기업의 마크업은 대칭균형에서 다음과 같이 주어진다.

$$\mu_t = (1 - \lambda_t \frac{N}{N-1})^{-1} \tag{5.18}$$

이 식에서 λ_t는 t 시점에서 소비자의 정보비용을 의미한다. 또한 본 장의 모형에서는 개별 기업의 시장진입은 균제상태에서만 가능하고 단기적으로는 고정되어 있는 것으로 가정한다. 따라서 식 (5.18)에서 N은 고정된 상수로 취급한다.

다음에서는 소비자의 효용 극대화를 설명한다. 개별 제품에 대한 수요함수는 이미 설명하였으므로 다음에서는 소비총량과 노동공급에 대한 결정만 따로 떼어서 설명한다. 정보비용과 관계가 없는 부분의 소비자 효용함수는 다음과 같이 가정한다.

$$u(C_t, H_t) = \log C_t - bH_t \tag{5.19}$$

소비에 대해서는 로그함수이고 노동시간에 대해서는 선형함수이다. b는 양의 상수를 의미한다. 이와 같은 형태로 효용함수를 가정하면 소비자의 노동공급곡선에서 임금 변화에 대한 대체효과는 사라지고 단지 부의 효과(wealth effect)만 존재한다. 무한히 오랜 기간 동안 존재하는 소비자에 대한 효용 극대화의 문제는 다음과 같이 수식으로 정리할 수 있다.

$$\max_{\{C_t, K_{t+1}, H_t\}_{t=0}^{\infty}} \sum_{t=0}^{\infty} \beta^t E_0[\log C_t - bH_t]$$
$$\text{subject to}$$
$$C_t + K_{t+1} - (1-\delta)K_t \leq w_t H_t + r_t K_t + \Phi_t$$

위의 극대화 문제를 통해서 소비자들은 매 시점 소비수요, 노동공급, 자본투자를 결정한다. 이 식에서 β는 시간 선호 할인인자를 나타낸다.

다음에서는 위에서 정의한 효용함수와 생산함수 하에서 성립하는 균형조건들을 정리한다. 먼저 노동시장 수요함수와 공급함수를 설명한다. 노동시장의 수요함수는 다음과 같이 주어진다.

$$w_t \mu_t = (1 - \alpha) \exp(a_t)(\frac{K_t}{H_t})^\alpha \tag{5.20}$$

소비자의 효용극대화에 의해서 도출되는 노동시장의 공급함수는 다음과 같다.

$$C_t = w_t \tag{5.21}$$

위에서 설명한 두 식을 결합하여 노동시장의 균형조건을 도출하면 다음과 같다.

$$C_t \mu_t = (1 - \alpha) \exp(a_t)(\frac{K_t}{H_t})^\alpha \tag{5.22}$$

소비자의 자본투자에 대한 극대화 조건을 정리하면 다음과 같다.

$$C_t^{-1} = \beta E_t[C_{t+1}^{-1}(\alpha \exp(a_t)\mu_{t+1}^{-1}(\frac{K_t}{H_t})^{1-\alpha} + 1 - \delta)] \tag{5.23}$$

시장청산조건은 다음과 같이 주어진다.

$$C_t + K_{t+1} - (1 - \delta)K_t = \exp(a_t)K_t^\alpha H_t^{1-\alpha} \tag{5.24}$$

균형해를 계산하기 위해 노동, 자본스톡, 소비, 마크업 등 4개의 내생변수에 대하여 4개의 균형식이 필요하다. 식 (5.18), (5.22), (5.23), (5.24)는 앞에서 언급한 4개의 내생변수로 구성된 방정식 체계이다. 또한 두 개의 외생변수가 하나는 총요소생산성이고 다른 하나는 소비자의 정보비용을 나타내는 라그랑지 승수이다. λ_t의 로그편차는 다음과 같이 1차 자기회귀과정을 따른다.

$$\hat{\lambda}_t = \gamma \hat{\lambda}_{t-1} + v_t \tag{5.25}$$

이 식에서 γ는 0과 1사이의 양수이고 v_t는 평균 0이고 표준편차가 σ_2인 정규분포를 따르는 확률변수이다. 또한 v_t의 시계열 상관계수는 0이고 v_t와 ϵ_t는 서로 독립이다.

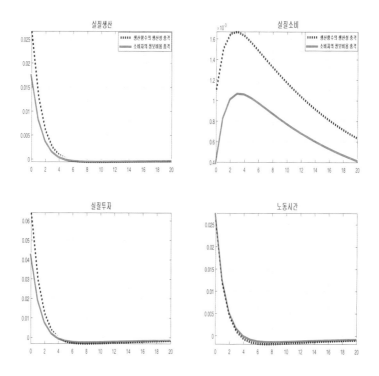

주: 실선은 소비자 정보비용의 외생적 충격에 대한 충격반응함수의 그래프이다. 점선은
총요소 생산성의 외생적 충격에 대한 충격반응함수의 그래프이다.

그림 5.2: 정보비용 충격과 생산기술 충격에 대한 거시변수의 동태적 반응

완전한 감가상각이 적용되지 않는 자본스톡의 축적이 모형에 포함되는 경우 균형
해를 외생변수와 파라미터의 간단한 함수로 표현하는 것이 불가능하므로 수치해를
계산해야 한다. 수치해를 계산하기 위해 $\alpha = 0.36$, $\mu = 1.4$, $\beta = 0.985$, $\delta = 0.02$, $\rho = \gamma = 0.5$로 가정하였다. 수치해를 계산하기 위해 앞에서 설명한 균형식들을 균제상태
근방에서 로그선형근사하였다. 로그선형근사한 식들로 구성된 dynare의 프로그램을

만들어서 수치해를 계산하였으며 수치해로부터 도출되는 외생변수에 대한 충격반응
함수의 그래프는 그림 5.2에 수록되어 있다.

그림 5.2에서 실선은 소비자 정보비용의 외생적 충격에 대한 충격반응함수의 그
래프이다. 점선은 총요소 생산성의 외생적 충격에 대한 충격반응함수의 그래프이다.
두 개의 그래프는 서로 다른 외생변수에 대한 생산, 소비, 투자, 고용의 반응을 나타
내지만 매우 유사하다는 점을 쉽게 볼 수 있다. 총요소 생산성의 충격은 생산기술의
변동을 의미하지만 소비자의 정보비용에 대한 외생적인 변동은 제품의 생산기술과
는 상관이 없다. 이러한 차이에도 불구하고 두 외생변수의 실물경제효과는 유사하게
나타난다.

그림 5.2의 총요소 생산성에 대한 충격반응함수는 표준적인 실물적 경기변동모
형에서 나타나는 모습을 그대로 재현하고 있다. 생산기술이 향상되면 그 결과 노동의
한계생산이 증가하므로 노동수요곡선을 우측으로 이동시킨다. 그에 따라 노동시장
에서의 균형 고용과 실질임금이 상승한다. 이는 소비자의 소득이 증가하는 것으로
생산이 증가하면서 소비수요와 투자수요도 증가하게 된다. 따라서 총요소 생산성이
증가하면 그에 따라 생산, 소비, 투자, 노동이 모두 증가한다. 앞에서도 이미 언급한
바와 같이 그림 5.2의 각 패널에서 볼 수 있듯이 점선과 실선의 모습이 매우 유사
하므로 소비자 정보비용의 감소가 발생시키는 경기변동의 효과가 총요소 생산성의
경기변동 효과와 매우 유사하다는 점을 확인할 수 있다.

소비자 정보비용의 경기변동 효과는 다음과 같이 설명할 수 있다. 소비자의 정보
처리기술이 발전하면 정보비용이 감소하면서 λ_t가 감소한다. 이는 개별 기업들의 수
요곡선의 가격탄력성이 높아짐을 의미한다. 따라서 개별기업의 독점력이 상대적으로
약화되면서 마크업이 떨어진다. 마크업의 변동이 발생하면 기업의 노동수요곡선이
이동하면서 균형고용과 균형실질임금이 변화한다. 마크업의 하락은 노동수요곡선을
주어진 노동생산성 하에서 위로 수평이동시키므로 그 결과 실질임금과 고용량이 동시

에 증가한다. 또한 소비자 정보처리기술의 효과가 미래에도 지속될 것으로 예상되면 미래에도 생산이 증가할 것으로 예상된다. 따라서 자본을 늘려서 미래 시점에서의 자본수요 증가에 대비하는 것이 이득이 된다. 그 결과 투자가 증가한다. 그림 5.2를 보면 실물자본의 투자는 소비와 생산의 반응에 비해 상대적으로 더 크게 반응한다. 이는 표준적인 실물적 경기변동 모형에서 총요소 생산성 효과에 대해서도 동일하게 나타나는 특성이다.

3   소비자를 위한 정보기술 발전의 의미

소비자를 위한 정보기술의 발전은 무엇인가? 소비자를 위한 정보기술의 발전과 제품의 생산기술 발전은 서로 어떠한 관계가 있는가? 소비자를 위한 정보기술의 발전은 정보의 비용을 어떻게 낮추는가? 소비자를 위한 정보기술의 발전은 제품의 품질과 어떠한 관련이 있느냐? 등의 질문이 있을 수 있다.

첫번째 이슈에 대하여 단순히 답변하면 전통적인 제품과 인터넷 및 디지털의 결합을 생각해볼 수 있다. 최근 많이 회자되는 사물인터넷을 예로 들 수 있다. 사물인터넷은 가전제품 및 모바일 장비 등과 같은 제품과 센서 및 통신 기능을 결합하여 제품의 사용을 인터넷과 연결하는 기술을 의미한다. 인터넷으로 연결된 사물들이 데이터를 주고받아서 스스로 분석하고 학습한 정보를 사용자에게 제공하거나 사용자가 이를 원격 조정할 수 있는 인공지능 기술이다. 이 경우 각각의 제품이 서로 구별될 수 있도록 하기 위해 각 제품에 유일하게 인식될 수 있도록 부여된 아이피를 통해서 인터넷으로 연결된다. 이와 함께 외부 환경으로부터 데이터를 얻기 위해 센서가 내장되기도 한다.

소비자를 위한 정보기술의 발전의 예로 어떠한 사례들이 있느냐를 제시하기 위해 몇 개의 신문기사를 소개한다. 첫째, 2015년 4월 23일 한겨레 신문의 "빠른 마차가 다

가 아니다."라는 제목의 기사를 인용한다. "… 개인, 집단 그리고 물체의 이동에 있어
새로운 질서가 탄생할 가능성이 높다. 커넥티드카, 무인자동차 등 자동차의 흐름을
통제하는 정보기술의 진화는 사고율을 낮출 수 있다. 사고율이 낮아지면 강력한 철강
소재에 대한 수요는 줄어들 수밖에 없고, 자동차보험 산업은 존재 기반이 사라지는
운명을 마주할 것이다. 위험할 때 제동이나 방향전환 등으로 운전을 지원하는 기술
은 사회윤리와 갈등한다. 다수의 유치원생이 탑승한 승합차와 운전자 1인이 승차한
자동차가 추돌할 위험에 직면한다면 기술은 어느 쪽에 이롭게 작동해야 할까?"

이에 추가하여 다음과 같이 덧붙이고 있다. "자동차 생산기술의 진화로 무인공
장이 증가한다면 현재 다수의 정규직은 이른바 디지털 일용직으로 전락할 것이다.
이는 정규직과 비정규직 갈등을 풀지 못한 한국 사회의 정치력에 간단치 않은 도전
이다. 그렇다면 자동차에서 발생하는 데이터는 누구의 소유인가? 자동차 운영체제를
제공하는 구글과 애플의 데이터 권한은 어디까지인가? 이처럼 자동차 산업이 디지털
기술과 만나면 새롭고 다양한 가능성이 열리며 동시에 쉽지 않은 사회정책 과제가
쏟아진다. …"

이러한 신문기사의 예가 함의하는 점은 소비자를 위한 정보기술의 발전이 제품을
생산하는 기술의 변화 또는 발전과 관련이 있음을 함의한다. 앞에서 설명한 예에서는
제품을 생산하는 기술의 발전과 소비자의 정보비용과 관련된 정보기술을 서로 독립
적인 확률변수로 가정하였는데 이는 단기적인 경기변동의 효과만을 고려하기 위한
가정으로 해석할 수 있다.

둘째, 2016년 6월 20일 매일경제 신문의 "해외직구 열풍, 소비자 보호 장치로 뒷
받침해야"의 기사를 인용한다. "세상이 빠르게 변하고 있다. 이탈리아 상인 마르코
폴로가 무역을 위해 13세기 중국 원나라에 갈 때 3년이 걸렸다. 지금은 스마트폰으로
세계 어느 국가 제품을 주문하더라도 일주일 만에 배송 받는 것이 가능한 시대다.
불과 몇 년 전만 해도 생소했던 해외 직접구매(직구)는 2011년 560만건에서 지난해

1,586만건으로 4년 만에 3배가량 증가하며 지금은 소비자의 중요한 거래 형태 중 하나로 자리 잡았다. 해외 직구에서 가장 인기 있는 시장은 단연 미국이다. 해외 직구를 이용하는 우리 국민 10명 중 7명 이상이 미국 내 기업 제품을 구매하는데 이는 질 좋고 다양한 제품을 저렴하게 구매할 수 있기 때문이다. 한·미 자유무역협정(FTA) 발효로 면세 기준이 200달러로 높아진 점도 크게 작용한 것으로 보인다. …"

앞에서 설명한 모형에서 강조한 점은 소비자의 정보기술이 발전하면 기업의 제품수요에 대한 가격탄력성이 높아지면서 그 결과로 기업의 마크업이 평균적으로 낮아지는 상황이 발생하여 거시경제적 효과가 발생한다는 것이다. 기업의 가격책정 전략 및 마케팅 전략과 관련된 구체적인 사례를 설명할 수 있다면 앞에서 설명한 모형분석의 결과에 대한 현실적인 감을 얻는 데 도움이 될 것이다. 이를 위해 인터넷 정보기술의 발전이 소비자와 기업간 발생하는 거래비용에 미치는 효과를 설명한 신문기사를 인용한다. 2016년 10월 28일 한국경제 신문의 "롱테일 법칙·그로스해킹·옴니채널 … 관성 깨면 새 수익모델 보인다."에서 인용된 예를 소개한다.

첫째, 인터넷에 의거한 전자 상거래의 활성화와 롱테일(long tail) 법칙의 등장이다. 마케팅에서 널리 인용된 기존의 경험적 법칙은 상위 20%의 고객이 80%의 매출을 차지한다는 것이었다. 이는 VIP 마케팅 전략을 정당화하는 경험적 법칙으로 간주되어 왔다. 그러나 2004년 정보기술(IT) 유명 잡지인 '와이어드(Wired)'의 편집자이던 크리스 앤더슨은 나머지 80%의 전자상거래에서의 중요성을 의미하는 새로운 경험적 법칙으로서 롱테일 법칙을 주장했다. 롱테일의 법칙은 예를 들어 아마존 등 전자상거래 기업의 경우 나머지 하위 80%의 책에서 매출이 50% 정도 발생한다는 것이다. 이는 인터넷을 통해 과거 소비자들이 접할 수 없던 많은 비인기 도서를 정보기술의 발달로 검색할 수 있게 되면서 소비자가 찾는 내용들이 맞추어 적시에 추천될 수 있게 됨으로써 가능해진 일이다.

둘째, 중국 알리바바는 기존 B2B(기업 간 거래) 시장을 B2C(기업과 소비자 간

거래) 시장과 같은 모습으로 바꾸어 놓은 것으로 알려져 있다. 이 같은 형태의 B2B 시장에서는 B2C 시장과 같이 다수 공급자가 공급하는 물품들이 B2C 카탈로그에서와 같이 다수 제시되면서 기업 소비자는 거기에서 공급을 원하는 물품을 고르기만 하면 되는 것이다. 따라서 이러한 알리바바의 거래는 여러 단계를 거쳐야 하는 유통 과정을 단순화하여 거래비용을 절감하고 거래자의 편의성을 제고하여 시장에 의한 효율적 시장가격에 거래가 실현되도록 했다는 평가를 받고 있다.

셋째, 옴니채널로 알려진 전자상거래와 기존 상거래 채널 통합도 예로 들 수 있다. 이는 오프라인에서 상품에 관심을 두고 있는 고객을 온라인 채널에서 구매하게 하는 방법을 모색하거나, 온라인에서 상품에 대한 정보를 입수하되 오프라인의 장점인 상품 확인과 함께 구매하게 하는 형태의 물품 구매를 유도할 수 있는 장점이 있다.

넷째, 그로스해킹(growth hacking)이다. 이는 미국의 션 엘리스에 의해 제시된 온라인 마케팅의 일종으로서 소셜 네트워크를 이용한 마케팅으로 알려져 있다. 소비자와 관련된 데이터의 분석에 의거하여 저비용으로 광고효과를 얻고자 한다. 일례로 유명 벤처기업으로 파일 저장공간을 저장하는 서비스 기업인 '드롭박스'는 신규 사용자가 서비스를 알게 되는 경로가 대부분 '친구'라는 점에 착안하여 친구 추천으로 드롭박스를 사용하게 되면 두 사람 모두에게 500 메가바이트씩의 무료 공간을 제공하는 추천 프로그램으로 회원 가입률을 60% 증가시켰다는 사례를 들고 있다.

앞에서 최적 고려집합(optimal consideration set)의 형성에 적용되는 기준을 설명하였다. 소비자의 고려집합에 대한 분석은 마케팅 분야에서 이미 오래 전부터 진행되어 왔다. 여기서의 포인트는 소비자의 정보처리를 위한 기술의 발전이 실제의 상거래에 적용되는 과정에서 기업의 마케팅 수단으로서 활용된다. 또한 마케팅은 소비자가 정보처리능력의 유한성으로 인해 확률적 선택을 하는 경우 소비자의 선택지에 영향을 미치는 수단이 된다. 인터넷과 관련된 하나의 예는 검색 엔진 최적화(search engine optimization) 기법이다. 이는 '웹 페이지 검색엔진이 자료를 수집하고 순위를 매기는 방식에 맞게 웹 페이지를 구성해서 검색 결과의 상위에 나올 수 있도록 하는 작업'으로 정의된다. 소비자는 인터넷을 통해서 해외 직구를 하려고 한다면 이를 위해 필요한 키워드를 검색 엔진에 입력해야 한다. 검색하는 키워드에 따라서 화면에 나타나는 대안들이 달라진다. 따라서 소비자가 인터넷 상으로 직면하는 선택지가 달라지게 된다. 따라서 기업은 인터넷을 검색 엔진 최적화를 사용하여 자신이 제공하는 제품과 서비스가 될 수 있는 많은 소비자의 주의를 끌 수 있도록 인터넷 마케팅 기법을 사용한다.

앞에서 소비자를 위한 정보기술의 발전이라는 제목의 이름을 붙였으나 이러한 기술은 소비자와 생산자 간의 관계에서 적용된다. 따라서 제품 또는 서비스의 공급자에게도 유리한 점이 발생하도록 적용된다는 것이다. 특히 소비자를 위한 정보기술이 발전한다면 소비자들은 이전에 비해 보다 더 합리성이 높은 소비자가 된다. 소비자들의 합리성이 더 높아지면 기업의 이윤이 더 증가하느냐 또는 낮아지느냐의 질문이 가능하다. 소비자의 합리성이 높아지면 제품 시장에서 기업간 경쟁이 높아져서 기업의 이윤이 낮아질 수 있다고 추측할 수 있다. 앞에서 설명한 모형에서도 소비자의 정보기술이 발전하면 기업의 제품수요에 대한 가격탄력성이 높아지면서 그 결과로 기업의 마크업이 평균적으로 낮아지는 상황이 발생할 수 있음을 보였다. 이와 관련하여 Eliaz·Spiegler(2011)의 연구에서는 소비자의 합리성이 증가한다고 해서 반드시 기업의 이윤이 감소하지 않을 수 있음을 보였다. 그러나 그들의 모형에서는 소비자의 정보처리능력의 유한성을 가정하였으나 정보처리를 위한 비용은 부과하지 않았다는 점에서 앞에서 분석한 모형과는 차이가 있다.

4   소비자의 품질선택을 고려한 경기변동 모형

Bilbiie·Ghironi·Melitz(2012)에서 강조한 두 개의 경험적 사실은 다음과 같다. 첫째, 신제품 출시는 경기순응적이다. 그들의 실증분석에 의하면 경기 호황기에 새로운 제품들이 더 많이 창출된다는 것이다. 둘째, 신제품의 판매는 총생산에서 차지하는 비중이 상당히 높다. 새로 창업된 기업들의 산출이 국내총생산에서 차지하는 비중은 작지만 신제품은 기존의 기업과 새로 창업한 기업 모두 해당되므로 신제품의 비중은 국내총생산의 경기순환에 영향을 미친다는 것이다.

Bilbiie·Ghironi·Melitz의 생산성 충격과 기업의 제품시장 진입 간의 관계를 단순화하여 설명한다. 주요한 가정은 기업이 제품시장에 진입하기 위해 고정비용을 먼저 지불해야 한다는 가정이다. 그 결과로 장기적인 안목으로 진입을 결정하는 기업은 시장에 진입한 이후 예상되는 이윤의 예상 현재가치 합과 진입비용 간의 대소를 비교하여 결정하게 된다. 따라서 시장의 진입이 자유롭다는 가정을 부과하여 시장 진입비용과 진입 이후 이윤의 예상 현재가치의 합이 같다는 조건이 균형조건이 된다. 이에 덧붙여서 생산성 충격은 기존 제품의 생산성에 영향을 미치는 동시에 새로운 제품을 도입하는 고정비용을 낮추는 것으로 가정한다. 이러한 모형의 구조에 의해서 생산성 향상이 발생하면 시장 진입의 고정비용이 낮아진다. 진입비용이 낮아지면 생산성 향상이 발생하기 이전에 현재가치 예상 이윤이 낮아서 진입하지 못하던 기업이 시장에 진입하게 된다. 따라서 제품시장의 기업의 수가 증가한다.

기업의 수가 증가하면서 소비자의 수요함수에 미치는 효과가 있다. 소비자의 수요함수의 가격 탄력성은 시장에서 활동하는 기업의 수에 의존한다. 기업의 수가 많을수록 수요 곡선의 가격 탄력성은 높아져서 기업의 수가 커질수록 마크업이 감소한다. 그 결과 생산성 충격이 발생하면 기업의 수가 늘면서 경기도 일시적으로 좋아진다. 또한 기업의 마크업은 감소한다. 따라서 마크업은 경기 역행적인 특성을 보인다. 또한 개별 기업의 이윤은 마크업과 시장 수요에 의존한다. 박리다매의 효과가 발생하게 되면 마크업이 낮아지더라도 이윤이 오히려 상승할 수 있다. 그 이유는 마크업의 하락으로 개별 제품에서 얻는 이윤은 낮아지지만 제품수요가 충분히 증가하기 때문이다.

Jaimovich·Rebelo·Wong(2015)는 경기변동과 소비자가 소비하는 제품 및 서비스의 품질 간의 관계를 분석한다. 경기불황에서는 소비자는 자신이 소비자하는 제품과 서비스의 품질을 낮추어서 소비한다는 점을 지적한다. 또한 이러한 품질의 경기변동적인 특성이 고용에 미치는 효과에 대하여 다음과 같은 점을 강조한다. 이들은 낮은 품질의 제품 및 서비스는 높은 품질의 제품과 서비스에 비해 덜 노동 집약적이기 때문에 소비자들이 품질을 낮추어 소비하는 시기에는 기업의 노동공급이 상대적으로 감소한다고 주장한다. 이러한 고품질의 제품 및 서비스가 노동 집약적이라는 점과 소비자가 품질의 선택이 경기순환의 국면에 따라 달라질 수 있다는 두 개의 포인트가 결합하면 최근 불황의 정도가 상당히 깊게 진행되었던 사실을 설명할 수 있다고 주장한다.

고가품 또는 고품질의 소비재는 비할인 매장(non-discount stores), 중간 가격 또는 중간 품질의 소비재는 할인 백화점(discount department stores), 저가 소비 또는 저품질 소비재는 기타 일반 매장(other general merchandise stores)에서 구매되는 것으로 분류한다. 이와 같은 분류에 의거하여 Jaimovich·Rebelo·Wong는 2007년부터 2012년까지의 기간 중 저품질의 소비재 또는 저가 소비재를 생산하는 기업의 시장 점유율에 비해서 고가의 소비재 또는 고품질의 소비재와 중간 수준의 가격 또는 중간 수준의 품질의 소비재를 생산하는 기업의 시장 점유율이 낮아졌다고 밝히고 있다.[2] 또한 판매액 대비 고용인원의 비율을 척도로 하여 노동의 집중도(labor intensity)를 측정하면 고품질 소비재 생산의 평균 노동 집약도는 39%, 중간 품질 소비재 생산의

---

[2]이들은 자신들의 실증 분석 결과에 대한 하나의 예외는 고품질 제품을 판매하는 수퍼마켓인 WholeFoods의 시장 점유율이 증가한 것이라고 밝혔다.

평균 노동 집약도는 31%, 저품질 소비재 생산의 평균 노동 집약도는 21%인 것으로 밝히고 있다. 따라서 이들은 2007년부터 2012년까지의 기간 중 저품질의 소비재 비중이 상승하면서 노동 집약도가 낮은 부문의 매출이 상대적으로 증가함에 따라 노동시장에서의 노동수요가 감소하게 되어 불황이 심화되었음을 지적하고 있다.

　앞에서 설명한 실증적 사실에 대한 감을 제공하기 위해 매일경제 신문 2016년 5월 22일 기사를 인용한다. "21일(현지시간) 저녁, 백화점과 영화관, 레스토랑이 밀집해 있는 초대형 쇼핑몰 워싱턴DC 인근 타이슨스 센터. 레스토랑 등에는 인파로 발디딜 틈이 없었지만 이곳에 자리를 잡고 있는 메이시스, 삭스피프스, 로드테일러 등 백화점은 한산했다. ··· 반면 타인슨스 센터 지하철역 인근에 위치한 할인매장 티제이맥스(T.J.Maxx)에는 남녀노소 가릴 것 없이 쇼핑객들로 넘쳐났다. 한 블럭 옆에 자리잡은 마셜스(Marshalls)도 마찬가지였다. 길 건너편, 노드스트롬(Nordstrom) 백화점 계열 할인점 노드스트롬 랙(Nordstrom Rack) 매장 계산대 앞에도 고객들이 길게 늘어섰다. 계산을 마치려면 족히 10분 이상은 기다려야 했다. ··· 업계에서는 백화점 실적은 죽을 쓰고 할인점 매출·이익은 고공행진을 하는 추세를 일회성이 아닌 근본적인 변화로 받아들이고 있다. 지난 2008년 글로벌 금융위기 이후 새롭게 자리잡은 장기 저성장 흐름이 소비자들의 소비행태를 기조적으로 변화시켰다는 분석이다. 주 소비계층인 중장년층이 지갑에 여유가 있을때 선택했던 백화점 중고가 브랜드 선호에서 벗어나 실용적인 중저가 상품 위주로 구매하는 경향이 확산되고 있다는 진단이다. 젊은 연령층은 온라인 쇼핑몰을 통한 구매를 늘리면서 백화점을 외면하고 있다. 이때 할인점들이 온라인에 익숙하지 않은 중장년·노년층을 집중 공략대상으로 삼아 오프라인 매장을 이들의 입맛에 맞게 변화시켜 나간 점도 할인점 매출 확대에 일조했다. ···"

　다음에서는 앞에서 분석한 소비자의 확률적 선택을 소비자들이 제품을 선택하는 결정 과정에 반영한 모형을 소개한다. 예를 들어 본 장에서 설명하고 있는 모형에서는 새로운 상품이 시장에 출시되면 소비자들이 곧바로 구매하게 되는 것으로 가정하였다. 그러나 소비자의 정보처리능력이 유한하다는 가정이 부과되면 모든 신상품이 자동적으로 시장에서 구매되지 않는다. 우선 새로운 상품이 시장에 나왔다는 것으로 알려야 된다. 또한 기존에 구매하던 또는 사용하고 있던 제품을 대체할 수 있는 상품이라는 점을 소비자에게 이해시켜야 한다. 이렇게 해야 하는 이유는 소비자들이 자신의 정보처리능력의 유한성으로 인해 모든 가용한 대안을 고려하는 것이 아니고 일부분만을 선택지로 삼아서 이 중에서 하나를 선택하는 행동을 하기 때문이다. 정보처리능력이 유한한 소비자들은 새로운 상품을 자신의 선택지 안에 포함시키기 위해 소요되는 정보처리비용을 지불할 이유가 없다면 굳이 새로운 상품에 대하여 알려고 하지 않을 것이다. 이러한 소비자들의 행동은 기업에게는 자신이 출시한 제품구매에 대한 저항으로 간주할 수 있다. 소비자의 이러한 저항을 뚫고 자신의 상품이 소비자의 선택지 안으로 침투시키는 역할을 하는 것이 마케팅의 역할이다. Elias·Spielgler(2011)는 하나의 재화와 그 재화에 부여된 마케팅 전략을 하나로 묶어서 '확장된 재화(extended product)'로 간주한다. 확장된 재화들 중에서 자신의 고려집합(consideration set) 안으로 포함시킬 것이냐의 여부에 대한 소비자의 결정을 반영하는 함수를 도입한다. 이들은 디폴트 재화와 새로 진입하는 재화 둘 중의 하나를 선택할 수 있는 상황에서 새로 진입하는 재화를 선전하는 마케팅을 접하고서도 디폴트만 선택지 안에 포함시킬 것이냐 아니면 새로 진입한 재화를 합하여 두 개를 동시에 선택지 안으로 들여올 것이냐를 고민하는 소비자의 문제를 선택함수(consideration function)의 개념을 사용하여 설명한다. 선택함수를 정의하기 위해 소비자가 기존에 거래하던 디폴트 재화를 x_s로 표시하고 새로 진입하는 재화를 선전하는 마케팅을 M_n으로 표시한다. 새로 진입하는 재화를 선택지 안에 포함시키면 선택함수의 값이 1이 되고 새로 진입하는 재화를 거부하고 디폴트 재화만 계속해서 선택지 안에 포함시키는 경우 선택함수의 값은 0이 된다. 선택함수를 수식으로 표현하면 전자의 경우 $\phi(x_s, M_n) = 1$이다. 후자의 경우는 $\phi(x_s, M_n) = 0$이다.

경제 내에서는 두 개의 기업이 존재한다. 각각의 소비자는 두 개 중 하나의 기업과 이미 거래하고 있는 것으로 가정한다. 각각의 소비자에게 하나의 기업이 디폴트 기업이고 다른 하나의 기업이 새로 진입하는 형태가 된다. 이러한 상황에서 기업은 제품의 품질과 마케팅 전략을 적절하게 배합하여 이윤을 극대화하는 시장점유율을 선택하는 문제를 풀어야 한다. 개별 기업에게 두 종류의 선택이 가능하다. 첫째, 원래 가지고 있던 점유율을 확장하기 위해 좋은 품질의 제품을 생산하고 이에 적절한 마케팅 전략을 선택한다. 둘째, 다른 제품의 시장에 들어오더라도 기존의 소비자의 선택지에 들어오지 않을 것을 예상하고 낮은 품질의 제품을 선택하여 생산비용과 마케팅 비용을 절약한다. 소비자들이 모두 정보처리능력에 대한 제약이 없다면 두 기업은 자신이 가진 최대한의 능력으로 최고의 품질을 가진 제품을 생산하는 상황이 균형이 될 것이지만 소비자의 정보처리능력이 유한하다는 가정이 부과되어 낮은 품질의 제품이 시장에 나와 있더라도 소비자들에게 구매되는 상황이 발생할 수 있다.

앞에서 설명한 개별 기업의 마케팅을 설명하는 모형을 Bilbiie·Ghironi·Melitz의 연구와 관련하여 설명한다. Bilbiie·Ghironi·Melitz는 경기 호황기에 새로운 제품들이 더 많이 창출된다는 점과 신제품은 기존의 기업과 새로 창업한 기업 모두 해당이 되므로 신제품의 비중은 국내총생산의 경기순환에 영향을 미친다는 점을 강조하였다. 바로 앞에서 설명한 모형에서는 새로운 제품이 시장에 들어오면 마케팅이 반드시 필요하다는 점을 강조하였다. 따라서 소비자의 정보처리능력이 유한하다는 가정이 부과된다면 앞에서 소개한 두 개의 모형의 함의는 마케팅에 대한 수요도 경기 순응적이어야 한다. 이를 보다 더 넓게 해석하여 설득부문의 부가가치 산출이 경기 순응적인가에 대하여 질문이 가능하지만 이에 대한 분석은 후속 연구로 미루기로 한다.

확률적 효용모형을 사용하여 소비자의 고려집합과 마케팅 간의 관계를 분석한 연구는 많이 있다. Hauser·Wernerfelt(1990)는 확률적 효용모형에 의거하여 특정한 브랜드가 고려집합에 포함되기 위한 조건을 제시하였다. 다음에서는 이들의 모형을 간단히 소개한다. 소비자의 소비시점과 구매시점이 다르다. 소비자는 개별 제품마다 구매 여부를 결정하기 위해 생각해야 하는 것으로 가정한다. 구매 결정을 위해 생각하는 데 소요되는 비용이 있다고 가정한다. 소비자의 선택지에 n개의 브랜드가 경합하고 있다고 가정한다. 이 중 i라는 브랜드를 소비하여 얻는 효용은 u_i로 표시한다. i라는 브랜드의 구매 여부를 판단하기 위해 지불하는 생각비용은 d_i로 표기한다. 단순히 두 개의 브랜드만 선택지에 포함되어 있는 경우 둘 중 하나를 선택하는 경우의 효용은 다음과 같이 수식으로 표현할 수 있다.

$$E[\max\{u_1, u_2\}] - (d_1 + d_2)$$

두 개의 브랜드로 형성된 고려집합에 하나의 제품을 추가해야 하느냐를 결정할 때 하나를 더 추가하여 세 개로 이루어진 고려집합으로부터 얻는 기대효용이 두 개로 이루어진 고려집합으로부터 얻는 기대효용보다 더 크다면 하나를 더 추가한다. 따라서 다음의 조건을 만족한다면 세 개의 제품으로 구성된 고려집합을 사용하여 하나의 브랜드를 선택하는 것이 더 유리하다.

$$E[\max\{u_1, u_2, u_3\}] - E[\max\{u_1, u_2\}] - d_3 > 0$$

광고 등 기업의 마케팅은 이 단계에서 생각비용을 감소시킴으로써 특정한 브랜드가 고려집합에 더 쉽게 포함이 될 수 있도록 한다. 위의 식을 보면 세번째 브랜드를 생산하는 기업의 자신의 제품수요를 증대시키는 마케팅 전략은 d_3를 낮추고 그 결과 더 많은 소비자들의 고려집합에 자신이 생산하는 브랜드가 포함이 되도록 한다는 것이다.

Hauser·Wernerfelt(1990)는 확률적 효용모형을 사용하여 도출한 수요함수에 의거하여 이윤을 극대화하는 기업들의 극대화 조건으로부터 도출한 마크업률이 소비자들이 형성하는 고려집합의 평균적인 크기와 반대방향으로 변동한다는 것을 보였다. 이러한 결과는 앞에서 설명한 소비자의 확률적 선택을 가정한 경기변동 모형의 함의와 관련이 있다. 예를 들어 앞에서 설명한 모형의 경우 기업의 수는 외생적으로 결정되는 것으로 가정하였다. 또한 소비자들의 고려집합은 선택가능한 모든 브랜드로 가정하였다. 따라서 앞에서 설명한 모형에서도 마크업이 고려집합의 크기와 반대방향으로 변동한다는 함의가 있다. 이와 같이 마크업이 고려집합의 크기와 반대방향으로 변화한다는 점에서 두 모형은 공통점이 있다. 이와 같은 결과는 앞에서 설명한 마크업과 소비자의 정보처리비용 간의 관계를 분석한 모형과 연관성이 높다.

　Robserts·Lattin(1991)은 소비자가 하나의 제품을 구매하기 위해 세 단계의 과정을 거치는 것으로 가정하였다. 앞에서 언급되지 않았던 새로 추가된 과정은 인식집합(awareness set)이다. 고려집합에 포함시킬 것인가의 여부를 결정하기 이전에 소비자가 인식하고 있는 브랜드와 소비자가 인식하지 못하고 있는 브랜드로 분류한다. 또한 인식집합에 포함되어 있는 브랜드들의 효용의 차이는 α라는 상수만큼의 차이가 있는 것으로 가정한다. 예를 들어서 u가 양수이고 α에 비해 적절하게 클 때 두 개의 브랜드가 인식집합에 포함되어 있는 경우 효용이 더 높은 브랜드의 효용수준은 $u - \alpha$ 이고 그 다음 효용수준을 주는 브랜드의 효용수준은 $u - 2\alpha$이다. 여기에 덧붙여서 고려집합에 포함할 것인가를 고려하는 데 소요되는 비용은 모든 브랜드에 대하여 동일한 것으로 가정한다. 이러한 가정에 의해서 고려집합에 포함되는 브랜드는 모두 일정한 수준 이상의 효용을 제공하는 브랜드이다. 따라서 최적 집합의 크기를 브랜드 간 효용의 증가분(= α)과 고려집합의 포함비용(=c)의 함수로 표시할 수 있다.

참고문헌

Bilbiie, Florin, Fabio Ghironi, and Marc J. Melitz. 2012. "Endogenous Entry, Product Variety, and Business Cycles." Journal of Political Economy. Vol. 120. No. 2. pp. 304-345.

Eliaz Kfir and Ran Spiegler. 2011. "Consideration Set and Competitive Marketing." Review of Economic Studies. Vol. 78. pp. 235-262.

Hauser, John. R. and Birger Wernerfelt. 1990. "An Evaluation Cost Model of Consideration Sets." The Journal of Consumer Research. Vol. 16. pp. 393-408.

Jaimovich, Nir, Sergio Rebelo, and Arlene Wong. 2015. "Trading Down and the Business Cycle." Unpublished Manuscript. Duke Univ. and Nothwestern Univ.

Kacperczyk, Marcin, Stijn Van Nieuwerburgh, and Laura Veldkamp. 2009. "Rational Attention Allocation over the Business Cycle." NBER Working Paper No. 15450.

Mackowiak Bartosz and Mirko Wiederholt. 2015. "Business Cycle Dynamics under Rational Inattention." Review of Economic Studies. Vol. 82. pp. 1502-1532.

Matejka, Filip and McKay Alisdair. 2012. "Simple Market Equilibria with Rational Inattentive Consumers." American Economic Review. Vol. 102. No. 3. pp. 24-29.

Robserts, H. John and James M. Lattin. 1991. "Development and Testing of a Model of Consideration Set Composition." Journal of Marketing Research. Vol. 28. No. 4. pp.429-440.

Salant, Yuval, and Ariel Rubinstein. 2008. "(A,f): Choice with Frames." Review of Economic Studies. Vol. 75. pp. 1287-1296.

Woodford. Michael. 2012. "Prospect Theory as Efficient Perceptual Distortion." American Economic Review. Vol. 102. No. 3. pp. 41-46.

제 6 장   확률적 선택을 고려한 뉴케인지안 모형

본 장에서 앞에서 설명한 확률적 선택모형이 기존의 뉴케인지안 거시경제 모형에 함의하는 점들을 정리한다. 기업이 정보를 획득하는 비용을 지불해야 한다면 이는 기업이 생산하는 제품이 일정 기간 변동하지 않고 일정한 수준에 고정되도록 하는 원인이 될 수 있다는 점은 이미 기존문헌에서 널리 강조되어 왔다. 본 장에서는 소비자의 불완전한 정보가 총공급 곡선과 총수요 곡선에 미치는 효과를 분석한다. 첫째, 일부의 소비자가 제품의 생산비용에 대하여 불완전한 정보를 가지고 있을 때 기업은 이를 이용하려는 유인이 있다. 그 결과 소비자간의 가격차별 정책으로서 가격을 고정시키려는 유인이 발생할 수 있음을 보인다. 둘째, 소비자가 미래의 경제상황에 대한 전망을 반영하여 현재 시점에서의 지출을 결정하는 모형에서 소비자가 미래 상황에 대하여 미디어의 경제 보도를 통해 정보를 얻는 상황을 고려한다. 소비자가 자신의 정보처리능력이 유한하여 미디어의 경제보도가 매개하는 전문가의 경제분석의 내용을 그대로 모두 소화할 수 없는 상황을 가정한다. 이와 같은 상황 하에서 소비자의 정보처리 유한성은 두 종류의 함의가 있다. 첫번째는 소비자의 미래에 대한 전망은 미래 상황에 대한 정확한 예측치보다 더 완만하게 반응하고 반응계수가 일정한 상수인 경우이다. 두번째는 실제 상황의 빈도수에 따라 소비자의 집중력이 변화하는 경우이다. 예를 들어 발생 가능성이 높은 상황에서 소비자의 미래에 대한 전망은 미래 상황에 대한 정확한 예측치와 근접한다. 그러나 발생 가능성이 낮은 부분에 대해서는

140

반응 정도가 상대적으로 낮아진다. 결론적으로 본 장에서는 소비자들이 미래의 경제 상황을 예측하기 위해 미디어에 의존하는 상황에서 이들에게 합리적 부주의 제약이 부과되면 통화정책의 금리경로의 효과가 감소할 수 있음을 보인다.

1   소비자의 불완전한 정보와 가격 경직성

다음에서 소개하는 두 개의 모형에서는 기업이 가격을 일정 기간 동안 고정시키는 이유를 소비자의 불완전한 정보를 이용하여 이윤을 높이기 위한 기업의 전략으로서 이해한다. Rubinstein(1993)은 소비자들의 정보처리능력이 서로 다른 경우 기업은 소비자들의 정보처리능력의 차이를 이윤추구에 이용할 목적으로 가격정책을 조정한 다는 점을 강조하고 있다. Rubinstein의 모형은 다음과 같이 요약된다. 제품의 생산 비용이 높은 상황과 낮은 상황이 번갈아서 발생할 수 있다면 기업은 자신이 생산하는 제품에 대하여 생산비용의 변동을 반영하여 높은 가격과 낮은 가격을 책정해야 한다. 기업은 자신의 생산비용을 정확하게 관측할 수 있으나 소비자들은 제품의 생산비용 이 높거나 낮은 상황을 직접 관측할 수 없다. 소비자들은 기업의 가격을 관측하여 제품의 생산비용이 낮은 상황인가 아니면 생산비용이 높은 상황인가를 유추한다. 이 때 소비자들은 주어진 사전적인 정보 하에서 베이즈 규칙을 사용한다.

소비자들은 구매하는 시점에서 제품으로 얻는 효용을 정확히 모르는 것으로 가정한다. 따라서 기업이 과다하게 높은 가격을 책정할 때 제품을 구매한다면 결국 제품소비로부터 얻은 효용가치보다 더 높은 비용을 지불하게 된다. 이처럼 소비자들은 자신의 정보처리능력이 불완전하기 때문에 제품가격이 과다하게 높을 때 구매하지 않는 것이 중요하다. 특히 기업은 생산비용이 낮은 상황에서 가격함정을 만들어 놓을 수 있다. 가격함정은 다음과 같이 설명할 수 있다. 모든 소비자들은 생산비용이 낮은 상황이 실제의 상황일 때 적정하게 낮은 가격으로 제품을 구매해야만 손실이 없다. 그러나 기업은 생산비용이 낮은 상황에서 두 개의 서로 다른 가격을 확률적으로 실현되도록 가격정책을 선택할 수 있다. 그 중 하나는 적정하게 낮은 가격이어서 이 가격에 구매하면 모든 소비자는 손실이 없다. 다른 하나는 적정하게 낮은 가격에 비해 더 높기 때문에 소비자에게 손실을 준다. 이 가격은 생산비용이 높은 상황이 실제의 상황일 때의 적정가격에 비해 낮기 때문에 임계가격과 비교하여 구매를 결정하는 전략을 사용하는 경우 임계가격을 제대로 선택해야 한다.

소비자들은 자신의 정보처리능력에 따라서 두 개의 유형으로 분리된다. 첫번째 유형의 소비자들은 '높다'와 '낮다'의 두 경우만 구분할 수 있다. 예를 들어 하나의 기준점을 선택하면 선택된 기준점과의 대소비교가 가능하다. 따라서 첫번째 유형의 소비자들은 임계가격을 미리 설정하여 기업의 제품가격이 임계가격과 같거나 낮으면 기업이 책정한 가격을 낮은 가격으로 간주하고 제품을 구매하지만 기업의 제품가격이 임계가격을 상회하면 구매하지 않는다. 두번째 유형의 소비자들은 '높다', '낮다', '높지도 않고 낮지도 않다'의 세 가지의 경우를 구분할 수 있다. 예를 들어 두 개의 기준점을 선택하면 선택된 두 개의 기준점과의 대소비교가 가능하다고 가정한다.

첫번째 유형의 소비자들은 자신의 정보처리능력이 부족하므로 하나의 상황만 집중적으로 파악하기를 원한다. 예를 들어 제품에 대한 생산비용이 실제로 낮은 상황에서 기업이 가격을 낮게 책정하는 상황이다. 자신이 설정한 기준으로 이러한 상황을 식별하고 식별이 되면 제품을 구매한다. 따라서 생산비용이 높아서 가격이 높아지면 자신에게 유리하더라도 구매할 수 없는 단순한 구매전략만 실시하게 된다. 두번째 유형의 소비자는 제품의 생산비용이 실제로 낮은 상황에서 기업이 가격을 낮게 책정하는 경우와 제품의 생산비용이 실제로 높은 상황에서 기업이 가격을 지나치게 높지 않게 책정하는 제품을 구매한다. 두번째 유형의 소비자는 생산비용이 높은 상황에서도 제품을 구매하여 첫번째 유형의 소비자에 비해 더 높은 기대효용을 누릴 수 있다.

Piccione·Rubinstein(2003)의 분석에서는 앞에서 설명한 모형은 정태모형이므로 이를 동태모형으로 확장한다. 정보처리능력이 높은 소비자와 정보처리능력이 낮은 소비자가 있는 것으로 가정한다. 소비자는 자신이 원래 거래하던 시장에서 벗어나 새로운 시장으로 이동할 수 있다. 또한 시장 간 탐색비용이 낮아서 시장이탈비용이 낮은 소비자와 시장 간 탐색비용이 높아서 시장이탈비용이 높은 소비자가 존재한다. 이러한 구분이 가능한 상황에서 정보처리능력이 더 뛰어난 소비자의 시장이탈비용이 상대적으로 더 높은 경우와 정보처리능력이 더 뛰어난 소비자의 시장이탈비용이 상대적으로 더 낮은 경우로 나누어 볼 수 있다.

기업은 소비자의 반응을 고려해서 가격정책을 선택한다. 가격을 항상 일정한 수준으로 고정시키는 가격정책과 높은 가격과 낮은 가격을 번갈아 책정하는 가격정책 중 하나를 선택할 수 있다. 이러한 상황에서 정보처리능력이 높은 소비자가 선택할 수 있는 여지가 더 많다. 예를 들어서 정보처리능력이 더 높은 소비자의 구매정책은 다음과 같다. 첫째, 기업이 기간 간 가격변동정책을 채택하면 가격이 낮은 시점에만 시장에 들어가서 물건을 구매한다. 둘째, 기업이 기간 간 가격고정정책을 실시하는 경우 자신의 시장이탈비용에 비해 제품가격이 낮으면 시장에 진입하여 계속 거래한다. 정보처리능력이 낮은 소비자의 구매정책은 다음과 같다. 예상가격이 자신의 시장이탈비용보다 낮으면 시장에 들어가서 물건을 구매한다.

기업은 어떤 기준으로 가격정책을 선택할 것인가? 정보처리능력이 높은 소비자의 시장이탈비용이 더 높은 경우를 분석한다. 변동가격정책과 고정가격정책을 채택하였을 때의 예상이윤을 계산한다. 변동가격정책은 낮은 가격과 높은 가격을 번갈아 책정하는 가격정책을 의미한다. 정보처리능력이 낮은 소비자들은 항상 평균가격과 시장이탈비용을 비교하여 구매 여부를 결정한다. 정보처리능력이 낮은 소비자들이 구매하도록 하기 위해 평균가격을 낮게 책정해야 한다. 변동가격정책 하에서 평균가격이 낮도록 하기 위해 낮은 가격의 경우 아주 낮게 책정해야 하고 높은 가격의 경우 높지 않게 책정해야 한다. 이러한 경우 평균적으로 낮은 가격을 책정하여 평균수입 자체가 낮아질 수 있다. 시장이탈비용이 높은 사람들을 시장에 불러들이기 위한 가격정책을 실시한다면 평균가격이 상대적으로 높은 시장이탈비용에 근접하게 된다. 그러나 이 경우 시장에 참여하는 사람의 수가 크게 감소할 수 있다. 왜냐하면 정보처리능력이 높은 사람은 제품가격이 낮은 시점에서만 시장에 들어오기 때문이다. 그러므로 정보처리능력이 높은 소비자의 시장이탈비용이 더 높은 경우 고정가격정책을 채택하여 시장에 참여하는 사람의 수를 확보하는 것이 더 유리할 수 있다. 고정가격정책을 채택하더라도 낮은 가격을 책정하여 모든 소비자가 참여하게 할 수도 있고 아니면 시장이탈비용이 상대적으로 더 높은 소비자들만 타겟할 수 있다. 시장이탈비용이 더 높은 소비자들의 수가 작지 않다면 이들을 타겟하는 것이 보다 더 큰 이윤을 보장한다면 모형의 구조가 더 높은 고정가격을 받으면서 전체 수요량을 조금 희생하는 상황이 기업에게 유리한 구조라고 할 수 있다. Piccione·Rubinstein 의 분석에서는 후자의 경우가 보다 더 유리한 모형구조를 선택하였다.

정보처리능력이 높은 소비자의 시장이탈비용이 더 낮은 경우를 분석한다. 이 경우 변동가격정책이 더 유리하다. 정보처리능력이 낮은 소비자는 평균가격이 자신의 시장이탈비용보다 낮으면 시장에 들어가서 물건을 구매한다. 정보처리능력이 낮은 소비자들이 구매하도록 하기 위해 평균가격을 책정한다면 이들의 시장이탈비용이 높은 수준이라서 평균가격을 높게 책정해도 된다. 따라서 이들은 항상 시장에 진입하여 제품을 구매한다. 정보처리능력이 더 높은 소비자는 가격이 낮은 시점에만 시장에 들어가서 물건을 구매한다. 낮은 가격을 받는 빈도수에 따라 정보처리능력이 높은 사람들로부터의 수입이 결정된다.

Piccione·Rubinstein의 특징은 소비자들의 정보처리능력을 0과 1로 구성된 수열을 이어가는 실험에 참가하고 있는 피실험자의 행동으로 설명할 수 있다고 가정한다. 실험 관리자는 피실험자에게 2개의 숫자로 구성된 수열을 미리 알려주고 이에 의거하여 다음에 0과 1이 올 빈도수를 말하라고 요청할 수 있다. 또는 피실험자에게 3개의 숫자로 구성된 수열을 미리 알려주고 이에 의거하여 다음에 0과 1이 올 빈도수를 말하라고 요청할 수 있다.

소비자들의 정보처리능력이 0과 1로 구성된 k개의 수열을 주고 다음에 올 숫자를 알아 맞히는 게임의 형식을 빌어 설명할 수 있다면 k개의 수열에 대한 두 개의 선택이 가능하다. 첫째, 소비자들은 과거 k기간 동안 가격을 기억하고 있으며 이를 분석하여 현재 시점의 가격을 예측한다. 둘째, 소비자들은 자신의 과거 선택 중에서 k기간 동안의 선택만 기억하는 것으로 가정한다. 소비자들은 과거 시점에서 자신의 선택을 모두 기억하는 것이 아니라 k기간 동안만 기억하고 이에 의거하여 현재 시점에서의 가격을 예측한다.

Piccione·Rubinstein의 분석을 이해하는 데 도움이 되는 개념은 드 브루인(De Bruijn) 수열이다. 드 브루인 수열은 유한 개의 숫자만 나타나는 순환하는 무한 수열의 하나이다. 0과 1의 두 개 숫자로 구성된 n차 드 브루인 수열은 다음과 같은 특성을 만족한다. 첫째, 2^n개의 0과 1로 구성된 수열이 무한히 계속하여 반복한다. 예를 들어 $n = 2$인 경우 $(0, 0, 1, 1)$이다. 4개의 0과 1의 숫자로 구성된 수열이 무한히 반복된다. 둘째, n개의 0과 1로 구성된 부분수열을 구성한다면 가능한 부분수열의 개수는 2^n개이다. 예를 들어 $n = 2$인 경우 $(0, 1)$, $(0, 0)$, $(1, 0)$, $(1, 1)$이다. 이와 같은 부분수열이 단 한번씩 나타나는 순환이 계속해서 반복된다. $(0, 0, 1, 1)$에 적용하면 $(0, 0)$, $(0, 1)$, $(1, 1)$의 순서로 진행됨을 확인할 수 있다. 또한 이를 확장하면 $(0, 0, 1, 1, 0, 0, 1, 1)$이므로 $(0, 0)$, $(0, 1)$, $(1, 1)$, $(1, 0)$의 순으로 진행한다. 따라서 가능한 부분수열의 조합들이 모두 차례로 나타나는 순환이 반복됨을 확인할 수 있다.

다음에서 소개하는 모형은 가격 경직성을 분석하는 연구는 아니지만 앞에서 설명한 모형들과 같이 기업의 가격정책이 고객의 수를 결정하는 데 중요한 변수라는 점을 강조한다. 특히 소비자가 불완전한 정보를 가지고 있는 상황을 고려하여 가격정책을 선택한다는 의미에서 유사한 점이 있다. 이러한 이유로 관련된 중요한 포인트만을 골라서 간략하게 소개한다.

Clippel·Eliaz·Rozen(2014)는 기업의 가격정책은 소비자들로 하여금 자신이 생산하는 제품에 보다 관심을 가지게 하거나 오히려 멀리 떨어져 나가게 하는 역할을 한다는 점을 강조한다. 아울러 소비자의 주의력이 유한하다는 점이 기업의 경쟁을 심화시키는 작용을 할 수 있음을 지적한다. 소비자들은 원래 거래하고 있던 기업이 있다. 매 시점마다 소비자들은 자신이 원래 거래하던 기업과 계속 거래를 할 것인가 아니면 새로운 기업과 거래를 할 것인가를 결정한다. 많은 기업들이 있지만 소비자들의 집중력이 유한하다는 가정이 부과되어 모든 기업을 다 상대할 수 없고 일부분만 선택한 선택지 내에서 하나의 기업을 선택한다. 또한 세 종류의 서로 다른 정보처리 능력을 가지고 있는 소비자들을 상정한다. 첫째 그룹이 정보를 완전히 처리할 수 있는 사람들이다. 둘째 그룹은 몇 개의 기업만을 상대로 거래기업을 선택하는 사람들이다. 셋째 그룹은 전혀 시장조사를 할 수 없는 사람들이다.

소비자의 시장탐색능력은 다음과 같다. k단위의 주의력을 가지고 있는 소비자이면 k개의 시장을 탐색할 수 있다. 하나의 시장을 탐색할 때 한 단위의 주의력을 소모한다는 것이다. k단위의 주의력을 가진 소비자가 제품 가격이 p인 기업으로부터 구매할 확률은 어떻게 계산할 수 있는가? 먼저 소비자가 하나의 시장에서 선도기업의 가격을 확인한다는 것은 한 번의 독립적인 시행을 행사하는 것과 동일하다고 가정한다. 그 결과 이항분포의 확률질량함수를 사용할 수 있다. 또한 p의 가격을 책정하고 있는 기업의 입장에서 '소비자의 탐색이 자신에게는 성공하는 결과이다'라는 뜻은 소비자가 탐색한 시장의 선도기업의 가격이 p보다 높다는 것을 의미한다. 소비자가 각각의 시장을 들여다 보는 것은 하나의 독립적인 베르누이 시행으로 간주하여 다음과 같은 방식으로 확률분포함수를 계산할 수 있다. 첫째, 성공하는 확률이 (1-x)이고 실패하는 확률이 x이다. (M-1)번 시행 중 i번 성공하고 $(M-1-i)$번 실패하는 사건의 확률은 다음과 같은 확률질량함수(probability mass function)로 표현할 수 있다.

$$\binom{M-1}{i}(1-x)^i x^{M-1-i}$$

둘째, 소비자에게 주어진 능력을 최대한 사용하면 k개 시장을 탐색할 수 있다. k개 시장을 다 탐색하지 않더라도 그 이전에 탐색이 중단될 수 있다. 이를 고려하여 누적분포함수를 계산한다. 구체적으로 설명하면 $\mathcal{B}(M-1, 1-x)$의 이항분포를 따르는 확률변수를 X로 표시하자. X가 자연수 k보다 같거나 작을 확률은 다음과 같이 주어진다.

$$\mathrm{Prob}[X \leq k] = \sum_{i=0}^{k-1} \binom{M-1}{i}(1-x)^i x^{M-1-i}$$

Clippel·Eliaz·Rozen의 모형에서는 각각의 시장에 두 개 이상의 기업이 존재할 수 있다. 각각의 시장에는 선도기업과 도전기업이 있다. 선도기업의 가격은 소비자를 시장으로 주목하게 하는 역할을 한다. 소비자가 시장에 관심을 가지고 탐색하면 먼저 시장의 선도기업의 가격을 살펴본다. 그리고 시장의 다른 가격을 더 조사해야 한다고 판단하면 도전기업의 가격을 살펴본다. 선도기업의 가격이 p보다 작을 확률은 $F(p)$로 표기한다. $F(p)$는 누적분포함수를 의미한다. $x = F(p)$로 정의하면 위에서 설명한 식은 선도기업이 자신의 가격을 p로 설정할 때 k단위의 주의력을 가진 소비자가 자신이 제품을 팔고 있는 시장에 관심을 갖도록 하는 확률이 된다. 따라서 이들의 모형은 소비자들의 주의력이 유한할 때 기업의 가격이 소비자들의 관심을 얻기 위한 수단으로 사용될 수 있음을 보인다.

2   소비자의 불완전한 정보와 총수요 곡선

로버트 차일디니는 자신이 저술한 설득의 심리학(황혜숙 역, 2016)에서 강조한 설득의 효과를 제고할 수 있는 여섯 가지의 원칙 중에서 '권위의 원칙'이 있다. 권위의 원칙은 일반적인 사람들이 자신의 의사를 결정하는 과정이나 정보를 처리하는 과정에서 전문가의 의견이나 권고에 의존하려는 경향을 뜻한다. 본 장에서는 의사결정자가 자신의 미래에 대한 경제상황에 대한 기대를 형성하는 과정에 '권위의 원칙'이 적용된 모형을 제시한다.

  앞에서 이미 설명한 바와 같이 로버트 차일디니는 설득의 심리학(황혜숙 역, 2016)에서 '지름길 원칙'을 강조한다. 사람들은 가용한 모든 정보를 사용하여 판단하지 않고 전체를 대표하는 일부의 정보만 사용하여 판단한다는 것이다. 모든 정보를 사용하지 않는 이점은 판단의 신속함이지만 그 대신 어이없는 실수의 가능성을 받아들여야 한다. 최근의 합리적 부주의 모형에 따르면 지름길 원칙은 정보처리능력의 제약 하에서 일반인들이 채택하는 합리적인 의사 결정 방식으로 볼 수 있다. 합리적 부주의의 가정을 소비자의 제품 구매와 기업의 가격 설정에 적용한 다수의 연구가 있지만 총수요 효과에 적용된 사례는 아직 드물다. 본 장에서는 일반인들이 미래의 기대를 정확하게 형성하기 위해 소요되는 시간과 노력을 절약하기 위해 미디어의 경제 뉴스에 의존하는 상황을 총수요 곡선에 도입한다. 또한 기존의 연구와 차별되는 점은 소비자가 직접 자료를 사용하여 정보를 처리하는 것이 아니라 다른 사람들이 이미 가공한 정보를 기반으로 자신의 예측을 형성한다는 것이다. 신케인지안 IS 곡선에는 미래 시점의 경제상황에 대한 기대가 현재의 총수요가 영향을 미친다. 정보 처리에 대한 비용이 전혀 없으면서 경제에 대한 완전한 정보가 가능한 경우 미래 시점의 경제상황에 대한 기대는 미래 시점에서 생산갭의 수리적 기대값이다. 그러나 정보 처리에 대한 비용으로 인하여 일반인들은 미디어의 경제 뉴스를 보고 미래에 대한 기대를 형성한다. 예를 들어 미디어의 경제 뉴스를 헤드라인 제목이나 내용의 표현이나 묘사에 의거하여 미래 시점에서의 상황을 '부정적 상황', '중립적 상황', '긍정적 상황' 등 세 단계로 구분할 수 있다고 가정한다.

소비자에게 다음 시점의 경제상황이 어떻게 예측되는가?의 질문을 던지면 이에 대한 답변으로서 위의 세 경우 중 하나를 선택할 수 있다. 그러나 본 장에서 분석하는 예측은 각각의 상황에 대하여 확률을 제시한다. 따라서 어느 것도 확실하지 않다. 이러한 상황을 가리켜서 소비자는 확률적으로 미래를 전망한다고 정의한다. 그러면 미래 시점에서 실현된 변수의 예측치는 어떻게 계산하는가? 각각의 전망에 대하여 하나의 수치를 대응한다. 이 경우 각각의 전망에 대한 확률이 알려져 있다면 이를 가중치로 사용하여 가중 평균을 계산할 수 있다. 따라서 이렇게 계산된 값을 예측치로 정의한다.

본 장에서 설명하는 IS곡선은 합리적 기대 하에서의 IS곡선과 다르다. 그 이유는 소비자의 불완전한 정보로 인하여 IS곡선에 포함되는 미래의 생산갭에 대한 예측치가 다르기 때문이다. 이를 수식을 이용하여 설명한다. 현재의 분석에서 완전한 정보 하에서의 총수요 곡선은 신케인지안 모형에서 사용하는 동태적 IS곡선과 동일하다. 현재 시점에서의 생산갭을 x_t로 표기하고 현재 시점에서의 단기 예상 실질 이자율을 r_t로 표기하면 다음과 같이 쓸 수 있다.

$$x_t = E_t[x_{t+1}] - \gamma(r_t - n_t) \tag{6.1}$$

이 식에서 $E_t[x_{t+1}]$는 미래 시점에서 생산갭의 정확한 분포를 알고 있는 상황에서 계산한 기대값으로 정의한다. 또한 γ는 총수요의 이자율 반응계수를 의미하고 양수이다. 실질 이자율 갭은 다음과 같이 결정된다. 현재 시점에서의 명목 이자율은 i_t이고 다음 시점에서의 물가 상승률을 π_{t+1}로 표기한다. 현재 시점에서의 예상 실질 이자율은 $r_t = i_t - E[\pi_{t+1}]$이다. 현재 시점에서 잠재 GDP 수준을 달성할 수 있다면 물가 상승률은 제로이고 실질 이자율은 n_t이다. 잠재 GDP 수준에서의 실질 이자율은 자연 이자율(natural rate of interest)이라고 한다. 이자율 갭은 현재 시점에서의 예상 실질 이자율에서 자연 이자율을 뺀 차이로 정의한다. 따라서 $r_t - n_t$는 실질 이자율 갭이다. 자연 이자율은 외생변수로서 다음과 같은 형태의 자기회귀과정(autoregressive process)을 따르는 것으로 가정한다.

$$n_t = \rho n_{t-1} + \epsilon_t \tag{6.2}$$

이 식에서 ρ는 0과 1사이의 양수이다. 또한 ϵ_t는 평균이 0이고 분산이 σ^2인 정규분포를 따르는 백색소음의 확률변수이다. 실질 이자율 갭이 상승하면 현재 시점에서의 총수요는 감소하고 실질 이자율 갭이 하락하면 현재 시점에서의 총수요는 증가한다. 균제상태의 균형에서 실질이자율 갭과 생산갭은 0이 된다. 본 장에서는 미래 시점에서의 생산갭에 대한 기대값이 현재 시점에서의 생산갭에 영향을 미친다는 점을 집중적으로 분석한다. 대표적인 소비자가 존재한다는 가정은 그대로 유지하지만 대표적인 소비자가 완전한 정보를 가지고 있다는 가정을 버리고 미래 시점에서의 기대형성을 위해 미디어의 발표에 의존한다고 가정한다. 소비자들은 예상 실질 이자율과 자연 이자율을 직접 관측할 수 있다고 가정한다. 소비자들이 예상 실질 이자율과 자연 이자율도 직접 관측할 수 없다는 가정을 부과하여 분석을 진행할 수 있음에도 불구하고 경제 예측 전문가들이 제공하는 미래 시점에서의 생산갭에 대한 예측치에 대한 미디어의 보도에 의존하여 소비자들이 미래에 대한 기대를 형성하는 상황에 집중한다.

또한 불완전한 정보 하에서 소비자들의 미래에 대한 기대값이 서로 달라진다면 효용 극대화의 문제를 풀어서 식 (6.1)의 형태와 동일한 형태의 총수요 곡선을 도출할 수 있느냐의 이슈가 있다. Eusepi·Preston(2016)과 Woodford(2013)는 개인 소비자의 비동질적인 기대형성을 인정한다면 신케인지언의 IS곡선이 식 (6.1)과 달라질 수 있느냐를 분석하였다. 본 장의 분석에서는 이들의 가정을 부과하지 않고 대표적 소비자가 존재한다는 가정을 그대로 유지한 채 대표적 소비자가 불완전한 정보를 가지고 있다고 가정한다. 또한 미래 시점에서의 기대 형성을 위해 미디어의 발표에 의존한다고 가정한다.

모든 시점에서 동일한 확률분포 하에서 작업을 반복하는 것을 가정하기 때문에 시간을 나타내는 하첨자를 붙이지 않고 미래 시점에서의 기대값을 $v = E[x_{t+1}]$으로 정의한다. 다음과 같은 가정을 부과한다. 첫째, 모든 사람들은 v의 실제 분포를 알고 있는 것으로 가정한다. 둘째, v는 평균이 제로이고 분산이 σ^2인 정규분포를 따른다. 분석의 편의를 위해 실제 분포의 밀도함수를 $g(v)$로 표기한다. 셋째, 첫번째 가정에 의해서 모든 사람들의 선험정보는 정확하다. 그러나 정보처리능력의 제약으로 인해 실제의 기대값을 정확하게 알지 못한다.

미디어는 경제 예측 전문가의 예측결과를 소비자에게 전달하는 역할을 한다. 미디어는 다음 시점에서 예상되는 경제상황을 '긍정적 상황', '중립적 상황', '부정적 상황' 등과 같이 세 가지의 서로 다른 상황으로 분류하여 발표한다. 이를 위해 경제 예측 전문가가 구축하는 예측 시스템은 다음과 같이 작동한다. 첫째, '부정적 상황', '중립적 상황', '긍정적 상황'에 대응하는 논조의 수치값을 결정한다. 부정적인 상황에 대응하는 값은 $\hat{v}_1$이다. 중립적 상황에 대응하는 값을 $\hat{v}_2$이다. 긍정적인 상황에 대응하는 값은 $\hat{v}_3$이다. 둘째, 실제의 값과 각 논조의 수치값 간의 관계를 규정하는 함수를 확률 예측 함수로 정의한다. 확률 예측 함수가 함의하는 중요한 의미는 두 개의 서로 다른 시점에서 실제의 값이 동일하게 실현되더라도 동일한 논조가 나오지 않을 수 있다는 것이다. 경제 예측 전문가가 예측 시스템을 구축하면 이로부터 산출되는 것은 확률 예측 함수가 된다. 구체적인 예를 들면 실제의 값이 $v = 1$인 상황에서 $\hat{v}_1$, $\hat{v}_2$, $\hat{v}_3$ 세 개의 값 중에서 하나가 실현된다. $v = 1$에서 $\hat{v}_1$이 실현되는 확률, $v = 1$에서 $\hat{v}_2$가 실현되는 확률, $v = 1$에서 $\hat{v}_3$가 실현되는 확률을 결정한다. 일반적으로 확률 예측 함수의 집합을 표기하면 $\{f(\hat{v}_i|v)\}_{i=1}^{3}$이다. 본 장에서 고려하는 최적 확률 예측 함수는 Woodford(2012)의 모형을 응용하여 도출된다. 따라서 다음의 식을 최소화하는

조건부 분포함수 $\{f(\hat{v}_i|v)\}_{i=1}^3$가 최적 확률 예측 함수로 정의된다.

$$\sum_{i=1}^3 f(\hat{v}_i|v)(v-\hat{v}_i)^2 + \theta(v)\sum_{i=1}^3 f(\hat{v}_i|v)\log\frac{f(\hat{v}_i|v)}{f(\hat{v}_i)} - v(v)(\sum_{i=1}^3 f(\hat{v}_i|v)-1) \quad (6.3)$$

위의 최적화 문제에 대하여 간단히 설명한다. 첫째, 위의 식에서 θ는 확률 예측 함수와 각 논조의 수치값의 비조건부 확률 간의 상대 엔트로피의 크기에 대한 제약에 대한 라그랑지 승수를 의미한다. 둘째, 확률 예측 함수의 합은 모든 실제의 값에 대하여 항상 1이 되어야 한다는 제약이 부과된다. 따라서 예측 전문가가 구축한 시스템에서는 실제의 값이 어느 값이든 간에 하나의 논조값이 나온다. 식 (6.3)의 함수에 대한 최적화 조건은 다음과 같이 정리된다.

$$(v-\hat{v}_i)^2 + \theta(v)(1+\log\frac{f(\hat{v}_i|v)}{f(\hat{v}_i)}) - v(v) = 0 \quad (6.4)$$

이 식은 $i = 1, 2, 3$에 대하여 동일하게 적용된다. 식 (6.4)를 정리하여 제약식에 대입하여 $v(v)$에 해당하는 부분을 소거하면 다음과 같이 정리된다.

$$f(\hat{v}_i|v) = \frac{f(v_i)\exp(-\theta(v)^{-1}(v-\hat{v}_i)^2)}{\sum_{i=1}^3 f(v_i)\exp(-\theta(v)^{-1}(v-\hat{v}_i)^2)} \quad (6.5)$$

각각의 논조에 대한 수치값은 사후적 분포를 사용하여 계산한 평균값이다. 예를 들어 베이즈 규칙을 사용하면 각 논조의 수치값을 관측한 이후 형성한 사후적 밀도함수는 다음과 같이 주어진다.

$$f(v|\hat{v}_i) = \frac{f(\hat{v}_i|v)g(v)}{\int f(\hat{v}_i|v)g(v)dv}$$

각 논조의 수치값은 위에서 정의한 사후적 밀도함수를 사용하여 계산한 사후적 분포 하에서의 평균값으로 정의된다. 따라서 수식으로 정의하면 아래와 같다.

$$\hat{v}_i = \frac{\int v f(\hat{v}_i|v)g(v)dv}{\int f(\hat{v}_i|v)g(v)dv} \quad (6.6)$$

다음에서는 미디어의 경제 뉴스가 소비자의 기대형성에 미치는 효과를 설명한다. 현재의 분석이 함의하는 점은 소비자의 정보가 불완전한 경우 미디어의 경제 뉴스의 논조의 조건부 기대값이 소비자의 미래 시점에서의 생산갭에 대한 기대가 된다는 것이다. 이를 수식으로 나타내면 다음과 같다. 먼저 실제의 기대값이 $E_t[x_{t+1}] = v$인 경우 소비자가 미디어의 경제 뉴스를 보고 논조의 수치값을 사용하여 기대를 형성하면 다음과 같다.

$$E[\hat{v}|v] = \sum_{i=1}^{3} \hat{v}_i f(\hat{v}_i|v) \tag{6.7}$$

확률 예측 함수는 실제의 값이 v일 때 특정한 논조의 값이 나올 확률을 의미하므로 $E[\hat{v}|v]$는 논조의 수치값에 대한 조건부 기대값이다. 현재의 분석에서는 논조의 수치값에 대하여 소비자는 알고 있다고 가정한다. 이러한 가정은 소비자에게 주어진 정보처리능력의 한계를 반영한 것이다. 완전정보 하에서는 소비자는 셀 수 없을 만큼 다양하게 많은 값을 구별할 수 있다. 그러나 현재의 분석에서는 세 개의 값만 구별할 수 있는 것으로 가정한다. 이 경우 소비자의 기대는 $E[\hat{v}|v]$가 된다.

표준화된 확률변수를 사용하여 분석하는 것이 편리하다. 앞에서 σ는 실제의 값에 대한 표준편차이므로 $z = v/\sigma$로 정의하면 z는 실제의 기대값을 표준화한 확률변수이다. z의 값에 대응되는 논조의 수치값도 정규화해야 한다. '부정적인 상황'은 $\hat{z}_1$이고, '중립적인 상황'은 $\hat{z}_2$이고, '긍정적인 상황'은 $\hat{z}_3$이다. 완전정보 하에서의 정규화된 기대값이 z이면 논조의 수치값에 대한 평균값은 다음과 같이 주어진다.

$$E[\hat{v}|v] = \sigma \sum_{i=1}^{3} \hat{z}_i f(\hat{z}_i|z)$$

앞에서 설명한 논의들을 정리하면 불완전한 정보 하에서 IS곡선은 아래와 같다.

$$x_t = M(E_t[x_{t+1}]) - \gamma(r_t - n_t) \tag{6.8}$$

이 식에서 함수 $M(v)$는 조건부 기대값을 의미하고 $M(v) = E[\hat{v}|v]$로 정의된다. 미래 시점에서의 생산갭에 대한 기대값은 표준화된 변수로 표기하기 위해 $G(z) = E[\hat{z}|z]$을 정의한다. 이 경우 $M(v) = \sigma F(z)$이다. 따라서 불완전한 정보 하에서 IS곡선은

아래와 같이 다시 쓸 수 있다.

$$x_t = \sigma F(z_t) - \gamma(r_t - n_t) \tag{6.9}$$

혹자는 생산갭 자체를 표준화한다면 총수요 곡선은 어떻게 바뀌느냐하는 의문을 가질 수 있다. 이를 살펴보기 위하여 $\bar{z}_t = x_t/\sigma$로 정의하고 이 식을 식 (6.1)에 대입하여 정리한다. 이 경우 합리적 기대 하에서의 신케인지안 총수요 곡선은 아래와 같이 주어진다.

$$\bar{z}_t = E_t[\bar{z}_{t+1}] - (\gamma/\sigma)(r_t - n_t) \tag{6.10}$$

외생적인 충격이 존재하는 경우 기대값의 표준편차는 실현치의 표준편차는 같지 않다. 이는 기대값에 대한 표준화를 해야 한다는 의미이므로 식 (6.9)에서 사용한 방식을 다시 사용해야 한다. 따라서 실제치를 표준화하면 2회의 표준화가 필요하다. 따라서 본 장의 분석에서는 식 (6.9)의 방식을 사용한다. 그러나 $\sigma = 1$인 경우 식 (6.8), 식 (6.9), 식 (6.10)은 서로 같아진다.

그림 6.1은 확률 예측 함수와 소비자의 조건부 기대 함수를 보여주고 있다. 왼편의 패널은 소비자가 보유한 확률 예측 함수이다.[1] 확률 예측 함수는 각각의 실제 값에 대하여 논조의 수치값이 나타나는 확률을 의미하고 식 (6.5)에 수록되어 있다. 실선은 미래 시점의 상황이 긍정적인 상황으로 발표하는 확률을 실제의 기대값의 함수로 나타내고 있다. 점선은 미래의 상황을 중립적인 상황으로 발표하는 확률을 실제의 기대값의 함수로 나타내고 있다. 굵은 점선은 미래 시점의 상황이 긍정적인 상황으로 발표하는 확률이다. 표준화된 실제의 기대값이 $z = 1$인 상황을 보기로 한다. 이 경우 $\hat{z}_1$, $\hat{z}_2$, $\hat{z}_3$ 세 개의 값 중에서 하나가 실현된다. 미래 상황이 부정적인 상황으로

---

[1]경제 예측 전문가가 작성하여 미디어를 매개로 소비자에게 전달하는 것으로 가정할 수도 있다. 그러나 대부분 실제의 신문기사에서 각 상황이 발생할 확률을 보도하지 않기 때문에 소비자가 계산하는 것으로 가정한다.

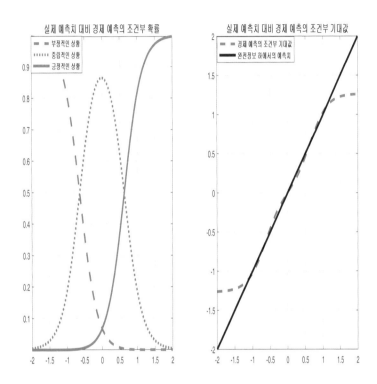

주: 왼편의 패널은 경제 예측 전문가의 확률 예측 함수를 의미한다. 각각의 실제 값에 대하여 논조의 수치값이 나타나는 확률을 의미한다. 오른편의 패널은 완전 정보 하에서의 예측치 대비 불완전 정보 하에서의 소비자의 미래 시점에서의 생산갭에 대한 예측치를 의미한다.

그림 6.1: 확률 예측 함수와 소비자의 조건부 기대 함수

발표될 확률은 거의 없다. 미래 상황이 중립적인 상황으로 발표될 확률은 약 0.18 이고 미래 상황이 긍정적으로 발표될 상황이 약 0.82이다. 그러나 $z = 0$인 경우 미래 상황이 중립적인 상황으로 발표되는 확률은 약 0.86이다. 미래 상황이 긍정적이거나 부정적으로 발표되는 상황은 약 0.17이다. 표준화된 실제의 기대값이 $z = -1$인 상황

을 보기로 한다. 이 경우에도 $\hat{z}_1$, $\hat{z}_2$, $\hat{z}_3$ 세 개의 값 중에서 하나가 실현된다. 그러나 미래 상황이 긍정적인 상황으로 발표될 확률은 거의 없다. 미래 상황이 중립적인 상황으로 발표될 확률은 약 0.18이고 미래 상황이 부정적으로 발표될 상황이 약 0.82 이다. 결국 실제의 기대값이 어디에 위치하느냐에 따라서 미래의 상황에 대한 경제 뉴스의 논조에 대한 확률은 변화한다.

오른편의 패널은 완전 정보 하에서의 예측치 대비 불완전 정보 하에서의 소비자 의 미래 시점에서의 생산갭에 대한 예측치를 의미한다. 특히 오른편 패널에서 원점을 지나는 직선이 완전정보 하에서의 미래 시점에서의 생산갭에 대한 기대값이다. 오 른편 패널의 점선은 $z = -2$부터 $z = 2$까지의 구간에서 식 (6.9)에서 사용된 함수 $F(z)$의 그래프에 해당된다. 따라서 점선은 불완전 정보 하에서의 미래 시점에서의 생산갭에 대한 기대값의 표준화된 값을 의미한다. z가 -1과 1사이의 구간에서는 합리 적 기대 하에서의 기대값과 불완전한 정보 하에서의 기대값 간의 차이가 그리 크지 않음을 볼 수 있다. 그러나 z의 크기가 일정 수준 이상으로 확대되면 불완전 정보 하에서의 기대값과 완전 정보 하에서의 기대값은 크게 차이가 난다. 특히 완전한 정보 하에서의 기대값이 크게 떨어지더라도 불완전한 정보 하에서의 기대값은 크게 달라지지 않는다. 이는 z가 큰 값을 가지는 확률이 상대적으로 작다. 발생 가능성이 작은 상황에 대해서는 경제 예측 전문가들의 시간과 노력을 들여 정확한 예측치를 산출할 유인이 작기 때문이다.

그림 6.2는 정보 처리 능력과 미래의 총수요 예측치에 대한 한계 반응치의 평균 간의 관계를 설명하는 그래프이다. 왼편의 패널에서 미래의 총수요 예측치에 대한 한계 반응치의 평균은 $z_t = -1$부터 $z_t = 1$인 구간에서 $F'(z)$의 평균값을 의미한다. 따라서 $z_t = -1$부터 $z_t = 1$인 구간에서 $F'(z)$의 평균값을 m이라고 정의한다면 왼편 의 패널은 라그랑지 승수의 크기와 m의 크기 간의 관계를 그래프로 보여주고 있다. 중간의 패널에서 상대 엔트로피의 상한의 크기와 라그랑지 승수의 값 간의 관계를 보

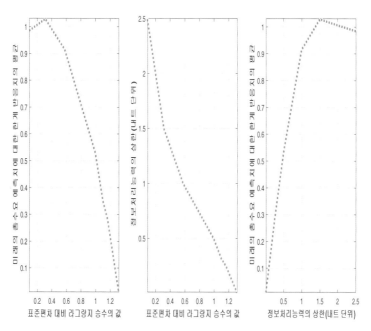

주: 왼편의 패널에서 미래의 총수요 예측치에 대한 한계 반응치의 평균은 $z_t = -1$
부터 $z_t = 1$인 구간에서 $F'(z)$의 평균값을 의미한다. 따라서 $z_t = -1$부터 $z_t = 1$
인 구간에서 $F'(z)$의 평균값을 m이라고 정의한다면 왼편의 패널은 상대 엔트로피의
상한의 크기와 m의 크기 간의 관계를 그래프로 보여주고 있다.

그림 6.2: 정보처리능력과 미래의 총수요 예측치에 대한 한계 반응치의 평균

여주고 있다. 중간의 패널에 수록되어 있는 그래프를 그리기 위해 Woodford(2012)가
작성한 논문에 정리되어 있는 표-1이 함의하는 관계와 일치하도록 파라미터들의 값을
조정했다. 왼편의 패널과 중간 패널의 그래프를 합하면 오른편 패널의 그래프가 도
출된다. 오른편 패널의 그래프는 정보처리능력과 미래의 총수요 예측치에 대한 한계
반응치의 평균 간의 관계를 설명한다. 정보처리능력이 상승할수록 기울기의 크기가 1
에 가까워진다. 다만 Woodford(2012)에서 지적되었듯이 정보처리용량의 상한이 1.5

근방에서 기울기의 평균이 1보다 약간 커진다. 라그랑지 승수의 값이 변화하는 것은 상대 엔트로피에 적용되는 정보처리능력에 대한 크기가 달라짐을 의미한다. 라그랑지 승수는 정보처리 한 단위 증가에 대한 목적함수의 한계 이득을 나타내는 것으로 해석한다면 라그랑지 승수의 값이 크다면 정보처리능력이 작아서 정보처리능력이 한 단위 추가되어 얻는 한계이득이 크다는 의미이다. 따라서 라그랑지 승수의 값이 상승하면 정보처리능력의 상한은 감소한다.

Woodford(2012)에서와 같이 정보처리용량에 제약을 주는 경우 발생할 가능성이 높은 z의 값에 대하여 상황을 판별하는 능력을 집중하는 것이 최적이 된다. 그러나 Sims(2003)의 모형에서와 같이 표준적인 합리적 부주의 모형에서와 같이 상호정보의 크기에 대한 제약을 주게 되면 z의 모든 값에 대하여 동일한 정도의 상황 판별 능력을 할당하는 것이 최적이 된다. 그림 6.1에서 이미 설명하였듯이 z가 -1과 1사이의 구간에서는 합리적 기대 하에서의 기대값과 불완전한 정보 하에서의 기대값 간의 차이가 그리 크지 않지만 z의 크기가 일정 수준 이상으로 확대되면 불완전 정보 하에서의 기대값과 완전 정보 하에서의 기대값은 크게 차이가 난다. 이는 z가 큰 값을 가지는 확률은 상대적으로 낮고 또한 발생 가능성이 낮은 상황에 대하여 경제 예측 전문가들은 자신의 시간과 노력을 들여 정확한 예측치를 산출할 유인이 작기 때문이다.

앞에서 설명한 차이를 확인하기 위해 상호정보의 상한에 대한 제약이 부과되는 경우를 분석한다. 시그널인 $\hat{v}$와 실제값인 v 간의 상호정보는 다음과 같이 정의된다.

$$I(\hat{v}, v) = \int \int f(\hat{v}|v)g(v) \log \frac{f(v|\hat{v})}{g(v)} dv d\hat{v} \qquad (6.11)$$

앞에서 설명한 결과와 비교하기 위해 앞에서와 동일하게 표준화된 변수로 분석한다. 그러나 앞에서 설명한 경우와 차이가 나는 점은 다음과 같이 정리할 수 있다. 먼저 앞에서 설명한 경우는 관측되는 시그널이 유한 개 존재하는 경우이다. 그러나 식 (6.11)에서 정의된 상호정보의 크기에 대하여 제약이 부과된다면 시그널은 다음과 같은 형태로 연속분포를 따르는 확률변수로 주어진다.

$$\hat{z} = z + \epsilon \tag{6.12}$$

이 식에서 $\hat{z}$는 시그널을 의미하고, z에 대하여 독립인 확률변수 ϵ의 분포는 $\mathcal{N}(0, \omega^2)$ 이다. 혹자는 $\hat{v}$와 $\hat{z}$ 간의 관계가 궁금할 수 있다. 이들의 관계는 다음과 같이 정리할 수 있다.

$$\hat{v} = v + e \quad \rightarrow \quad \frac{\hat{v}}{\sigma} = z + \frac{e}{\sigma} \quad \rightarrow \quad \hat{z} = z + \epsilon$$

이 식의 함의는 v에 대한 주어진 선험정보 하에서 $\hat{z}$을 안다면 이에 대응하는 $\hat{v}$를 쉽게 계산할 수 있다는 것이다. 특히 시그널이 연속인 분포를 따른다고 할지라도 앞에서와 같이 $\hat{v} = \sigma\hat{z}$의 관계는 계속해서 성립한다는 점을 지적한다.

다음에서는 IS곡선에 미치는 효과에서의 차이에 대하여 설명한다. 먼저 시그널 이 연속분포인 정규분포를 따르는 확률변수인 경우 식 (6.9)에 사용된 함수 $F(z)$는 다음과 같이 주어진다.

$$F(z) = \int E[z|\hat{z}] f(\hat{z}|z) d\hat{z} \tag{6.13}$$

이 식은 앞에서 설명한 $F(z)$의 정의를 시그널이 정규분포를 따르는 변수일 때 적 용한 결과로 도출된 것이다. 그 이유는 $E[z|\hat{z}]$는 사후적 분포하에서의 평균값이고 $f(\hat{z}|z)$는 연속인 시그널 하에서의 확률 예측 밀도함수로 해석할 수 있기 때문이다. Woodford(2012)는 $F(z)$를 평균 주관적 평가(mean subjective valuation)로 정의하 였다. 또한 평균 주관적 평가는 최소 평균자승오차(minimum mean-squared-error) 추정량의 조건부 기대값으로 정의된다.

$E[z|\hat{z}]$를 어떻게 계산하느냐를 설명한다. $E[z|\hat{z}]$는 최소 평균자승오차 추정량을 의미하는데 최소 평균자승오차 추정량은 이차 손실 함수를 최소화하는 추정치를 의미한다. 또한 평균자승오차를 최소화하는 추정치는 관측되지 않은 실제의 값을 관측된 시그널의 값에 직교투영하여 얻은 값으로 정의된다. 따라서 $E[z|\hat{z}]$는 다음과

같이 주어진다.

$$E[z|\hat{z}] = \kappa\hat{z}, \qquad \kappa = (1 + \omega^2)^{-1} \tag{6.14}$$

또한 베이즈 규칙을 밀도함수에 적용하여 계산하면 $f(\hat{z}|z)$는 다음과 같이 주어진다.

$$f(\hat{z}|z) = \frac{1}{\sqrt{2\pi}\omega} \exp(-\frac{(z - \hat{z})^2}{2\omega^2}) = \frac{1}{\sqrt{2\pi}\omega} \exp(-\frac{\epsilon^2}{2\omega^2}) \tag{6.15}$$

식 (6.15)은 주어진 실제값 하에서 시그널의 값에 대한 조건부 예측함수는 노이즈의 밀도함수와 동일함을 의미한다. 식 (6.14)와 식 (6.15)를 식 (6.13)에 대입하여 계산하면 다음과 같이 주어진다.

$$F(z) = \kappa z \tag{6.16}$$

이 식에서 κ의 값은 1보다 작은 양수이므로 $F(z)$는 기울기 1보다 작은 원점을 지나는 직선의 식으로 간주할 수 있다. 앞의 경우는 z가 -1과 1사이의 구간에서는 합리적 기대 하에서의 기대값과 불완전한 정보 하에서의 기대값 간의 차이가 그리 크지 않음을 볼 수 있다. 그러나 z의 크기가 일정 수준 이상으로 확대되면 불완전 정보 하에서의 기대값과 완전 정보 하에서의 기대값은 크게 차이가 난다. 그림 6.1의 함의는 0에서 멀지 않은 z의 값들에서의 평균 기울기는 1에 가깝지만 1을 벗어나면 기울기가 1보다 훨씬 작아진다는 것이다. 이에 반하여 식 (6.16)이 함의하는 점은 z의 값에 관계없이 기울기는 일정한 상수라는 점이다. 특히 지금까지 논의를 정리하면 상호정보의 크기에 제약이 부과되는 합리적 부주의 모형 하에서의 IS곡선은 아래와 같이 주어진다.

$$x_t = \kappa E_t[x_{t+1}] - \gamma(r_t - n_t), \quad \kappa = 1 - \exp(-2I) \tag{6.17}$$

이 식에서 I는 내트 단위로 부과된 상호정보의 상한이다. 위의 식의 함의는 다음과 같이 정리할 수 있다. 첫째, 합리적 부주의 제약이 부과되면 미래의 생산갭의 기대값이 현재 생산갭에 미치는 효과는 합리적 기대 모형의 경우에 비해 작아진다. 특히 I

가 무한대로 수렴하면 κ의 크기가 1에 수렴한다. 또한 I가 0으로 수렴하면 κ의 크기는 0으로 수렴한다. 둘째, κ는 I의 증가함수이다. 따라서 상호정보로 측정한 정보를 처리하는 능력의 상한이 높아질수록 미래의 생산갭의 기대값이 현재 생산갭에 미치는 효과는 커진다. 셋째, 그림 6.1의 오른편 패널의 그래프를 식 (6.17)의 그래프로 대체한다면 점선은 원점을 지나는 직선이 되고 기울기는 45도보다 작아진다.

3   통화정책의 이자율 경로에 대한 함의

통화정책의 전달경로(transmission mechanism)는 통화정책의 변화가 실물경제에 영향을 미치는 과정을 의미한다. 다양한 통화정책의 전달경로가 존재하고 시기와 상황에 따라서 어떠한 통화정책의 전달경로가 더 효과가 큰가의 여부를 판단하기 쉽지 않은 것으로 알려져 있다. 이 중에서 이자율 경로는 대표적인 통화정책의 전달경로로 알려져 있다.

만기가 앞으로 무한 기간 동안 남아 있는 장기 실질 이자율을 r_t^∞로 표기하면 장기 실질 이자율과 단기 실질 이자율 간의 관계는 다음과 같다.

$$r_t^\infty = \sum_{k=0}^{\infty} E_t[r_{t+k}]$$

이자율의 기간별 구조이론에서 기대가설에 의하면 현재 시점에서 장기채권의 수익률은 현재 시점부터 장기 채권의 만기까지의 기간 동안 단기 이자율의 가중평균이다. 위의 식은 기대가설이 함의하는 장기 실질 이자율과 현재 및 미래의 실질 단기 이자율 간의 관계를 반영한다. 마찬가지로 만기가 무한 기간 남아 있는 장기 자연 이자율은 다음과 같이 정의된다.

$$n_t^\infty = \sum_{k=0}^{\infty} E_t[n_{t+k}]$$

식 (6.1)에 수록되어 있는 완전정보 하에서 총수요 곡선은 생산갭에 대한 미래지

향적(forward-looking) 차분방정식으로 해석할 수 있다. 현재와 미래의 총수요함수를
모두 합하면 현재 시점에서의 총수요와 장기 이자율 간의 관계는 다음과 같이 결정
된다.

$$x_t = -\gamma(r_t^\infty - n_t^\infty) \tag{6.18}$$

현재 시점에서의 총수요는 장기 실질 이자율의 갭에 대하여 반비례하고, 비례 상수는
γ이다. 따라서 식 (6.18)의 함의는 장기 실질 이자율이 1% 상승할 때 총수요는 γ %의
감소를 보인다. 따라서 통화정책에 의해서 현재의 단기 명목 이자율이 상승하면 이
러한 효과가 장기 실질 이자율에 영향을 미치는 정도에 따라 총수요에 미치는 효과가
결정된다.

식 (6.17)은 합리적 부주의 하에서의 총수요곡선의 식이다. 이 식은 총수요에
대한 미래지향적 차분방정식이므로 κ가 1보다 작은 양수인 경우 현재 시점에서의
총수요는 다음과 같이 현재와 미래 단기 실질 이자율 갭의 예상 할인합이 된다.

$$x_t = -\gamma \sum_{l=0}^{\infty} \kappa^l E_t[r_{t+l} - n_{t+l}] \tag{6.19}$$

따라서 식 (6.18)과 식 (6.19)를 비교하면 미래의 이자율 변화가 현재 시점의 총수요
에 미치는 효과는 소비자들의 합리적 부주의를 부과하여 도출한 총수요 곡선에서 더
작게 나타난다는 것을 알 수 있다.

합리적 부주의가 고려된 경우 현재의 총수요와 장기 실질 이자율 간의 관계가 어
떻게 달라지느냐가 궁금할 수 있다. 식 (6.17)을 조작하여 정리하면 현재 시점에서의
총수요와 장기 이자율 간의 관계는 다음과 같다.

$$x_t = \kappa E_t[x_{t+1}] - \gamma(r_t^\infty - E_t[r_{t+1}^\infty] - (n_t^\infty - E_t[n_{t+1}^\infty])) \tag{6.20}$$

이 식은 미래지향적 차분방정식이므로 다음과 같이 다시 쓸 수 있다.

$$x_t = -\gamma(r_t^\infty - n_t^\infty) + \gamma(1-\kappa) \sum_{l=1}^{\infty} \kappa^{l-1}(E_t[r_{t+l}^\infty] - E_t[n_{t+l}^\infty]) \tag{6.21}$$

식 (6.18)과 식 (6.21)을 비교하면 식 (6.21) 우변의 두번째 항은 합리적 부주의의 가정에 의해서 추가된 항임을 알 수 있다. 또한 완전정보 하에서의 총수요와 합리적 부주의 하에서의 총수요 간의 차이는 우변의 두번째 항에 의해서 결정된다.

중앙은행의 선제지침은 소비자의 미래에 대한 기대에 영향을 미침으로써 총수요에 영향을 미치는 정책으로 간주할 수 있다. 중앙은행이 발표한 미래의 단기 이자율 경로에 대한 입장정립(commitment)은 식 (6.21)에서 r_t^∞를 낮추는 효과를 발생시킨다. 명목 이자율의 하한이 0이어서 더 이상 낮출 수 없더라도 0으로 고정되어 있을 것으로 예상되는 기간을 늘려주면 r_t^∞가 낮아진다. 식 (6.21)에서 $\kappa = 1$인 경우는 소비자가 완전정보를 가지고 있는 경우이다. $\kappa = 1$이면 두번째 항이 사라지므로 r_t^∞가 낮아지면서 총수요는 그대로 증가하게 된다. 그러나 κ가 1보다 작은 양수이면 두번째 항이 첫번째 항의 감소분을 상쇄하는 역할을 한다. 따라서 중앙은행의 선제지침이 총수요에 미치는 효과는 소비자의 합리적 부주의 정도가 상승하면서 감소한다.

다음에서는 앞에서 설명한 결과와 합리적 부주의를 일반균형 거시모형에서 분석한 연구의 결과 간의 차이를 간단히 설명한다. Mackowiak·Wiederholt(2009)는 합리적 부주의 모형을 기업의 이윤극대화 문제에 적용하여 통화정책의 실물효과가 발생할 수 있음을 보인다. 기업이 정보처리능력에 제약이 있고 다수의 서로 다른 외생적 충격의 발생을 분석해야 하는 상황에서 기업은 총수요 충격보다는 자신의 제품생산에 영향을 직접적으로 미치는 생산성 충격에 보다 더 많이 집중한다. 따라서 기업이 책정하는 가격은 통화정책의 충격에 덜 민감하게 반응한다. 본 장에서 설명하는 상황은 소비자의 정보처리능력에서 제약이 있는 경우이다. 어떠한 이유에서 필립스 곡선이 존재한다면 주어진 필립스 곡선 하에서 소비자가 보유하고 있는 정보처리능력의 유한성이 총수요 곡선에 미치는 효과에 집중하여 설명한다. 이와 같은 이유로 소비자에게 합리적 부주의의 가정이 부과된다면 이는 기업에 부과된 것과는 달리 통화정책의 효과를 감소시킬 수 있는 가능성이 존재한다는 것이다. 그러나

이러한 함의가 합리적 부주의 모형이 총수요 관리정책의 효과를 감소시키는 결과를
초래한다고 주장하는 것은 아님을 지적한다.

참고문헌

Clippel, De Geoffroy, Kfir, Eliaz, and Kareen Rozen. 2014. "Competing for Consumer Inattention." Journal of Political Economy. Vol. 122. No. 6. pp. 1203-1234.

Mackowiak, Bartosz and Mirko Wiederholt. 2009. "Optimal Sticky Prices under Rational Inattention." American Economic Review. Vol. 99. No. 3. pp. 769-803.

Piccione, Michael and Ariel Rubinstein. 2003. "Modelling the Economic Interaction of Agents with Diverse Abilities to Recognize Equilibrium Patterns." Journal of the European Economic Association. Vol. 1 No. 1. pp. 212-223.

Rubinstein. Ariel. 1993. "On Price Recognition and Computational Complexity in a Monopolistic Model." Journal of Political Economy. Vol. 39. pp. 83-96.

Sims, Christopher. 2003. "Implications of Rational Inattention." Journal of Monetary Economics. Vol. 50. No. 3. pp. 665–690.

Sims, Christopher. 2010. "Rational Inattention and Monetary Economics." Handbook of Monetary Economics, in: Benjamin Friedman & Michael Woodford (ed.), Handbook of Monetary Economics. Vol. 3. pp.155-181. Amsterdam: Elsevier.

Woodford, Michael. 2012. "Prospect Theory as Efficient Perceptual Distortion." American Economic Review. Vol. 112. No. 3. pp. 41-46.

제 7 장   확률적 선택과 통화정책의 결정

본 장에서는 앞에서 설명한 확률적 선택을 중앙은행의 통화정책에 대한 의사결정에 적용한다. 중앙은행은 거대한 자료수집 및 연구조직을 거느리고 있으므로 '확률적 선택의 상황을 가정하는 것이 과연 적절하느냐'라고 의문을 제기할 수 있다. 본 장에서는 중앙은행이 가지고 있는 현실 경제에 대한 정보가 불완전하다는 사실의 함의를 분석한다. 중앙은행이 실제의 경제상황에 대하여 불완전한 정보를 가지고 있다는 사실이 중앙은행이 정보수집 및 처리를 제대로 처리하지 못해서 발생하는 것이 아니라 정보처리를 위해 지불해야 하는 비용이 매우 크기 때문인 것으로 가정한다.

중앙은행의 정책결정모형으로서 확률적 선택모형을 분석하기 위해 다음과 같은 몇 가지의 가정이 필요하다. 첫째, 중앙은행은 현재의 상황을 정확하게 관측하지 못한다. 이와 같은 가정을 부과한 기존의 연구를 쉽게 발견할 수 있다. 중앙은행이 경제의 실제 상황에 대하여 불완전한 정보를 가지고 있어서 중앙은행이 경기불황이 발생할 때 과도하게 반응하여 통화정책을 운영한다면 이는 과도하게 높은 인플레이션과 실업률로 이어질 수 있음이 기존 연구에서 강조되었다. 예를 들어 Orphanides(2002)는 경기불황을 측정하는 척도가 현실의 경제상황을 정확하게 반영하지 못하는 상황에서 불완전한 척도를 완전한 척도로 간주하고 이에 대응하여 통화정책의 정책수단을 조정하는 경우 미국의 1960년대와 1970년대 볼 수 있었던 고인플레이션과 고실업의 상황으로 이어질 수 있다고 주장한다. 둘째, 어느 나라이든 중앙은행이 매우 많은 직

166

원들을 고용하여 현재와 미래의 경제상황에 대한 판단 및 예측을 하더라도 주요 거시
경제 변수의 실현값을 미리 정확하게 예측할 수 없다. 완전한 예측은 불가능하지만
보다 정확한 예측을 위해 많은 자원을 투입한다. 이는 중앙은행이 통화정책의 수행
을 위해 지불해야 하는 정보비용이 있음을 의미한다. 셋째, 중앙은행은 기준금리의
목표치를 새로 결정해야 할 때 선택지는 세 개의 행동대안이다. 기준금리 목표치의
인상, 기준금리 목표치의 인하, 기준금리 목표치의 동결 등이다. 확률적 선택모형의
적용 가능성은 다음에서 설명하는 가정들이 현실적으로 타당하느냐에 달려 있다.
앞에서 설명한 가정의 내용은 실제의 중앙은행들에게 적용되는 것들이므로 확률적
선택모형의 현실적 타당성을 크게 비판하기 어렵다고 할 수 있다.

　본 장에서는 합리적 부주의 모형에서와 같이 중앙은행이 통화정책을 위해 지불
해야 하는 정보처리비용은 상호정보에 비례하는 것으로 가정한다. 확률적 선택모형
에서는 유한 개의 가능한 대안 중 하나를 선택해야 하는 상황에서 실제의 상황이
같을지라도 의사 결정자는 동일한 대안을 선택하지 않을 수 있다. 따라서 주어진
실제의 상황 하에서 어느 대안이 선택되느냐를 설명하는 의사 결정자의 반응 함수
는 선택확률이 된다. 이와 같은 확률적 선택모형을 중앙은행의 이자율 목표 선택을
설명하는 모형으로서 사용한다.

1　통화정책의 결정과정

한국에서는 금융통화위원회가 목표 기준금리를 결정한다. 한국은행 총재는 금융통화
위원회를 대표하는 의장으로서 회의를 주재한다. 금융통화위원회의 본 회의는 의장
이 필요하다고 인정하는 때, 또는 위원 2인 이상의 요구가 있을 때 의장이 소집할 수
있는데 현재는 매월 둘째주, 넷째주 목요일에 정기회의가 개최되고 있다. 본 회의에
상정되는 안건을 심의·의결하기 위해서는 통상 7인의 금통위원 중 5인 이상의 출석과

출석위원 과반수의 찬성이 필요하며 금융통화위원회가 의결을 한 때에는 의결서를 작성한다.

본 회의의 논의내용에 대해서는 의사록을 작성하고, 작성된 의사록의 내용 중에서 통화신용정책에 관한 사항에 대해서는 외부에 공개한다. 보다 자세히 설명하면 다음과 같다. 한국은행은 금융통화위원회의 의사록을 "금융통화위원회 회의운영규정 제12조(의사록의 공개)"에 의거하여 회의일로부터 2주가 경과한 이후 최초로 도래하는 화요일(휴무일인 경우 익영업일)에 공개한다. 한국은행이 공개한 의사록에 담겨 있는 의사결정과정은 다음과 같이 요약할 수 있다.

1. 본 회의가 개최되기 하루 전에 개최되는 동향보고회의에서 조사국장은 국내외 경제동향, 국제국장은 외환·국제금융의 동향, 금융시장국장은 금융시장의 동향을 각각 보고한다.

2. 본 회의에서는 의장인 한국은행 총재가 전일의 보고내용을 접수하고 한국은행법 제28조에 따라 의안 '제4호 통화정책방향'을 상정한다.

3. 위원 토의내용: 금융통화위원들은 국내외 경제동향, 외환·국제금융의 동향, 금융시장의 동향 등과 관련하여 자신들의 의견을 제시한다.

4. 한국은행 기준금리 결정에 관한 위원별 의견 개진: 한국은행 기준금리 결정에 관해 위원별로 의견을 개진한다. 예를 들어 한 금융통화위원은 이번 달 당행의 기준금리를 다음 달 기준금리 결정시까지 25 베이시스 포인트 하향조정하여 운영하는 것이 바람직하다는 의견을 제시할 수 있다. 또한 다른 금융통화위원은 이번 달 당행의 기준금리를 다음 달 기준금리 결정시까지 현재의 기준금리 수준을 그대로 유지하는 것이 바람직하다는 의견을 제시할 수 있다.

5. 심의결과: 앞에서 토의한 결과를 반영하여 금융통화위원들은 다수 의견이 반영된 구체적인 의결문안을 작성한다. 예를 들어 "금융통화위원회는 다음 통

화정책방향 결정시까지 한국은행 기준금리를 현 수준(1.50%)에서 유지하여 통화정책을 운용하기로 하였다.”

미국의 경우 금융통화위원회에 대응되는 기관이 연방공개시장조작위원회(Federal Open Market Committee)이다. 연방공개시장위원회는 총 12명의 위원으로 구성된다. 이 중 7명의 위원은 연방준비제도위원회의 위원들이 차지하고, 1인은 뉴욕 연방준비은행(Federal Reserve Bank of New York)의 행장, 그리고 1년 임기로 순환하여 뉴욕 연방준비은행을 제외한 11개의 연방준비은행 행장들이 나머지 4석을 차지한다. 4개의 순환직은 보스톤, 필라델피아, 리치몬드 연방준비은행으로 이루어진 그룹에서 1인의 행장, 클리브랜드와 시카고 연방준비은행 등 두 개의 은행에서 1인의 행장, 아틀란타, 세인트 루이스, 달라스 등으로 구성된 그룹에서 1인의 행장, 그리고 미네아폴리스, 캔사스 씨티, 샌프란시스코 연방준비은행으로 이루어진 그룹에서 1인의 행장이 매년 돌아가면서 의석을 차지한다.

FOMC 위원들은 매년 2월과 7월에 자신들의 경제 예측을 발표한다. FOMC 위원들의 전망은 연준이 의회에 제출하는 ‘통화정책보고서(monetary policy report)’에 포함된다.[1] FOMC 위원들은 2월에는 향후 4분기 동안의 인플레이션율과 성장률에 대한 전망과 당해년도 말의 실업률에 대한 전망을 제시해야 한다. 7월에는 동일한 변수에 대한 당해년도와 익년도의 전망을 제시한다.

Romer·Romer(2008)는 연방공개시장조작위원회 위원들과 연방준비위원회 경제

---

[1] 1970년대 발생한 실업률의 증가에 대응하여 하원의원 호킨스(Augustus Hawkins)와 상원의원 험프리(Hubert Humphrey)는 완전고용과 균형성장 법안(Full Employment and Balanced Growth Act)을 작성하였고, 이 법안은 1978년 10월 27일 카터 대통령이 서명하였다. 이 법안은 연준이 장기성장을 유지하고, 인플레이션을 최소화하고, 물가안정을 증진하는 통화정책을 수립할 것을 요청하고 있다. 또한 이 법안에 의해서 연준은 매년 2회에 걸쳐 의회에 통화정책보고서를 제출한다.

전문가 간의 바람직한 역할분담을 분석한다. 이들이 중요하게 생각한 이슈는 FOMC 위원들이 직접 경제상황을 예측을 하고 정책선택의 결과를 전망하는 일과 정책을 선택하는 일을 동시에 수행하느냐 아니면 연방준비위원회의 경제전문가들이 작성한 경제예측과 이에 기반한 정책대안들 중에서 하나를 선택하는 일만 수행하느냐 중에서 어느 것이 더 바람직한 업무분담인가를 분석하는 것이다. 연방준비위원회의 직원들이 준비한 경제예측 자료는 작성된 지 5년이 지나면 일반에 공개된다. 또한 FOMC 위원들이 제시한 예측치들의 중간값(central tendency 또는 mid-point)은 통화정책보고서에 수록되어 있다. 따라서 인플레이션율, 실업률 및 경제성장률에 대하여 각각 아래와 같은 회귀식을 구성할 수 있다.

경제변수의 실제치 $= a + b$(직원의 예측치) $+ c$(FOMC 위원의 예측치) $+$ 잔차

극단적인 가정 하에서의 회귀계수의 값을 먼저 설명한다. 첫째, FOMC 위원들의 예측은 직원들의 예측치에 덧붙여서 새로운 정보를 제공하지 못하는 상황에서는 $c = 0$이 된다. 둘째, 직원의 예측이 매우 정확하다면 $b = 1$이 된다. Romer·Romer가 제시한 실증분석의 결과는 다음과 같이 요약할 수 있다.

1. 인플레이션율의 경우 직원의 예측치에 대한 계수가 1.40(0.25)이고 FOMC 위원의 예측치에 대한 계수가 -0.38(0.25)이다. FOMC 위원들이 제시한 예측치의 계수값이 음수이고 유의하다.

2. 실업률의 경우 직원의 예측치에 대한 계수가 0.78(0.37)이고 FOMC 위원의 예측치에 대한 계수가 0.17(0.34)이다. FOMC 위원들이 제시한 예측치의 계수값이 작고 또한 유의하지 않다.

3. 실질 성장률의 경우 직원의 예측치에 대한 계수가 0.17(0.88)이고 FOMC 위원의 예측치에 대한 계수가 0.67(0.90)이다. 직원들과 FOMC 위원들이 제시한 예측치 모두 유의하지 않다.

Romer·Romer(2008)가 앞에서 요약한 자신의 실증분석 결과는 중앙은행의 경제분석을 담당하는 직원과 통화정책을 결정하는 FOMC 위원 간의 업무분담에 대한 함의가 있다고 주장한다. 특히 이들은 FOMC 위원들이 미래 경제상황을 예측하는 작업에서의 효율성이 직원들의 효율성보다 떨어진다면 FOMC 위원들이 예측 업무와 정책 결정을 모두 수행하기보다는 FOMC 위원들은 정책 결정에 집중하고 직원들은 예측업무에 집중하는 분담이 효율적인 업무분담이라고 주장하였다.

2   중앙은행의 소통과 기준금리 미디어 전망지수

본 장에서는 한국은행의 정책금리인 기준금리의 전망에 대한 미디어 지수를 추계하여 미디어 지수의 예측력을 살펴본다. 미디어 기준금리 전망지수를 다음과 같은 방식으로 추계하였다. '기준금리 인하(하락) 전망(예측)', '기준금리 인상(상승) 전망(예측)', '기준금리 동결(유지) 전망(예측)' 등의 3개 단어에 대해서 각각의 단어에 대한 빈도수를 추계하였다. 빈도수를 추계를 위해 42개의 방송사 및 신문사 경제기사를 저장한 한국언론진흥재단의 데이터 베이스를 사용하였다. 한국은행은 2008년 3월부터 기준금리에 대한 목표치를 매월 1회씩 설정하여 발표하였으므로 검색시간은 2008년 3월부터 2017년 1월까지이다.

독자들의 기준금리에 대한 해를 위해서 기준금리에 대한 목표치가 결정되는 과정과 기준금리의 변화가 실물경제에 영향을 미치는 과정에 대하여 간략하게 요약한다. 기준금리 결정회의인 본 회의가 열리는 일자의 이전 주부터 한국은행에 근무하는 실무진들의 경제분석을 거쳐 작성된 다양한 자료를 토대로 발표·토론하기 위해 본 회의 전일에는 '동향보고회의'가 열린다. 한국은행의 홈페이지에 따르면 '동향보고회의에서 한국은행의 주요 부서는 금융통화위원회 위원들에게 국내외 금융·경제상황에 대한 종합적인 보고를 하며, 이어서 위원들 간의 토론이 이루어진다'. 한편 기준금리의 목표치를 결정하는 본 회의는 통상 오전 9시에 열리며 기준금리의 목표치가 결정되면 통화정책방향 의결문이 작성된다. 본 회의 직후 한국은행 총재는 '기자간담회'를 열어 기준금리 결정 배경 등에 대해 설명한다. 본 회의의 개최일부터 2주가 지나면 본 회의에서 논의된 내용을 수록한 의사록이 공개된다. 의사록의 공개는 '통화정책방향 의결문 발표', '총재의 기자간담회' 등과 함께 정책결정 내용에 대한 일반의 이해를 돕고 통화정책의 투명성을 제고하기 위한 방안의 하나이다. 한국은행은 2008년 3월 이전에는 콜금리에 대한 목표치를 설정하였으나 2008년 3월부터 기준금리에 대한 목표치를 설정하고 있다. 한국은행의 홈페이지에서 요약하고 있는 기준금리의 정의와 기능은 다음과 같다. "한국은행이 금융기관과 환매조건부증권(RP) 매매, 자금조정 예금 및 대출 등의 거래를 할 때 기준이 되는 정책금리로서 간단히 '기준금리'(base rate)라고도 한다. 한국은행은 기준금리를 7일물 RP매각시 고정입찰금리로, 7일물 RP매입시 최저입찰금리(minimum bid rate)로 사용한다. 그리고 자금조정 예금 및 대출금리를 기준금리에서 각각 -100bp 및 +100bp 가감하여 운용한다. 한국은행 금융통화위원회는 매월 물가 동향, 국내외 경제상황, 금융시장 여건 등을 종합적으로 고려하여 기준금리를 결정하고 있다. 이렇게 결정된 기준금리는 초단기금리인 콜금리에 즉시 영향을 미치고, 장단기 시장금리, 예금 및 대출금리 등의 변동으로 이어져 궁극적으로는 실물경제 활동에 영향을 미치게 된다."

　　표 7.1은 기준금리 미디어 전망지수와 실제의 목표치를 비교하고 있다. 기준금리 미디어 전망지수는 한국언론재단의 홈페이지에서 다운로드한 키워드 트렌드 검색 자료를 이용하여 다음과 같은 방식으로 작성된다. 첫째, '기준금리 인하(하락) 전망(예측)', '기준금리 인상(상승) 전망(예측)', '기준금리 동결(유지) 전망(예측)' 등의 3개 단어에 대해서 각각의 단어에 대한 빈도수를 추계한다. 이 단계에서 다음 달에 예상되는 예상되는 인상의 확률, 인하의 확률, 동결의 확률을 계산할 수 있다. 둘째, 앞에서 추계한 확률에 의거하여 1개월 선행 목표치의 예상변동을 계산하기

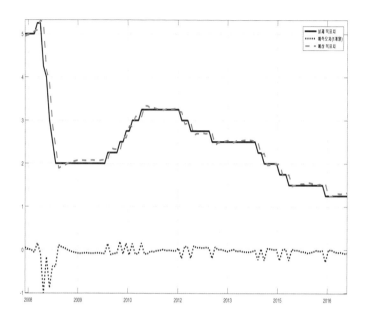

출처: 한국언론재단의 홈페이지에서 다운로드한 키워드 트렌드 검색 자료와 한국은행의 홈페이지에 수록되어 있는 기준금리 목표치 자료를 사용하여 추계하였다.

그림 7.1: 기준금리 미디어 전망지수와 실제 목표치

위해 다음과 같은 가정을 부과한다. 한국은행이 긴급하게 목표치를 변동시켜야 하는 긴급상황이 아니라면 매번 목표치를 인상하거나 인하할 때의 변화폭은 0.25%이다. 따라서 기준금리 미디어 전망지수는 다음과 같이 정의된다.

$$1개월\ 선행\ 예측치 = 현재\ 시점의\ 목표치 + 0.25(인상\ 확률 - 인하\ 확률) \quad (7.1)$$

그림 7.1의 청색 점선은 미디어 전망지수를 의미한다. 검은색 실선은 실제의 목표치를 의미한다. 또한 검은색 점선은 실제의 목표치에서 예측치를 감한 차이를 예

측오차를 의미한다. 예측오차가 음수인 경우는 실제의 목표치가 예측치에 비해 낮기 때문에 시장에서 예측한 기준금리 목표에 대한 예상치에 비해 보다 더 낮다는 의미이다. 시장의 예상에 비해 더 적극적으로 인플레이션의 상승 또는 경기부양을 위한 통화정책의 운영목표치를 선택한 것으로 간주할 수 있다. 반대로 예측오차가 양수이면 예상치가 낮으므로 시장에서 예상한 것에 비해 기준금리의 목표치를 더 높게 잡은 것으로 볼 수 있다. 이는 시장의 예상에 비해 인플레이션의 안정 또는 외환시장의 안정에 중점을 둔 것으로 해석할 수 있다. 표 7.1을 보면 2008년과 2009년 사이에는 예측오차가 큰 폭으로 음수로 나타난다. 동 기간이 글로벌 금융위기 기간인 점을 감안하면 시장이 예상한 것에 비해 기준금리를 빠른 속도로 낮추어 갔음을 알 수 있다. 2010년과 2011년을 거치는 기간 중에는 예측오차가 양수인 기간과 음수인 기간이 빈번하게 교차하여 관측된다. 이는 한국은행이 결정한 실제 목표치와 시장에서 예측한 목표치 간의 어느 정도 괴리가 발생하는 상황이 상당 기간 지속되었음을 의미한다. 2012년부터 현 시점까지의 기간은 기준금리의 목표치를 완만하게 내리는 기간으로 볼 수 있는데 동 기간 중 예측오차가 음수인 상황이 수차례 발생한다. 이는 금리를 인하하는 기조를 유지하는 기간 중 동결이냐 아니면 인하를 결정하는 시점을 정확히 예측할 수 없는 상황이 종종 발생하였기 때문이다. 예측오차의 의미를 살펴보기로 한다. 표 7.1의 검은색 점선은 통화정책의 충격으로 간주해도 될 것인가? 검은색 점선이 시장에서 예측하지 못한 금리인하를 의미한다면 이는 통화정책의 충격이라고 볼 수 있다. 표 7.1의 검은색 점선으로 측정한 통화정책의 예상치 못한 변화로 해석하는 것이 당시의 시장의 견해와 일치하느냐를 확인해볼 필요가 있다. 이를 위해 최근의 두 인하 시점의 신문사설을 소개한다. 첫번째 시점은 2015년 3월이다. 2015년 3월 기준금리를 2%에서 1.75%로 인하했다. 2015년 3월 15일 한국일보의 사설은 다음과 같다. "··· 그럼에도 불구하고 이번 인하는 왠지 부자연스럽다. 금통위는 지난 2월 만장일치로 금리 동결을 결정했다. 따라서 대부분 시장 전문가들은 금통위가 이번에 일단 소수의견을 낸 뒤, 4월에 금리를 올리는 안정적 선택을 할 것으로 예상했다. 한은이 외압에 몰려 독자적 판단을 포기한 것 아니냐는 얘기까지 나돌고 있다. 결과적으로 ⋯ 통화정책에 불신만 초래한 셈이다." 또한 2015년 3월 15일의 한겨레신문의 사설을 인용하면 다음과 같다. "⋯ 한은의 이번 조처를 보면서 아쉬운 생각도 든다. 인하 시기를 좀더 앞당겼으면 어땠을까 싶어서다. 그랬으면 기준금리 인하요구 같은, 일부 정치권 인사들의 불필요한 간섭도 줄일 수 있었을 것 같다. 독립성을 강조하는 한은으로서는 자존심 상하는 일 아닌가. 여전히 시장과의 소통이 원활하지 못한 점도 빼놓을 수 없다. 이번에도 사전에 적절한 신호를 주지 못했다는 비판이 적지 않게 나온다." 또한 한국은행은 2016년 6월에 1.5%에서 1.25%로 인하하였다. 2016년 6월 9일 중앙일보 사설 '사상 최저 금리, 더 이상 물러날 곳은 없다.'에 실린 기사의 일부분을 인용한다. "한국은행이 어제 기준금리를 인하했다. 1년 만에 연 1.5%에서 1.25%로 0.25%포인트를 내렸다. 사상 최저다. 물가를 감안하면 사실상 제로금리 시대에 들어섰다. 시장에선 예상하지 못했다. ⋯ 한은 총재는 '미리 (시장과) 소통하고 싶었지만 여의치 않았다'고 했다."

위의 신문기사 내용을 보면 2015년 3월과 2016년 6월의 기준금리변동은 대다수의 신문과 방송에서 예상하지 못한 기준금리의 변동일 가능성이 높다. 그러면 실제로 미디어 기준금리 전망지수에서 예측하지 못한 변동으로 나타나는가? 표 7.1의 검은색 점선의 점선에서도 2015년 3월과 2016년 6월 음수의 값을 가짐을 알 수 있다. 앞에서 제시한 예는 표 7.1의 검은색 점선에서 최근 음수로 나타나는 시점은 한국은행의 기준금리 인하 결정이 미리 시장에서 정확하게 예측되지 못해서 발생하는 상황을 반영하고 있다. 지금까지의 논의는 통화정책의 충격이 발생하는 원인에 대하여 어떠한 함의가 있는가? 저금리 기조 하에서도 그리고 기준금리를 변동할 때 인하의 폭이 미리 알려져 있다고 할지라도 금리인하 시점이 완벽하게 미리 알려져 있지 않기 때문에 예측오차가 발생할 수 있다는 것이다. 이 경우 실제의 기준금리가 예상된 수준보다 더 낮아져서 예상치 않은 통화정책의 충격이 발생할 수 있음을 앞에서 제시한 예를 통해서 확인할 수 있었다. 아울러 앞에서 설명하는 데 몇 가지 예들은 본 장에서 작성한 방식의 기준금리 미디어 지수의 유용성을 어느 정도 함의한다. 그 이유는 미디어에서 보도되었던 여러 가지 정황들과 지수를 통해서 찾아낸 통화충격의 시점이 일치한다고 볼 수 있기 때문이다.

3   중앙은행의 불완전한 정보와 통화정책의 실제 운용

실시간 자료(real time data)는 사후적으로 몇 차례 보완을 거친 후에 확정된 자료와 다르다는 점은 널리 알려져 있다. 실시간 자료와 나중에 확정된 자료가 다르고 어느 것이 더 경제상황을 정확하게 반영한 자료일 것인가에 대하여 의문이 있다면 수정·보완을 거친 후 확정된 자료가 더 정확한 정보이어야 할 것이다. 실시간 자료와 확정된 자료 간의 차이가 있더라도 무시할 수 없는 차이를 보일 정도로 정책의 차이가 나느냐는 의문을 제기할 수 있다. 유의미한 차이가 있다는 점이 확인이 되어야 정보의 불완전성으로 인하여 발생할 수 있는 오차를 보완하는 것이 필요하다는 주장이 설득력이 있다.

한국의 거시경제 자료에서도 실시간 자료와 확정된 자료는 차이가 있다. 잠정치 (preliminary figures)는 기초통계가 모두 완비되지 않은 상태에서 잠정적으로 작성 및 발표하는 통계수치를 의미한다. 통상 'p'의 첨자를 사용하여 표시한다. 확정치 (final figures)는 기초통계가 완비된 상태에서 작성한 통계수치를 의미한다. 아무런 첨자 없이 나타낸다. 한국은행은 동일한 거시경제 변수이더라도 분기 속보, 분기 잠정, 연간 잠정, 연간 확정 등으로 작성시점에 따라 달리 분류하여 발표하고 있다. 분기 속보는 해당분기 종료 후 28일(4주) 이내에 발표된다. 분기 잠정은 당해 분기가 종료한 이후 70일(10주) 이내에 공표된다. 분기 속보치의 경우 이전 분기 가운데 2

개월에 대해서는 실현치를 사용하고 마지막 1개월에 대해서는 예측치를 사용하여 추계하는 것으로 알려져 있다. 잠정치의 경우 3개월 간 실현된 값을 모두 사용하는 것으로 알려져 있다. 따라서 각 분기의 마지막 달에 예상치 못한 거시경제의 큰 변화가 발생하면 속보치와 잠정치는 큰 차이를 보일 수 있다. 또한 연간 잠정은 해당연도 종료 후 90일(3개월)이내, 연간 확정은 익익년 3월에 각각 공표된다.

　중앙은행도 기준금리를 결정해야 하는 시점에서 실시간 자료를 보고 결정해야 하므로 앞에서 설명한 문제에 봉착할 수 있다. Orphanides(2002)는 미국의 자료를 사용하여 중앙은행이 실시간 자료를 사용하여 정책금리를 결정해야 한다는 사실이 중앙은행이 결정하는 금리목표에 유의미한 차이를 발생시키느냐에 대하여 실증분석한 결과 무시할 수 없는 차이가 있다는 점을 밝혔다. 이처럼 관련연구에 따르면 중앙은행이 기준금리를 결정하는 시점에서 불완전한 자료에 의거하여 판단해야 한다는 점은 이상한 가정이 아니다. 또한 중앙은행의 불완전한 정보가 실제의 통화정책 운용에 유의미한 영향을 미칠 가능성도 높다는 점도 관련연구에서 강조된 점이다.

　Orphanides는 자연 실업률에 대한 실시간 추계치와 이후의 사후적 추계치 간의 괴리를 하나의 중요한 원인으로 지적하고 있다. Orphanides의 논문에 수록된 그림 자료에서 자연 실업률의 당시 실시간 추계치는 5% 정도이지만 미 의회의 예산처에서 그 이후 발표한 사후 추정치는 약 6%이다. 자료를 통해서 확인할 수 있는 차이는 1% 이지만 당시 정책을 결정하는 주요 책임자들은 1960년대 후반 4%의 자연 실업률이 상식적으로 납득할 수 있는 자연 실업률의 추정치라는 믿음을 가지고 있어서 이들이 실제로 가지고 있던 자연 실업률에 대한 오해는 더욱 컸던 것으로 지적하고 있다. 사후에 확정된 자료가 확보된 이후 동일한 이자율 준칙에 적용하여 추계한 이자율은 실시간 자료를 사용하여 동일한 방식으로 추계한 이자율보다 더 높게 나타난다. 이는 보다 더 정확한 정보를 가지고 이자율 목표를 결정했다면 실시간 자료에 의거하여 선택한 이자율 목표치와 상당히 다를 수 있음을 시사한다. 특히 이와 같은 논의의 실시간 자료에 따른 정책판단에서의 오류가 1970년대 미국의 고인플레이션 현상을 심화시켰을 가능성이 높다는 주장이 꾸준히 제기되어 왔다. 주요 정책 담당자들의 자연 실업률과 인플레이션 예측에 대한 오해가 작았다면 당시의 연방기금금리에 비해 더 높은 수준으로 금리목표가 설정되었을 것이다. 따라서 보다 긴축적인 통화정책이 실시되어 1970년대 미국의 고인플레이션 현상이 완화되었을 것이라는 주장이 강조점이다.

또한 동일한 맥락에서 중앙은행이 동일한 이자율 준칙에 따라서 금리목표치를 선택하더라도 다음과 같은 상황에서 인플레이션 목표치가 부적절하게 높게 책정될 수 있다.

1. 자연이자율을 지나치게 높게 책정한다.

2. 자연실업률을 지나치게 높게 책정한다.

3. 인플레이션 예측이 매우 낙관적이다.

4. 실업률 예측이 매우 비관적이다.

유사한 결과가 성장률의 예측치와 인플레이션율의 예측치를 독립변수로 포함하는 테일러 준칙을 사용하는 경우에도 성립한다. 예를 들어 경제 성장률의 예측치와 인플레이션의 예측치를 사용하는 경우 이자율 준칙은 아래와 같이 쓸 수 있다.

$$ i = \hat{r}^* + \hat{\pi}^* + \phi_\pi (\pi^f - \hat{\pi}^*) + \phi_g (g^f - \hat{g}^*) \tag{7.2} $$

이 식에서 i는 기준금리, π^f는 인플레이션율의 예측치, g^f는 실질 성장률의 예측치를 의미한다. 금리목표를 결정해야 하는 시점에서 자료의 정확한 값을 관측할 수 없기 때문에 왜곡이 발생할 수 있다. 위의 식은 실시간으로 금리목표를 결정해야 하는 상황에서 왜곡된 자료를 사용하는 금리목표를 결정하는 상황을 기술하고 있다. 자료의 정확한 값을 관측할 수 없기 때문에 자연 이자율과 잠재 성장률도 정확하게 추정하지 못하고 왜곡이 발생할 수 있다. 이러한 가능성을 고려하여 변수를 정의하면 다음과 같다. $\hat{r}^*$는 정확하지 않고 왜곡되어 있을 가능성이 있는 자연 이자율의 추정치이고, $\hat{g}^*$는 왜곡되어 있을 가능성이 있는 잠재 성장률의 추정치이다. $\hat{\pi}^*$는 정확한 실제의 자료를 알지 못한 채 결정된 인플레이션 목표치를 의미한다.

식 (7.2)에는 두 개의 반응계수가 있다. 하나는 ϕ_π는 인플레이션율 예측치가 인플레이션율의 목표치로부터 괴리되는 값에 반응하는 정도를 나타내는 계수이다. 이는 금융통화위원회가 실제의 인플레이션이 인플레이션 목표치로부터 벗어나는 것에 대하여 얼마나 민감하게 반응하느냐를 나타낸다. 다른 하나는 ϕ_g는 경제 성장률이 잠재 성장률에서 벗어나는 정도에 따라 금리목표를 변동시키는 크기를 결정하는 반응계수이다. 이는 금융통화위원회가 실제의 인플레이션이 인플레이션 목표치로부터 벗어나는 것에 대하여 얼마나 민감하게 반응하느냐를 나타낸다. 특히 테일러 원칙은 ϕ_π의 크기가 1보다 크게 해야 한다는 원칙을 의미한다. 테일러 원칙을 정당화하는 근거의 하나는 테일러의 원칙이 제공하는 안정성이다. 식 (7.2)에서 $\hat{r}^*$는 실시간으로 추정하였으므로 왜곡의 가능성이 있다고 할지라도 현재 시점의 가용한 자료를 사용하여 평가한 '바람직한 실질 이자율 수준'이다. 식 (7.2)가 의미하는 실질 이자율의 괴리를 식으로 쓰면 다음과 같다.

$$i - \pi^f - \hat{r}^* = (\phi_\pi - 1)(\pi^f - \hat{\pi}^*) + \phi_g(g^f - \hat{g}^*)$$

중앙은행은 기준금리를 조정하여 인플레이션 목표치를 달성하는 것을 목표로 정한다면 $\phi_\pi > 1$이 되어야 함을 알 수 있다. 예를 들어 $\pi^f > \hat{\pi}^*$인 경우가 발생했다고 가정하자. 이 경우 인플레이션율이 목표치보다 높은 상황이므로 인플레이션율을 낮추기 위해 총수요를 낮추어야 한다. 또한 총수요는 실질금리와 반대방향으로 움직인다. 따라서 중앙은행은 총수요를 낮추기 위해 기준금리를 높여야 한다. 위의 설명을 정리하면 다음과 같다. $\pi^f > \hat{\pi}^*$인 경우 기준금리를 높여서 인플레이션이 목표수준으로 떨어지게 해야 한다. 반대로 $\pi^f < \hat{\pi}^*$인 경우 기준금리를 높여서 인플레이션이

목표수준으로 상승하게 해야 한다. 이를 위해서 ϕ_π의 값이 1보다 커야 한다. 따라서 인플레이션율의 반응계수가 1보다 커야 한다는 것이 테일러의 원칙이며 테일러의 원칙을 지키면 실제의 인플레이션율이 목표인플레이션의 수준을 일시적으로 벗어나더라도 다시 목표 인플레이션 수준으로 돌아가게 한다.

유사한 논리가 경제 성장률에도 적용될 수 있다. 일시적으로 실제의 경제 성장률이 잠재 성장률로부터 벗어나는 경우 잠재 성장률 수준으로 회귀시키기 위해 기준금리를 사용할 수 있다. 예를 들어 $g^f > \hat{g}^*$인 경우가 발생했다고 가정하자. 이 경우 경제 성장률이 잠재 성장률보다 높은 상황이므로 경제 상장률을 잠재 성장률의 수준으로 낮추기 위해 총수요를 낮추어야 한다. 또한 총수요는 실질금리와 반대방향으로 움직인다. 따라서 중앙은행은 총수요를 낮추기 위해 기준금리를 높여야 한다. 또한 $g^f < \hat{g}^*$인 경우가 발생했다고 가정하자. 이 경우 경제 성장률이 잠재 성장률보다 낮은 상황이므로 경제 상장률을 잠재 성장률의 수준으로 높이기 위해 총수요를 올려야 하고 중앙은행은 총수요를 올리기 위해 기준금리를 높여야 한다. 두 경우 모두 만족시키기 위해서 ϕ_g의 값이 양수이어야 한다.[2]

중앙은행이 식 (7.2)를 반영하여 기준금리의 목표치를 설정한다면 비록 정확한 자료를 관측하지는 못하지만 자신이 보유한 불완전한 정보 하에서 바람직한 테일러의 원칙을 고수하여 기준금리의 목표치를 결정하는 것으로 볼 수 있다. 그러면 실시간 자료와 실제의 자료는 어떠한 관계가 있는가를 생각해본다. 가장 단순한 형태의 가정이 실시간 자료는 실제의 자료값에 노이즈를 더하여 형성되는 시그널로 가정하는

---

[2]ϕ_π와 ϕ_g의 값이 지나치게 커지면 동태적 일반균형모형에서 도출되는 균형경로가 안정적이며 유일해야 한다는 조건을 만족시키지 못하게 하는 상황이 발생할 수도 있다. 따라서 균형 경로의 안정성과 유일성을 위해 두 개의 반응계수에 대하여 하한도 존재하지만 상한도 존재한다.

것이다.

$$\pi^f = \pi + \epsilon_\pi^f; \quad g^f = g + \epsilon_g^f$$

이 식에서 ϵ_π^f는 인플레이션 실시간 자료의 노이즈이고 ϵ_g^f는 경제 성장률 실시간 자료의 노이즈를 의미한다. 두 개의 노이즈는 모두 실제의 자료와 무관하게 결정된다. 또한 실제의 자연 이자율과 실제의 잠재 성장률에 대해서도 동일한 식을 정의할 수 있다.

$$\hat{r}^* = r^* + \hat{\epsilon}_r; \quad \hat{g}^* = g^* + \hat{\epsilon}_g$$

이 식에서 $\hat{\epsilon}_r$는 자연 이자율에 대한 오차이고 $\hat{\epsilon}_g$는 잠재 성장률에 대한 오차를 의미한다. 두 개의 노이즈는 모두 실제의 자료와 무관하게 결정되는 것으로 가정한다.

실시간 자료를 사용하는 경우 어떠한 문제가 발생할 수 있느냐를 보기 위해 실제의 자료를 사용하는 경우와 비교하여 설명한다. 실제의 자료를 사용하여 앞에서 설명한 이자율 준칙을 실시한다면 금융통화위원회의 금리목표의 결정을 아래와 같이 설명할 수 있다.

$$i = r^* + \pi^* + \phi_\pi(\pi - \pi^*) + \phi_g(g - g^*) \tag{7.3}$$

이 식에서 π는 인플레이션율의 실제 자료, g는 실질 성장률의 실제 자료를 의미한다. 실제의 자료는 금리목표를 결정한 이후 확정되는 자료를 의미한다. 실제의 자료가 관측되는 것에 더하여 자연 이자율과 잠재 성장률의 값도 정확히 안다고 가정한다. 따라서 위의 식에서 r^*는 실제의 자연 이자율이고, g^*는 실제의 잠재 성장률이다. π^*는 실제의 자료를 정확하게 알고 있는 상태에서 결정된 적정한 인플레이션 목표치이다. 식 (7.3)은 이상적인 상황에서 기준금리의 목표치가 설정되는 과정을 설명하는 식으로 해석할 수 있다. 중앙은행은 식 (7.2)의 이자율 준칙에 의거하여 기준금리를 결정하고 있는 것으로 가정한다. 실시간 자료를 사용해서 판단해야 한다면 사후의 확정된 자료에 노이즈가 포함되어 있는 자료에 의거하여 판단해야 한다. 이 경우 중앙은행은 아직 확정되지 않은 경제 성장률과 인플레이션율의 추계치에 의존하여 기준금리의 목표치를 설정해야 한다. 그러나 사후적으로 확정된 자료가 발표된 이후 식 (7.2)의 이자율 준칙으로 다시 기준금리의 목표치를 결정한다. 이 경우가 식 (7.3) 의 이자율 준칙에 해당된다.

다음에서는 식 (7.2)와 식 (7.3)을 비교하여 실시간 자료에 의거하여 기준금리 의 목표를 설정하는 경우 어떠한 문제점이 발생할 수 있느냐를 살펴 보기로 한다. 두 개의 식에 의거하여 결정한 기준금리의 목표치가 동일하다고 가정한다. 이러한 가정의 의미를 다음과 같이 설명할 수 있다. 식 (7.3)에 의해서 결정되는 적정한 기준 금리의 목표치를 실시간 자료를 사용하여 식 (7.3)의 방식으로 결정하는 경우 실시간 자료에 의거하여 판단한 변수들에 대하여 어떠한 문제가 있었겠는가를 알고 싶다는 것이다. 또는 반대의 상황도 가능하다. 식 (7.2)에 의해서 우리가 관측하는 기준금 리의 목표차가 결정되었다고 하자. 그리고 제대로 된 자료와 잠재 성장률을 정확히 아는 경우에도 식 (7.3)의 방식을 사용하여 동일한 금리목표치로 결정했다고 하자. 이 경우에도 실시간 자료에 의거하여 추정한 잠재 성장률과 실제의 잠재 성장률 등이 어떠한 차이가 있느냐를 분석할 수 있다. 이처럼 잘못된 정보를 사용하여 올바른 답 을 제시하거나 올바른 정보를 사용하여 잘못된 답을 내는 상황이 발생한다면 어떠한 이유로 가능한가를 보기로 한다.

식 (7.2)와 식 (7.3)을 결합하여 정리하면 다음의 식이 도출된다.

$$\hat{\pi}^* - \pi^* = (\phi_\pi - 1)^{-1}(\phi_\pi \epsilon_\pi^f + \phi_g(\epsilon_g^f - \hat{\epsilon}_g) + \hat{\epsilon}_r) \qquad (7.4)$$

이 식의 좌변은 실시간으로 금리목표를 책정하였을 때 적용한 인플레이션 목표치와 적정한 인플레이션 목표치 간의 차이를 의미한다. 이 식의 우변은 중앙은행이 설정한 인플레이션 목표치와 적정한 목표치가 차이가 날 수 있는 요인은 다양하게 있음을 보여주고 있으나 다음과 같은 두 개의 원인으로 정리할 수 있다. 첫째, 실시간으로 금리목표를 책정해야 하므로 자료의 실시간 오류가 발생할 수 있다. 둘째, 자연율 경제의 이자율과 잠재 성장률을 정확하게 추계하지 못해 발생한 오류가 발생할 수 있다. 식 (7.4)를 사용하여 부적절하게 높은 인플레이션 목표치가 책정될 수 있는 상황들을 다음과 같이 정리해볼 수 있다.

1. 자연이자율을 지나치게 높게 책정한다. 이는 $\hat{\epsilon}_r > 0$을 의미한다.

2. 잠재 성장률을 실제의 잠재 성장률에 비해 낮게 책정한다. 이는 $\hat{\epsilon}_g < 0$이다.

3. 인플레이션 예측이 매우 낙관적이다. 이는 $\epsilon_\pi^f > 0$이다.

4. 경제 성장률의 예측이 매우 낙관적이다. 이는 $\epsilon_g^f > 0$이다.

중앙은행이 추정한 잠재 성장률이 실제의 잠재 성장률에 비해 과도하게 낮다면 평균적인 경제 성장률 하에서도 경기가 좋은 것으로 판단할 수 있다. 이와 같은 상황에서는 장기적인 평균 인플레이션을 실제로 달성할 수 있는 인플레이션의 수준보다 더 높게 추정할 가능성이 높다. 따라서 실제로 달성할 수 있는 인플레이션보다 더 높게 인플레이션 목표치를 책정할 수 있다. 만약 중앙은행이 인플레이션의 적정 목표치에 비해 더 높은 인플레이션 목표치를 책정한다면 이를 달성하기 위해 기준금리의 목표치를 과도하게 낮게 책정하는 오류가 발생할 가능성이 높다.

앞에서 설명한 논의가 한국의 통화정책에 제공하는 함의점은 무엇인가? 그림 7.2에서 볼 수 있듯이 실제의 물가상승률이 최근 수년간 한국은행이 정한 물가안정목표의 범위 또는 물가안정목표 수준에 밑돌고 있다. 2016년 이후 물가안정목표는 소비자 물가상승률(전년동기대비) 기준 2%이며 현재의 목표는 2016년부터 2018년까지 적용된다. 다음 번 물가안정목표는 2018년 말 이전에 경제여건을 점검하여 다시 설정하는 것으로 발표되어 있지만 향후 예상치 못한 국내외 경제충격, 경제여건 변화 등으로 물가안정목표의 변경이 필요할 경우 정부와 협의하여 물가목표를 재설정할 수도 있다.[3] 최근의 저물가 현상에서 중요한 요인 중의 하나로 국제 유가의 급락이

---

[3]한국은행은 물가목표 운영상황을 연 4회 점검하여 그 결과를 국회 제출 법정보고서인

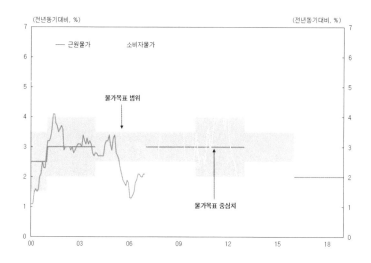

출처: 한국은행의 홈페이지(http://www.bok.or.kr/broadcast.action)에 수록된 그림
을 그대로 복사하여 인용하였다.

그림 7.2: 물가상승률과 한국은행 인플레이션율 목표치의 추이

지목되어 왔었다. 또한 민간소비의 지속적인 침체 등도 하나의 원인으로 들 수 있다.
인플레이션 목표율이 하향 조정된 2016년 이후에도 소비자 물가 상승률이 목표치를

통화신용정책보고서를 통해 국민들에게 설명한다. 소비자 물가상승률이 6개월 연속 물가안정
목표를 0.5% 초과하거나 미달하면 한국은행 총재가 기자간담회 등을 통해 물가안정목표와의
괴리 원인, 소비자 물가상승률 전망 경로, 물가안정목표 달성을 위한 통화신용정책 운영방
향 등을 직접 설명한다. 이후에도 실제의 물가상승률이 목표치를 0.5% 초과하거나 미달하는
상황이 지속된다면 3개월마다 후속하여 설명해야 한다.

밑돌고 있다면 그 이전의 목표치들은 적정 인플레이션율에 비해 높았을 가능성이 있다. 이 경우 앞에서 설명한 이유 중의 하나로 물가상승률의 목표치가 높게 책정되어 있었느냐를 생각해볼 수 있다. 만약 경기부양을 고려하여 인플레이션율의 목표치를 높게 선택했다면 이는 경제 성장률의 예측을 실제로 달성할 수 있는 수준에 비해 더 높게 책정했을 수도 있다.

　장기적으로 비관적인 전망은 인플레이션율 목표치 설정에 어떠한 효과를 미치는가? 예를 들어 한국에서도 인구구조의 고령화에 따라 장기적으로 성장 잠재력이 약화되고 그 결과로 잠재 성장률이 매우 낮은 수준으로 하락할 것에 대한 우려가 많이 제기되었다. 또한 잠재 성장률이 빠른 속도로 낮아지고 있다는 우려도 제시되었다. 식 (7.2)의 이자율 준칙을 따라야 한다면 실제의 잠재 성장률에 비해 낮게 적용되는 경우 현재의 성장률과의 차이가 크기 때문에 경기 안정을 위해 기준금리의 목표를 높여야 한다. 실제의 상황은 금리를 올려야 하는 상황이 아닐 수도 있다. 이 경우 기준금리를 인상하는 것이 적절하지 않도록 하기 위해 인플레이션의 목표치가 적정한 수준에 비해 더 높게 올라가야 인플레이션 갭이 음수가 된다. 그 결과 인플레이션율의 목표치가 적정한 수준에 비해 높게 책정될 수 있다.

4　기준금리의 확률적 선택모형

앞에서도 이미 설명했지만 중앙은행의 정책결정모형으로서 확률적 선택모형을 적용하는 것을 정당화하기 위해 다음과 같은 가정을 부과한다. 첫째, 중앙은행은 현재의 상황을 정확하게 관측하지 못한다. 이와 같은 가정을 부과한 기존의 연구를 쉽게 발견할 수 있다. 중앙은행이 경제의 실제 상황에 대하여 불완전한 정보를 가지고 있어서 중앙은행이 경기불황이 발생할 때 과도하게 반응하여 통화정책을 운영한다면 이는 과도하게 높은 인플레이션과 실업률로 이어질 수 있음이 기존 연구에서 강조되었다. 예를 들어 Orphanides(2002)는 경기불황을 측정하는 척도가 현실의 경제상황을 정확하게 반영하지 못하는 상황에서 불완전한 척도를 완전한 척도로 간주하고 이에 대응하여 통화정책의 정책수단을 조정하는 경우 미국의 1960년대와 1970년대 볼 수 있었던 고인플레이션과 고실업의 상황으로 이어질 수 있다고 주장한다. 둘째, 어느 나라이든 중앙은행이 매우 많은 직원들을 고용하여 현재와 미래의 경제상황에 대한 판단 및 예측을 하더라도 주요 거시 경제 변수의 실현값을 미리 정확하게 예측할 수 없다. 완전한 예측은 불가능하지만 보다 정확한 예측을 위해 많은 자원을 투입한다. 이는 중앙은행이 통화정책의 수행을 위해 지불해야 하는 정보비용이 있음을 의미한다. 셋째, 중앙은행은 기준금리의 목표치를 새로 결정해야 할 때 선택지는 세 개의 행동대안이다. 기준금리 목표치의 인상, 기준금리 목표치의 인하, 기준금리 목표치의 동결 등이다. 이와 같은 가정은 현실 경제에서 다수의 중앙은행들이 채택하고 있는 방식이므로 이를 모형에 도입한다.

다음에서는 한국은행의 기준금리 결정과정을 반영한 확률적 선택모형을 설명하고자 한다. 강조하려는 포인트를 부각하기 위해 실제의 결정에 비해 단순화된 모형을 사용하여 설명한다. 한국은행의 금융통화정책위원회(monetary policy committee)는 매월 초 회의를 열고 높은 기준금리 수준과 낮은 기준금리 수준 중 하나를 선택한다. 금융통화정책위원회는 다음과 같이 결정되는 확률변수 x의 값에 따라 높은 수준과 낮은 수준의 이자율을 선택하는 것으로 가정한다.

$$x = 0.5(\text{실제 인플레이션율-목표 인플레이션율}) + 1.5(\text{GDP 갭})$$

위의 식에서 결정되는 x는 평균이 0인 정규분포를 따르는 확률변수로 가정한다. 첫번째 상황은 $\omega_1 = \{x|x \geq 0\}$으로 정의된다. 두번째 상황은 $\omega_2 = \{x|x < 0\}$으로 정의된다.

혹자는 실제의 상황에서는 위에서 고려한 단순한 형태의 이자율 준칙이 사용되지 않기 때문에 본 장에서 설명하는 모형의 현실 적용력이 미약하다고 주장할 수

표 7.1: 기준금리의 확률적 선택모형에 대한 예시

	ω_1	ω_2
금융통화위원들의 사전적 믿음	$\mu(\omega_1) = 1/2$	$\mu(\omega_2) = 1/2$
통화정책국 브리핑에 의거하여 형성한 사후적 믿음	$\alpha(\omega_1) = 3/4$	$\alpha(\omega_2) = 1/4$
금융통화위원 대상 설문지수에 의거하여 형성한 사후적 믿음	$\beta(\omega_1) = 1/4$	$\beta(\omega_2) = 3/4$
외부 전문가 대상 설문지수에 의거하여 형성한 사후적 믿음	$\gamma(\omega_1) = 1/2$	$\gamma(\omega_2) = 1/2$
높은 기준금리의 이득	$a(\omega_1) = 10$	$a(\omega_2) = 0$
낮은 기준금리의 이득	$b(\omega_1) = 0$	$b(\omega_2) = 10$

주: 사후적 믿음과 행동함수의 값은 모두 Caplin·Dean(2015)에서 인용하였다.

있다. 이에 대하여 다음과 같은 설명을 추가할 수 있다. 본 장의 모형을 적용하기 위해 반드시 위에서와 같은 형태의 준칙이 사용될 필요는 없다. 금융통화위원회의 위원들이 적절하다고 생각하는 원칙이 있으며 이러한 원칙 하에서 결정되는 적절한 금리 수준이 있을 수 있다. 그러나 GDP 갭 등을 직접 관측할 수 없고 계량 기법을 사용하여 추정해야 하므로 적절한 금리 수준을 직접 관측할 수 없다면 본 장에서 설명하는 모형을 적용할 수 있다.

한국은행의 행동집합에는 높은 기준금리($=i_H$)과 낮은 기준금리($=i_L$)로 구분할 수 있는 두 개의 기준금리 수준이 포함되어 있다. 보다 더 많은 대안이 포함된 모형의 분석이 가능하지만 현재의 모형에서 두 개의 이자율 수준만 고려한다. 또한 표 7.1

은 모형의 설명을 위해 사용할 수치예(numerical example)를 간단히 요약하고 있다. 먼저 금융통화정책위원회의 효용은 다음과 같이 결정된다. 첫번째 상황에서 높은 기준금리를 선택하거나 두번째 상황에서 낮은 기준금리를 선택하면 10의 효용이 발생한다. 또한 첫번째 상황에서 낮은 기준금리를 선택하거나 두번째 상황에서 높은 기준금리를 선택하면 0의 효용을 가진다. 한국은행은 현재의 상황을 정확하게 파악하기 위해 시그널을 생성하는 3개의 채널을 사용하여 서로 다른 시그널을 작성한다.

- 한국은행의 통화정책국에서 실물경제 및 금융시장의 상황을 조사한 자료에 의거하여 α지수를 작성한다. α지수의 값이 α 시그널의 실현값이다.

- 금융통화정책위원들의 의견을 설문하고 이들의 의견을 종합하여 β지수를 작성한다. β지수의 값이 β 시그널의 실현값이다.

- 경제 전문가의 의견을 설문하고 이들의 의견을 종합하여 γ지수를 작성한다. γ지수의 값이 γ 시그널의 실현값이다.

모든 시그널은 완전하지 않은 것으로 가정한다. 각각의 상황에 대하여 시그널이 작동하는 조건부 확률들의 합은 다음과 같이 1이 된다.

$$\pi(\alpha|\omega_1) + \pi(\beta|\omega_1) + \pi(\gamma|\omega_1) = 1; \quad \pi(\alpha|\omega_2) + \pi(\beta|\omega_2) + \pi(\gamma|\omega_2) = 1$$

매월 초 열리는 금융통화위원회에서 금융통화위원들은 서로 다른 시그널에 기초하여 자신들의 정보를 업데이트하고 기준금리를 결정한다.[4] 이들의 실제 상황에 대한 선험적인 정보는 각각 $\mu(\omega_1)$과 $\mu(\omega_2)$이다. 표 7.1에서는 $\mu(\omega_1) = \mu(\omega_2) = 1/2$

---

[4]2017년부터 금융통화위원회는 매년 8회 개최될 예정이다. 금융통화위원회가 개최되는 횟수가 현재의 연 12회에서 연 8회로 감소하더라도 본 장에서 설명하는 모형은 계속 적용이 가능하다.

로 설정하였다. 금융통화정책위원회 위원들은 자신의 정보를 업데이트하기 위해 '베이즈 규칙'을 사용한다. 예를 들어 통화정책국에서 실물경제 및 금융시장의 상황을 조사한 자료에 의거하여 작성한 α지수의 내용을 금융통화정책위원들에게 브리핑한다. 통화정책국의 브리핑을 들은 후에 금융통화정책위원들은 실제의 상황에 대한 사후적 믿음을 다음과 같이 형성한다.

$$\alpha(\omega_1) = \frac{\mu(\omega_1)\pi(\alpha|\omega_1)}{\mu(\omega_1)\pi(\alpha|\omega_1) + \mu(\omega_2)\pi(\alpha|\omega_2)}; \quad \alpha(\omega_2) = \frac{\mu(\omega_1)\pi(\alpha|\omega_1)}{\mu(\omega_1)\pi(\alpha|\omega_1) + \mu(\omega_2)\pi(\alpha|\omega_2)}$$

이 식은 금융통화위원들이 통화정책국의 브리핑을 보고 베이즈 규칙에 의거하여 사후적 믿음을 형성하는 과정을 설명하는 식이다. $\alpha(\omega_1)$은 실제의 상황이 기준금리를 인상해야할 상황일 사건의 사후적 확률을 의미한다. $\alpha(\omega_2)$는 실제의 상황이 기준금리를 인하해야 하는 사건의 사후적 확률을 의미한다.

    표 7.1의 예에서는 $\alpha(\omega_1) = 3/4$과 $\alpha(\omega_2) = 1/4$로 설정하였다. 금융통화위원들은 다른 시그널 지수에 대해서도 앞에서 설명한 방식과 동일한 방법을 사용하여 사후적 믿음을 업데이트한다. 따라서 각각의 시그널 지수에 대응하는 사후적 확률을 계산할 수 있다. 표 7.1의 예에서는 금융통화위원 대상 설문지수에 의거하여 형성한 사후적 믿음은 각각 $\beta(\omega_1) = 1/4$과 $\beta(\omega_2) = 3/4$으로 주어진다. 또한 외부 전문가 대상 설문지수에 의거하여 형성한 사후적 믿음은 $\gamma(\omega_1) = 1/2$과 $\gamma(\omega_2) = 1/2$으로 주어진다. 금융통화위원회는 어느 시그널을 관측하느냐에 따라 목표 기준금리의 선택이 달라질 수 있다. 예를 들어, 임의의 α라는 시그널에 의거하여 형성한 사후적 믿음에서 현재 시점의 실제 상황이 상황 1일 확률이 상황 2일 확률보다 높다면 상황 1에서 높은 효용을 제공하는 행동을 선택한다. 그러나 상황 2일 사후적 믿음이 더 크다면 상황 2에서 더 높은 효용을 제공하는 행동을 선택한다. 이를 수식으로 표현하기 위해 선택함수(choice function)를 정의한다. 선택함수는 조건부 확률로 정의한다. 조건부 확률에서 조건을 규정하는 것은 시그널이다. 특정한 조건 하에서 특정한 행동을 선택하는 확률을 선택함수로 정의한다. 표 7.1에서 정리한 사후적 믿음을 보면 α라는 시그널이

실현되면 ω_1의 가능성이 더 높다. 따라서 α의 시그널이 실현되면 금융통화위원회는 a를 선택한다. 그러나 다른 시그널 하에서는 목표 기준금리의 선택이 달라질 수 있다. 예를 들어서 β라는 시그널이 실현되면 ω_2의 가능성이 더 높다. 따라서 β의 시그널이 실현되면 금융통화위원회는 b를 선택한다. 따라서 선택함수는 $C(i_H|\alpha) = C(i_L|\beta) = 1$로 주어진다. 두 개의 행동에 대하여 무차별한 경우도 있다. 예를 들어 γ의 시그널이 실현되면 상황 1이 될 사후적 믿음과 상황 2가 될 사후적 믿음이 서로 같다. 따라서 $C(i_H|\gamma) = C(i_L|\gamma) = 1/2$이 된다. 앞에서의 설명을 수식으로 정리하면 실제의 상황이 높은 기준금리일 때 높은 목표 기준금리가 채택되는 확률은 다음과 같다.

$$q(i_H|\omega_1) = C(i_H|\alpha)\pi(\alpha|\omega_1) + C(i_H|\beta)\pi(\beta|\omega_1) + C(i_H|\gamma)\pi(\gamma|\omega_1) \qquad (7.5)$$

이 식에서 $q(i_H|\omega_1)$는 실제의 상황이 ω_1일 때 높은 금리 목표가 선택되는 확률을 나타낸다. 또한 ω_2가 발생하면 높은 목표 기준금리가 선택되는 조건부 확률은 다음과 같다.

$$q(i_H|\omega_2) = C(i_H|\alpha)\pi(\alpha|\omega_2) + C(i_H|\beta)\pi(\beta|\omega_2) + C(i_H|\gamma)\pi(\gamma|\omega_2) \qquad (7.6)$$

이 식에서 $q(i_H|\omega_2)$는 실제의 상황이 ω_2일 때 높은 금리 목표가 선택되는 확률을 나타낸다. 또한 또한 상황에 관계없이 낮은 수준의 기준금리 목표가 책정될 확률과 높은 수준의 기준금리 목표가 책정될 확률은 다음과 같다.

$$\begin{aligned} q_H &= q(i_H|\omega_1)\mu(\omega_1) + q(i_H|\omega_2)\mu(\omega_2) \\ q_L &= q(i_L|\omega_1)\mu(\omega_1) + q(i_L|\omega_2)\mu(\omega_2) \end{aligned} \qquad (7.7)$$

이 식에서 q_H는 높은 수준의 기준금리 목표의 비조건부 확률을 의미하고, q_L은 낮은 수준의 기준금리 목표의 비조건부 확률을 의미한다.

다음에서는 정보비용을 고려한 효용극대화의 문제를 설명한다. 금융통화위원회가 선택할 수 있는 이자율 집합은 $\{i_H, i_L\}$이다. 따라서 기대 효용은 다음과 같다.

$$
\begin{aligned}
G(A, \pi) &= \mu(\omega_1)(q(i_H|\omega_1)u(i_H(\omega_1)) + q(i_L|\omega_1)u(i_L(\omega_1))) \\
&+ \mu(\omega_2)(q(i_H|\omega_2)u(i_H(\omega_2)) + q(i_L|\omega_2)u(i_L(\omega_2)))
\end{aligned}
\tag{7.8}
$$

이자율 결정에서의 정보처리비용은 상호정보로 정의한다. 이는 Sims(2003) 및 Mate-jka(2016)에서 분석한 합리적 부주의 모형에서 상정한 정보처리비용을 반영한 것이다. 앞에서 사용한 기호에 의거하여 상호정보를 정의하면 아래와 같다.

$$
I(A, \pi) = (\sum_{i=1}^{2} \mu(\omega_i)(q(i_H|\omega_i) \log \frac{q(i_H|\omega_i)}{q_H} + q(i_L|\omega_i) \log \frac{q(i_L|\omega_i)}{q_L}))
\tag{7.9}
$$

이 식에서 $I(A, \pi)$는 상호정보를 의미한다. 식 (7.8)과 식 (7.9)의 기대효용과 정보비용을 합하여 합리적 부주의하에서 정보구조와 기준금리를 동시에 선택하는 금융통화위원회의 극대화 문제를 다음과 같이 정의할 수 있다.

$$
\max_{\pi \in \Pi} \{G(A, \pi) - \theta I(A, \pi)\}
\tag{7.10}
$$

위의 식에서 θ는 상호정보에 단위당 비용을 나타내는 라그랑지안 승수이다. 식 (7.10)에 최적화 문제에 대한 최적화 조건을 정리하면 상황 i인 경우 높은 기준금리 목표와 낮은 기준금리 목표의 선택확률은 다음과 같다.

$$
\begin{aligned}
q(i_H|\omega_i) &= q_H \exp(\frac{u_H(\omega_i)}{\theta})(q_H \exp(\frac{u_H(\omega_i)}{\theta}) + q_L \exp(\frac{u_L(\omega_i)}{\theta}))^{-1} \\
q(i_L|\omega_i) &= q_L \exp(\frac{u_L(\omega_i)}{\theta})(q_H \exp(\frac{u_H(\omega_i)}{\theta}) + q_L \exp(\frac{u_L(\omega_i)}{\theta}))^{-1}
\end{aligned}
\tag{7.11}
$$

위에서 도출한 조건부 확률을 이용하여 실제의 상황의 함수로서 상황별 예상 목표금리는 다음과 같이 주어진다.

$$
i^*(\omega_i) = i_H q(i_H|\omega_i) + i_L q(i_L|\omega_i)
\tag{7.12}
$$

중앙은행이 실제의 상황을 정확하게 관측하는 능력이 있는 경우와 중앙은행이 정보를 처리하는 능력이 유한하다는 가정이 부과되는 경우가 어떻게 다른가? 실제의

상황을 정확히 아는 경우 $q(i_H^*|\omega_1) = 1$과 $q(i_L^*|\omega_2) = 1$이 된다. 그러나 ω_1과 ω_2를 관측할 수 없기 때문에 자신에게 필요한 정보를 조달하여 식 (7.11)과 식 (7.12)에서 요약한 바와 같은 선택확률과 그에 따른 금리목표의 예측치를 산출하게 된다. 그러면 중앙은행의 정보처리능력이 유한하다는 가정은 현실적으로 타당한 가정인가? 이에 대한 답변으로서 앞에서 설명한 Orphanides의 강조점을 다시 반복한다. 중앙은행은 자료 수집에 시간이 걸리기 때문에 중앙은행의 금리목표에 대하여 선택할 때 현실 상황에 대한 정확한 자료없이 결정해야 한다. 또한 비록 불완전할지라도 보다 정확하게 예측하기 위해 중앙은행은 비용을 지불해야 한다.

앞에서 설명한 모형은 금리의 수준을 높게 할 것인가 아니면 낮게 책정할 것인가를 선택하는 문제를 분석하였다. 이 모형을 금리 목표의 증감을 결정하는 모형으로 전환할 수 있는가? 이와 같은 질문을 제시하는 이유는 앞에서 설명한 그림 7.1과 관련이 있다. 앞에서 설명한 기준금리 미디어 전망지수를 작성하기 위해 기준금리 목표의 인상확률, 인하확률, 동결확률을 추계하였다. 앞에서 설명한 모형은 금리목표의 증감을 확률적으로 선택하는 모형으로 다시 작성할 수 있다. 이 경우 Δ_i를 미리 결정된 금리의 변동폭으로 정의한다. 따라서 기준금리 목표의 인상은 Δ_i로 표시하고 기준금리 목표의 인하는 $-\Delta_i$로 표시한다. 또한 위의 모형에서 두 개의 상황만을 고려하였으나 세 개의 대안을 고려하는 모형으로 확장할 수도 있다. 요약하면 중앙은행의 금리변동의 기대값은 식 (7.12)를 응용하여 다음과 같이 쓸 수 있다. $\Delta i^*(\omega_i) = \Delta_i(q(\Delta_+|\omega_i) - q(\Delta_-|\omega_i))$. 여기에서 $q(\Delta_+|\omega_i)$와 $q(\Delta_-|\omega_i)$는 아래와 같다.

$$
\begin{aligned}
q(\Delta_+|\omega_i) &= q_+ \exp(\tfrac{u_+^i}{\theta})(q_+ \exp(\tfrac{u_+^i}{\theta}) + q_0 \exp(\tfrac{u_0^i}{\theta}) + q_- \exp(\tfrac{u_-^i}{\theta}))^{-1} \\
q(\Delta_-|\omega_i) &= q_- \exp(\tfrac{u_-^i}{\theta})(q_+ \exp(\tfrac{u_+^i}{\theta}) + q_0 \exp(\tfrac{u_0^i}{\theta}) + q_- \exp(\tfrac{u_-^i}{\theta}))^{-1} \quad (7.13) \\
q(\Delta_0|\omega_i) &= q_0 \exp(\tfrac{u_0^i}{\theta})(q_+ \exp(\tfrac{u_+^i}{\theta}) + q_0 \exp(\tfrac{u_0^i}{\theta}) + q_- \exp(\tfrac{u_-^i}{\theta}))^{-1}
\end{aligned}
$$

그림 7.1에서 작성한 지수에 사용된 기준금리 목표의 인상확률과 인하확률은 중앙은행이 결정하는 인상확률 또는 인하확률을 신문과 방송의 기사에 등장하는 키워드의

빈도수를 사용하여 추계한 것으로 간주할 수 있다. 그러면 그림 7.1에 대응되는 중앙은행 모형에서 도출되는 인상확률 또는 인하확률은 어떠한 형태인가? 이에 대한 답변으로서 q_+와 q_-의 결정식을 대신한다.

$$
\begin{aligned}
q_+ &= q(\Delta_+|\omega_1) + q(\Delta_+|\omega_i)\mu(\omega_2) \\
q_- &= q(\Delta_-|\omega_1) + q(\Delta_-|\omega_i)\mu(\omega_2)
\end{aligned}
\tag{7.14}
$$

지금까지 통화정책의 결정을 위해 정보비용이 지불되는 상황을 고려한 금리목표의 효율적인 선택에 대하여 설명하였다. 앞에서 설명한 모형이 금융통화위원회가 정보를 효율적으로 처리하여 정책을 결정하는 과정을 설명하는 모형이라면 후속되는 의문은 다음과 같다. 금융통화위원회가 정보를 효율적으로 사용하여 통화정책을 결정하는 업무를 수행하고 있는가? 이를 어떻게 실증적으로 분석할 수 있는가? Caplin·Dean(2015)은 정보를 효율적으로 사용하여 자신의 행동을 선택하는 사람들이 행동선택을 나타내는 자료라면 어떠한 특성들이 있는가를 분석하였다. 앞에서 설명한 금융통화위원회의 이자율 결정 모형도 금리목표의 설정에 정보비용이 든다면 Caplin·Dean이 분석한 모형의 범주에 포함된다. 따라서 앞에서 설명한 모형이 금융통화위원회의 금리 결정과정을 설명하는 모형이라면 기준금리의 목표의 시계열 자료는 확률적 선택 자료의 일부로 볼 수 있다.

의사 결정자가 보유하고 있는 정보구조(information structure)와 상황 의존적인 확률적 선택 자료(state-dependent stochastic data set) 간의 안정적인 관계가 있다면 관측된 선택자료를 통해서 정보의 효율적 사용 여부에 대한 실증분석이 가능하다. 그 이유는 서로 다른 상황에서 선택된 행동에 대한 자료는 의사결정자의 정보구조에 대한 정보를 담고 있기 때문이다. Caplin·Dean의 강조점은 몇 개의 특정한 가정들이 만족된다면 관측된 데이터 세트로부터 정보구조가 현시된다는 것이다. 이와 같은 포인트가 기준금리의 목표치에도 적용될 수 있다면 중앙은행이 자신의 축적하는 정보를 효율적으로 사용할 수 있느냐를 실증분석 할 수 있을 것으로 예상된다. 예를 들어

표 7.1에서 요약한 모형과 동일하게 금융통화위원회가 기준금리의 목표를 선정한다면 한국은행의 홈페이지로부터 다운로드 받을 수 있는 기준금리의 자료를 분석하면 다음과 같은 결과를 얻어야 한다. 상황 1이 발생하는 경우 중앙은행은 2/3의 확률로 높은 금리목표를 선택한다. 상황 2가 발생하는 경우 중앙은행은 1/3의 확률로 높은 금리목표를 선택하고 1/3의 확률로 낮은 금리목표를 선택한다. 그러나 기준금리가 결정되는 실제의 과정은 본 장에서 설명한 모형에 비해 훨씬 복잡할 것이므로 현실적인 실증분석을 목표로 한다면 실제의 결정 과정에 상당히 근접하는 확률적 선택모형을 만들어야 할 것이다. 이러한 이유로 본 장에서의 논의는 실증분석에 대한 가능성을 제시하는 것으로 가늠하고자 한다.

참고문헌

Caplin, Andrew and Mark Dean. 2015. "Revealed Preference, Rational Inattention, and Costly Information Acquisition." American Economic Review. Vol. 115. No. 7. pp. 2183-2203.

Matějka, Filip and Alisdair McKay. 2015. "Rational Inattention to Discrete Choices: A New Foundation for the Multinomial Logit Model." American Economic Review. Vol. 105. No. 1. pp. 272-298.

Orphanides, Athanasios. 2002. "Monetary Policy Rules and the Great Inflation." American Economic Review. Vol. 92. No. 2. pp. 115-120.

Romer, Christina D. and David H. Romer. 2008. "The FOMC versus the Staff: Where Can Monetary Policymakers Add Value?" American Economic Review. Vol. 98. No. 2. pp. 230-235.

Woodford, Michael. 2012. "Prospect Theory as Efficient Perceptual Distortion." American Economic Review. Vol. 112. No. 3. pp. 41-46.

찾아보기

윤 택

현 서울대학교 경제학부 교수
Chicago University 경제학 박사(Ph.D.)
전 Board of Governors of the Federal Reserve System 시니어 이코노미스트

설득의 경제학
: 거시경제학적 접근

초판발행	2017년 6월 10일
지은이	윤 택
펴낸이	안종만
편 집	배우리
기획/마케팅	손준호
표지디자인	권효진
제 작	우인도 · 고철민
펴낸곳	(주) **박영사**
	서울특별시 종로구 새문안로3길 36, 1601
	등록 1959. 3. 11. 제3070-1959-1호(倫)
전 화	02)733-6771
f a x	02)736-4818
e-mail	pys@pybook.co.kr
homepage	www.pybook.co.kr
ISBN	979-11-303-0437-3 93320